SUCCESS

# MPAcc

# 复试

# 高分指南

U0367123

社科赛斯教育集团 主编

甄　诚　郑玉超　郭炎宏 编著

清华大学出版社

北　京

**图书在版编目(CIP)数据**

MPAcc复试高分指南 / 社科赛斯教育集团 主编. —北京：清华大学出版社，2017(2023.9重印)
ISBN 978-7-302-46699-4

Ⅰ.①M… Ⅱ.①社… Ⅲ.①会计学—研究生—入学考试—自学参考资料 Ⅳ.①F230

中国版本图书馆 CIP 数据核字(2017)第 038676 号

责任编辑：陈 莉 高 屾
封面设计：周晓亮
版式设计：方加青
责任校对：成凤进
责任印制：杨 艳

出版发行：清华大学出版社
　　　　　网　　　址：http://www.tup.com.cn，http://www.wqbook.com
　　　　　地　　　址：北京清华大学学研大厦 A 座　　　　　邮　　编：100084
　　　　　社 总 机：010-83470000　　　　　邮　　购：010-62786544
　　　　　投稿与读者服务：010-62776969，c-service@tup.tsinghua.edu.cn
　　　　　质 量 反 馈：010-62772015，zhiliang@tup.tsinghua.edu.cn
印 装 者：三河市铭诚印务有限公司
经　　销：全国新华书店
开　　本：185mm×260mm　　　印　　张：20.75　　　字　　数：518 千字
版　　次：2017 年 3 月第 1 版　　　印　　次：2023 年 9 月第 5 次印刷
定　　价：75.00 元

产品编号：073936-05

## 编委会

甄　诚　李发进　王金门　郭炎宏
曹　阳　吴朋倩　翟华明　韩宏伟
马丽捷

本书赠送价值 **3000元** 的备考课程

请扫描右方二维码，
按提示获取视频课程

# 前　言

为了更好地适应国家经济建设和社会发展对高层次应用型人才的迫切需要，积极发展具有中国特色的专业学位教育，教育部于2009年开始招收全日制专业学位硕士研究生。自此，"专硕热"就一发而不可收，招生人数在总人数的占比从2009年的10%升至2014年的40%。借着国家"每年将硕士生招生计划的增量主要用于专业学位，并将存量部分中的学术学位计划按不少于5%的比例调减"的东风，专硕已逐渐成为不少考生的选择。2015年，全日制专业学位硕士与学术型硕士人数比例达到1:1，专硕和学硕"平分秋色"。在40种专业硕士中，双证MPAcc会计硕士报考人数始终位居前列，目前每年报考会计专硕人数过10万人，并且报名人数在逐年上升。

全国会计硕士专业学位教育指导委员会《关于加强双证MPAcc复试工作的指导意见》中，明确指出"复试成绩占总成绩的权重一般应为50%。复试成绩和初试成绩权重相加，得出入学考试总成绩，作为录取排序的依据。"在这样的情况下，各高校为了更好地选拔人才，将逐年提高差额复试比、复试权重和复试难度。因此，复试环节对顺利考取高校硕士研究生发挥着越来越重要的作用。因此，对MPAcc复试各个环节进行科学而系统的准备至关重要。但是当考生进入到复试备考阶段时却发现其面临着一系列的问题：准备时间短、备考科目多、对报考院校的情况不了解、跨专业无从下手等。放眼望去，市面上却没有任何一本真正专门针对复试的教材能够解决这些问题，作为国内优秀的专业硕士辅导团队，我们有优质的师资、丰富的辅导经验、完善的复试辅导体系。在此背景之下，我们邀请到了多位行业内的专家、学者，组建了本书编委会，于2016年正式启动该书的编写工作。在编写的过程中，我们多次进行研讨、修改、校对，既考虑到了实用性，又具有专业性，力争为考生们提供一份实用、有力的保障。

本书主要介绍了MPAcc双证硕士的复试各个环节的内容，对MPAcc复试的主要考核环节和考查方向进行系统详解。本书的主要内容包括：①对综合面试环节的备战策略和高分方法进行全面的剖析；②对专业课方面各个科目核心考点进行深入系统讲解；③对政治复试环节进行了系统阐述，对相关时政热点和政治常识进行了细致解读；④对英语面试中可能考查的听力、口语等各种考试形式进行了高分策略分析。考研面试口语和会计专业词汇均有收录，力求还原考试本身的情境设定，切实解决复试考生的实际问题。

本书主要有以下几大特色。

(1) 全面。首先是科目全面，本书中不仅包含复试的专业课内容，还编写了政治、英语、面试等内容，力争为考生提供全方位的保证；其次是院校全面，以往考生备考只关注所报考院校的真题，然而考过的题目院校往往不会反复考。我们梳理了各院校考查的所有真题，发现各院校考查的题型和内容都是大同小异的，所以我们分章节梳理了各大院校的专业课复试专题，帮助考生打开视野。

(2) 实用。什么是实用呢？实用应该是不仅授之以鱼，还要授之以渔，不但要告诉各位考生考哪些知识点，还要告诉各位考生怎么考、怎么学，真正从源头解决各位考生的备考难题。在本书第七部分复试经验谈中，我们在全国200多所招生院校精心挑选18所代表性院校的录取考生做了备考经验的分享，覆盖面广，代表性强，让考生从学长学姐的备战经验中取人之长、补己之短，客观、从容地备战复试；同时在各个章节中针对每一部分明确复习重点和方法，力争减少考生的备考阻力，安心备考。

(3) 前沿。本书在编写的过程中严格依照2022年MPAcc教育指导委员会所发布的最新考试大纲进行编写，且收录新会计准则的变动部分等，时刻跟进考试动态，确保信息的前瞻性。

(4) 周到。在编写的过程中，我们既考虑到了有专业基础的本专业考生，也考虑到了对专业课一无所知的跨专业考生；既考虑到了备考的准备阶段，也兼顾了备考的强化冲刺阶段的学习，尽可能满足各类考生各阶段的全方位需求。

(5) 专业。专业课部分按照会计专业学位考试大纲要求编写，遵从新的企业会计准则，复试专业科目中的考点均注明了考试要求，并且注明了主要的命题形式，在核心考点下都列举了近些年名校复试中考到的专业课真题，提高了考生的复习效率，提升了学生举一反三、概括发散的能力。

为了更好地让本书服务考生，帮助考生顺利考取理想的大学，本书核心编委成员将为100位读者朋友提供免费的MPAcc院校报考咨询和复试全程规划，由国内MPAcc考研辅导领域专家亲自辅导，请将"姓名+报考院校"发送至读者邮箱successmpacc@163.com，或留言申请。

尽管本书几乎涵盖了所有会计硕士复试可考知识点，但是由于各个招生单位单独命题，使用的参考书目不尽相同，因此，考生在使用本书时也务必回归各个院校的参考书目，以指定参考书为答题出发点，以本书中提到的《全国会计硕士(MPAcc)专业课指导性大纲》和最新企业会计准则为基本参考标准，备考符合相应院校的理论倾向。

最后，祝每一位读者朋友都能够顺利通过MPAcc复试，金榜题名，进入理想的学府。

本书历经编委专家组多次审定、修改，但仍难免有不完善之处，敬请斧正！

编者

# 目 录

## 第一部分　MPAcc复试导论

## 第二部分　综合素质面试部分

## 第三部分　英语部分

## 第四部分　政治部分

## 第五部分　专业课部分

### 第一篇　财务会计

## 第二篇　成本管理会计

# 第三篇　财务管理

# 第四篇　审计

# 第六部分　名校复试数据与规则

# 第七部分 名校复试经验谈

# 第八部分 附录

# 第一部分
# MPAcc复试导论

# 一、MPAcc复试概述

MPAcc的全称是Master of Professional Accounting，即会计专业硕士。MPAcc起源于2003年，中国人民大学、厦门大学、上海财经大学、中南财经政法大学四所高校联合国务院学位办提交报告，申请在我国设立会计硕士(MPAcc)专业学位。2004年3月1日，国务院学位委员会、教育部下发学位〔2004〕3号文件，正式宣布成立全国会计硕士专业学位教育指导委员会。2012年会计专业硕士初试科目调整，由4科改为2科，即英语二和199管理类综合能力测试。政治和会计学调整到复试部分，计入最终总成绩。本书即在这样的背景下应运而生：对于调整之后的MPAcc复试，本书力求对全国的形势进行精准分析，以事实和数据说话，希望对有心通过考研的学生提供一些力所能及的帮助。让这些优秀的学生不会因复试而止步于考研梦想，在考研的道路上少走弯路，多一分安心，少一分无助与迷茫。

MPAcc复试与高考最大的不同就是高考是"一考定终身"，即一次考试确定最后的总成绩。考研规定一般高校考生的总成绩为初试成绩的70%加上复试成绩的30%，而一些重点高校MPAcc复试所占总成绩比例达到了50%，甚至高出初试成绩所占比例。以中央财经大学为例，其初复试总成绩的计算方法为：初试总成绩×0.4+复试总成绩×2.8=总成绩。因此有的同学虽然在初试时表现优异，但是如果在复试时疏于准备，最终也会与名校无缘。相反，就算考生在初试时并未崭露头角，但是在复试时认真准备，表现优秀，一样有机会金榜题名。

目前MPAcc的复试形势远比其他学术型硕士和专业型硕士更加严峻，差额复试比例一般趋向1∶2，即复试要刷掉一半甚至一半以上的考生，很多高校甚至规定复试不及格或者达不到要求分数者不予录取，而且很多高校在计分方式方面也是初复试比例达到三七或四六。近几年随着MPAcc招生高校报考人数的逐年增多，初试分数的竞争也进入了白热化，初试分数线连年递增。2013年中国矿业大学的录取分数线为156，但却在初试中临时加试了会计专业课。最基础的专业课内容就把大批联考在200分以上的考生挡在了门外。中山大学、西南财经大学、华中科技大学等院校近年增加了提前面试环节，提前面试被录取后才实行国家线录取；对外经贸大学在初试线公布后先组织了专业课笔试，合格后方可参加面试。

近年来，随着MPAcc复试竞争逐渐白热化，录取标准也在逐年提高，一些院校资源，尤其是名校的竞争尤为激烈。以西南财经大学为例，2015年全国共招生150人，而研招网在册报名人数超过2 400人，最终按1∶1.5的比例进入复试，复试还要淘汰1/3的考生。复试的竞争可谓相当激烈。

# 二、MPAcc复试的规范性要求

为了确保MPAcc复试公平、公正和公开的原则，国家制定了一系列的措施，规范了录取程序。

(1) 明确了实施复试工作的权力、责任主体和管理职责：由招生单位全面负责，校院两级管理，导师、专家集体考查。

(2) 对一些重要的复试环节做出规范性要求，如每位考生复试时间一般不少于20分钟，复试小组成员一般不少于5人等；每个复试小组还应对每位考生的作答情况进行现场记录，并妥善保存以备查；同一学科(专业)各复试小组的面试方式、时间、试题难度和成绩评定标准原则上应统一。此外，明确学校实行"三公开"，即：复试要求公开、办法公开、结果公开，同时要求招生单位统一制定导师、专家遴选和工作的规范，并对所有人员进行政策、业务和纪律的培训，使每一个人明确评判标准、规则、程序和纪律。

(3) 加强监督保障。具体包括：实行考场监察和巡视制度，进行全程、全面、有效的监督；广泛接受考生和社会的监督，考生如果对复试结果有意见可以申诉；完善复试监督及复议制度。

在保证复试的科学性方面，近几年教育部也做了许多改革。

(1) 下放部分自主权给招生单位，使研招单位在选拔人才时有更多的自主性。2003年，教育部授权34所高校自主划定复试分数线。2006年教育部明文规定，复试成绩占总成绩的权重一般在30%~50%，并明确招生单位可以实行复试一票否决制，也就是说，只要复试不合格，不管初试成绩多高，招生单位都可以拒绝录取。

(2) 不拘一格降人才。为有特殊学术专长或具有突出培养潜质者，以及在科研或相关实践中表现突出者，开辟了一条"绿色通道"：经研究生招生工作领导小组审核同意，可以适当加分，计入复试成绩；由3名以上本校本专业教授联名推荐，经学校推免生遴选工作领导小组严格审查，可不受综合排名限制。

(3) 考查的范围更加宽泛，不仅是专业素质，还包括思想政治素质和品德、发展潜力、创新精神和能力等综合素质。按照教育部的设想，复试的形式可以根据学科特点更加多样化，有笔试、面试、实践或实验能力考核和心理测试等。

根据教育部办公厅和MPAcc专业指导委员会的要求，在初试结束后，MPAcc复试由以下几部分组成：英语听力和口语测试、政治理论考试、专业课笔试、综合素质面试。其中，最关键的是综合素质面试和专业课笔试。

# 三、MPAcc复试的目的

一般来说，MPAcc复试在笔试时主要考查学生的知识和基本认知能力，在面试时测查和评价考生综合素质和各种能力。也就是说，面试是经过组织者精心设计，在特定场景下，以考官对学生的面对面交谈与观察为主要手段来判断考生综合素质与能力的特定活动，其中包括对非口头语言行为的综合分析、推理和判断。

　　MPAcc的面试与企业选拔人才的面试不同。企业的目的是围绕企业目标，通过面试来达到人才的选、用、育、留，而MPAcc入学面试更多的是考查学生过去的积累和将来的发展潜力。目前，各个MPAcc培养院校对面试都非常重视，就面试本身而言，其目的只有一个，即通过对应试者的学术背景、智商情商、仪表气质、口才应变等综合能力的考查，选择出符合招生单位要求和需要的学生进入研究生阶段的培养。

　　MPAcc复试是一个双向选择的活动，对于MPAcc的考生来说，一定要把综合素质面试看作展现能力和意志的舞台，只要掌握一定的技巧和方法，就一定能收到心仪院校的录取通知书。

# 四、全国会计硕士(MPAcc)专业课指导性大纲

## 全国会计硕士专业学位研究生入学考试
## 复试阶段专业课指导性大纲

　　为进一步规范会计硕士专业学位研究生录取工作，保证录取学生具备一定的会计专业素质，特制定本指导性大纲，供各招生单位参考。本大纲注重对考生专业基础知识、专业基本要求的考核，一些相对有难度的内容应在学生入学后学习与掌握。本大纲仅供各招生单位在复试阶段专业课考试时参考，各招生单位可根据自身的战略定位、培养目标、培养方案等对大纲的内容有所选择与侧重(应具备合理依据)。

**第一部分　财务会计**
第一章　总论
　第一节　财务会计报告的目标
　第二节　会计基本假设与会计基础
　第三节　会计信息质量要求
　第四节　会计要素及其确认与计量
　第五节　财务会计报告的组成
第二章　金融资产
　第一节　金融资产的分类
　第二节　以摊余成本计量的金融资产
　第三节　以公允价值计量且其变动计入其他综合收益的金融资产
　第四节　以公允价值计量且其变动计入当期损益的金融资产
第三章　存货
　第一节　存货的确认和初始计量
　第二节　发出存货成本的计量
　第三节　期末存货的计量

# 五、全国会计硕士(MPAcc)专业学位教育指导委员会关于加强双证MPAcc复试工作的指导意见

复试工作是会计硕士专业学位(双证)入学考试的重要组成部分，是保证生源质量的基础环节。为促进会计硕士专业学位研究生招生复试工作的规范化和制度化，完善人才选拔机制，依据国家有关法律法规及教育主管部门的相关制度，全国会计硕士专业学位教育指导委员会提出如下指导意见。

**一、复试工作的基本原则**

1. 坚持科学选拔。积极探索并遵循高层次会计专门人才的选拔规律，科学制定成绩评定标

准，采用多样化的考查方式和方法，确保生源质量。

2. 坚持公平公正。做到程序透明、结果公开、监督机制健全，维护考生的合法权益。

3. 坚持全面考查。在对考生德智体等各方面全面考查基础上，突出对综合素质、专业能力及创新精神等方面的考核。

**二、复试工作的组织管理**

1. 各单位应成立由学院(系)领导任组长的招生工作领导小组，负责对本单位复试工作的领导和统筹管理；应成立复试小组，负责具体实施面试和专业能力等项目的考查。

2. 招生工作领导小组应制定本单位招生复试工作办法及复试工作的具体实施方案，包括各复试科目的具体考查内容、考查方式、评分标准、考试程序等，协调落实复试工作所需的人员、场地、设备、经费并组织开展复试的各项工作。

3. 各单位应统一制定复试小组的基本工作规范，以指导复试小组的工作。

**三、复试准备工作**

1. 制定并公布复试工作办法

各单位应制定复试工作办法。复试工作办法应包括复试程序、方式、复试成绩计算方法和使用及其他注意事项等内容。复试工作办法确定后，应于复试前在中国会计硕士网及时向考生公布。

2. 遴选、培训工作人员

各单位要制定复试工作人员的遴选、培训办法和行为规范；要选派经验丰富、业务水平高、公道正派的人员参与复试工作；要对所有人员进行政策、业务、纪律等方面的培训，使其明确工作纪律和工作程序、评判规则和评判标准；要明确各类工作人员在复试工作中的权利、责任和纪律，规范其工作行为。

3. 命制复试试题

各单位要制定复试命题管理办法，并选派教师命制试题。

复试试题包括笔试、面试考核试题。提倡各单位建立复试试题库。复试试题及其答案在启用前均系国家机密材料，应按照相关规定做好保密工作。

4. 确定参加复试资格条件与考生名单

各单位要在规定的时间内在中国会计硕士网公布考生进入复试的资格条件和参加复试考生名单或考号，并及时通知考生。对具有三年及以上工作经验且工作成绩突出的考生，在符合教育主管部门有关政策的基础上可单独划定复试分数线。

建议各单位按计划录取人数的150%确定参加复试的考生人数。

5. 进一步确认考生资格

复试前，各单位应严格核对参加复试考生的报考信息、准考证、学历证书、证明和有效身份证件等。

**四、复试的内容、方式及要求**

1. 复试的内容、方式

为提高复试的有效性，各单位可以根据自身的特点及办学特色决定具体的复试内容和方式，一般应按如下要求进行。

(1) 政治理论。主要考查考生政治理论水平，可采用笔试或面试，具体方式由各招生单位自定。

(2) 专业课。主要考查考生对财会理论知识和应用技能的掌握程度，利用所学理论发现、分析和解决实际问题的能力，以及在本专业领域的发展潜力。考查范围应根据全国会计硕士专业学位教育指导委员会制定的指导性考试大纲进行设置。专业课的考查应包含笔试和面试。

(3) 外国语。主要考查考生的外语听说能力，建议采用面试的方式进行。

(4) 综合素质。主要考查考生创新精神和创新能力，思想政治素质和道德品质，事业心、责任感、纪律性(遵纪守法)、协作性和心理健康情况，人文素养，以及举止、表达和礼仪等。建议采用面试的方式进行。

2. 复试阶段面试工作的具体要求

(1) 每个复试小组的成员一般不少于5人。

(2) 每个考生的面试时间一般不少于20分钟。

(3) 每个复试小组应对每位考生的作答情况进行现场记录，并妥善保存。

### 五、复试成绩的使用

1. 复试成绩不合格者，不予录取。

2. 复试成绩占总成绩的权重一般应为50%。复试成绩和初试成绩按权重相加，得出入学考试总成绩，作为录取排序的依据。

3. 对有特殊职业专长或具有突出培养潜质者，以及在相关实践中表现突出者，经招生工作领导小组审核同意，可适当加分，计入复试成绩，并由复试小组提交说明材料备查。

### 六、复试的监督和复议

1. 实行责任制度和责任追究制度。各单位的招生工作领导小组对复试过程的公平、公正和复试结果全面负责。要完善对复试工作过程的监督，严肃处理违纪违规事件。

2. 实行信息公布制度。复试基本分数线、复试工作办法、复试结果等信息应及时在中国会计硕士网公布。

3. 实行复议制度。要保证投诉、申诉和监督渠道的畅通。受理投诉和申诉应规定时限。对投诉和申诉问题经调查属实的，由招生工作领导小组责成复试小组进行复议。

### 七、其他

1. 已开展在职MPAcc(双证)试点工作的单位，对报考在职MPAcc(双证)、脱产MPAcc(双证)的考生应分类进行复试。

2. 对报考在职MPAcc(双证)考生的复试应注重考查考生的实际工作能力、工作经验等。

3. 本指导意见自2011年10月起实施。

# 第二部分
# 综合素质面试部分

一、综合素质面试的内容和形式

二、综合素质面试的备战策略和技巧

三、综合素质面试常见问题分析

# 一、综合素质面试的内容和形式

MPAcc综合素质面试形式主要分为两类。一是结构化面试，采用传统的一对一和一对多的形式。在面试过程中，除了预先设计好的一些问题，如家庭背景、专业程度、研究倾向、性格特点等，有的考官还会与自己感兴趣的考生进行对话，考查语言能力和逻辑思维能力；几乎所有高校都会采用这种形式，只是在内容选择上存在一定差异。二是小组面试，分为小组讨论或者小组辩论式讨论。目前有部分高校采用第二种形式，比如北京国家会计学院等，有些主考官可能会对自己已经选定的学生进行压力测试，提出让考生感到非常难堪的问题，以考查其承压能力和反应能力。

就综合素质面试本身而言，其目的只有一个：通过对应试者的学术背景、智商情商、仪表气质、口才应变等综合能力的考查，选出符合招生单位要求和需要的学生进入研究生阶段的培养。

有些同学可能会有质疑："综合素质面试是否是考研过程中最大的黑幕？"但换个角度来想，在考生和招生单位之间并不熟悉的背景下，还有什么更好的方式能够在较短的时间对面试考生综合素质进行考查？所以，对于考生来说，只需要做好准备，在这个过程中展示出自己最光彩的一面，才是能否在考试的最后一击中脱颖而出的关键。

# 二、综合素质面试的备战策略和技巧

准备工作千头万绪，但基本围绕着两个最基本也是最核心的问题展开：一是自我认知，二是尽量增加对招生单位的认知。简言之，便是"知己知彼"。从这个方面来说，当考生完成笔试的时候，面试就开始了。

(一) 备考要点

在对招生单位认知方面，有以下几个基本不变的信息：

(1) 学校发展状况与文化；

(2) 专业发展与最新动态；

(3) 意向导师的研究方向和专业成就；

(4) 历年考试模式和题库。

在对招生单位认知方面，还有以下几个始终在变化的信息：

(1) 当年招生规模及招生限额；

(2) 去年实际录取情况；

(3) 意向导师研究生联系方式；

(4) 尽可能多地收集其他考生情况。

在自我认知方面，考生还需要准备以下内容。

(1) 如何结合自身情况向导师展示学术能力，本科阶段的学习成绩、发表的论文等，这些能让导师快速了解考生的专业基础。如果在面试前充分阅读意向导师的论文，将自己在专业方向上的兴趣和导师的研究方向和研究成就结合起来，更能吸引导师的注意。

(2) 如何完成一份个性化的自我介绍来打动面试官。对于独生子来讲，一句"Thanks to the one child policy，I have no brother and sister"足以让考官对你产生兴趣。

(3) 如何提升自己的抗压能力和应急反应，导师往往会对自己非常感兴趣的学生提出非常"奇怪"的问题，甚至会通过与你的专业方向完全无关的话题来测试考生在极端情况下的抗压能力和反应能力。所以，当考官问到"如果你的专业基础无法满足我对研究生的要求，你怎么办"时，不能绝对地认为导师对自己没兴趣，也许他只是想看一下你的表现而已。因为本科阶段绝大多数的专业基础都无法满足其对研究生的要求。记住，导师是在挑"苗子"，不是在选"大树"。

(二) 面试注意事项

1. 放松心情

许多考生一到复试地点就会产生一种恐惧心理，害怕自己思维紊乱、词不达意、出现差错，以致痛失良机。于是，其往往会因为紧张而出现心跳加快、面红耳赤、呼吸频率加剧的情况。这时，应让自己先深呼吸一次，然后控制自己的呼吸节奏，平缓、有节奏地一呼一吸，情况就会有所转变，随后进行自我安慰：我尽力即可，而且我也不比别人差，一定能行的！

2. 对遇到的所有人以礼相待

无论是在候试室还是在面试室门口，对遇到的人要以礼相待，注意细节，因为考生不知道他是否为面试小组的成员，如果在面试开始之初就没有给导师留下良好印象，考生可能要在复试中付出更大的努力才能改变导师对自己的第一印象。

3. 关掉手机

见面时，自觉将手机调到震动模式或关机。

4. 入室先敲门

5. 相逢开口笑

6. 注意自谦

神态得意洋洋，目光咄咄逼人，大有不可一世的气势，如此的"自我介绍"不过是孤芳自赏，只会给人留下骄傲自大的印象。毕竟，导师是在选学生，不是在选"大爷"。正确的方法是在介绍自己时语气平和，目光亲切，神态自然，才能让人感受到考生的自信、自立、自尊而又自谦的美好形象。

7. 内容要有针对性

自我介绍的目的是让主考官对考生有充分的了解和认识，从而判别是否符合研究生基本素质。因此，考生必须针对学校、专业、导师有针对性地介绍自己相关的学历、经历、能力及个性特征，而且要言之有物，切忌用鉴定式的语言、大而空的套话来勾画自己，切忌自我炫耀。

例如，有位MPAcc的考生这样介绍自己："我毕业于北京××大学会计系，科班出身，有较强的会计理论基础，在校期间就开始兼职做会计工作，曾多次得到公司表扬，具有较丰富的会计工作经验，自信能满足研究生阶段导师对学生的任何要求。"

**8. 缺点要点到为止**

自我介绍的目的是展示自身优势，从而赢得主考官的好感、信任与支持。如果缺点介绍得过多过细，会给导师留下不自信的印象。如果你缺点过多，这也不行，那也做不好，那还为什么要录取你？对于自己的不足，言简意赅，既承认不足，又含而不露，恰到好处，点到为止，不要做毫无意义的自我贬低。

# 三、综合素质面试常见问题分析

总之，研究生考试的复试是一个双向选择的活动，对于MPAcc的考生来说，一定要把综合素质面试看作展现能力和意志的舞台，只要掌握一定的技巧和方法，就一定能收到心仪院校的录取通知书。

下面列出一些常见面试题，以供考生参考。

---

**MPAcc复试综合素质面试题**

1. 你认为财务管理在现代企业管理中应当处于何种位置？发挥何种作用？

2. 你认为财务工作对财务工作者而言最首要的要求是什么？为什么？

3. 你将入职不断发展的中国某某网，作为财务工作者，工作伊始你对你的工作有什么计划？为什么？

4. 你认为中国某某网的会计报表由哪些报表组成？中国某某网想要更高速地发展，需要开展什么样的财务工作？

5. 案例：请提出中国某某网会员服务/网络广告服务的成本分析方案。

6. 案例：请参考中国某某网站产品为其模拟一份成本控制方案。

7. 案例：本公司现与某世界五百强企业谈合作项目，作为财务人员，你应该从财务角度给出什么数据，以加强双方合作的最大可能性呢？

8. 案例：对于员工薪酬比例的设定，你有什么建议？

9. 假如你是一位网络媒体的首席财务官(CFO)，应该具备什么样的能力和素养？

10. 你的未来五年规划是什么？

备注：5～8题属于发散性思维试题，请充分发挥你的想象。

---

# 第三部分
# 英语部分

# 一、英语面试考查的内容和形式

在复试过程中，英语仍为各个学校考查的重点，考查形式有笔试和面试两种。由于复试中的笔试部分与初试考试中的笔试部分基本重合，因此本书将以面试部分为重点。

MPAcc招生院校采取的英语听力和口语测试主要有以下两类。

(1) 将听力和口语分开进行考试。听力仍然采取以往笔试中的做法，在规定的时间内做选择题。现在仍是以考生一起听室内广播为主，很难做到让考生用专用的耳机来考试。英语口语在听力测试后分小组进行考查。

(2) 听力、口语放在一起进行考试。由于部分院校录取的人数较少，考官会将英语的听力和口语测试结合在一起，并采取面试的方式进行考查。由考官先读一段英文让考生翻译，之后考官和考生进行英文对话。

英语听力和口语的考试形式是相对确定的，考生可以根据自己英语水平的实际情况做出选择。一般来说，考前的强化训练是必不可少的，特别是报考名校的同学，一定要利用面试前有限的时间，自觉苦练，一来可以应对听力和口语的考试，二来也可以为将来的MPAcc学习打下良好的基础。

# 二、英语面试的口试要求

(一) 口语测试评价标准

(1) 语言准确性(包括语法和用词的准确性、语法结构的复杂性、词汇的丰富程度、发音的准确性等)。

(2) 话语的长短和连贯性(包括内容的连贯性、因寻找合适词语而造成的停顿频率及长短、表达思想的语言长短等)。

(3) 语言的灵活性和适合性(包括语言表达是否灵活、自然，话语是否得体，语言能否与语境、动能和目的相适应等)。

(二) 口语测试内容

口语测试一般包含如下两个部分。

(1) 考查学生理解并回答有关日常生活、家庭、工作、学习等问题的能力(3～5分钟)。

(2) 考查学生连续表达的能力。考生从考官提出的问题中选择一个话题，就此话题表达自己的看法(7～10分钟)。

(三) 口语测试成绩等级

评价成绩一般分为以下几个等级。

(1) a——优秀：能用外语就指定的话题进行口头交流，基本没有困难。

(2) b——良好：能用外语就指定的题材进行口头交流，虽然有些困难，但不影响交流。

(3) c——及格：能用外语就指定的话题进行简单的口头交流。

(4) d——不及格：不具有口头表达能力。

# 三、英语面试精彩75问

在考研英语面试中，当考生做完自我介绍后，考官就会开始问一些问题。这里列出了一些常见的问题，考生要结合自己的经历和见解认真准备答案，让自己回答的内容和自我介绍融为一体，否则很容易被考官抓住语柄，不停追问，最终导致因紧张而露出马脚。

(一) 考前准备

考生应提前准备，适当练习。

首先要练习见面问候语，如 "Good morning/afternoon,dear professors,I am ×××(Nice to meet you)." 还要练习告别用语，如 "Thanks for your time/Thank you for giving me such a chance,I hope to see you again and soon."

另外，还需要精心准备自我介绍。基本上在每个院校、每个专业的口试中都会涉及这一方面。考官其实是要借此了解考生的口头表达能力，以及考生填写在报名表之外的一些信息。自我介绍的时间以2~3分钟为宜。在表述时思路要清楚，要突出重点，口语尽量流利。

1. 自我介绍的主体内容

(1) 姓名。在介绍自己姓名时，发音一定要标准。

(2) 年龄。年龄可以跟在姓名后直接带过，如 "I am ×××,25 years old."

(3) 单位。对于原来的院校、专业，注意要把原来学校和专业的英文名称弄清楚(尤其是跨校、跨专业的学生)；对于所属的公司、职位，注意要将公司、职位/职称的英文名称弄明白。

(4) 性格、能力、爱好等。可以着重强调自己的个性对报考的专业有何积极的作用。如果报考的是学术性的专业，可以说自己细心(careful,detail-oriented)、条理分明(logical)、踏实(steady)等；如果是研究性、应用性更强的专业，可以说自己负责任(responsible)、可靠(dependable)、有效率(efficient)等。

(5) 对报考的专业有兴趣(be interested in/be fascinated with/be obsessed with...)。可适当举出一些例子，如经常看相关的书籍、论文、文章、新闻等。在职考生可以强调知识教育对工作的影响，如 "In my work, I find it necessary to broaden my horizons in communication. That's why I long for entering your prestigious university." 结束时可以表达为 "That's all about me / Well, that's who I am. Thanks for your attention."

2. 未来规划，如学习规划(研究生以后的方向)、人生规划(短期、长期)等

3. 跨专业问题

老师通常会对跨专业的考生问这样一个问题：为什么会选择这个专业？考生不要千篇一律地只回答说"我对这个专业感兴趣"，可以把每个人都会谈到的原因简要地罗列一下，对具有个人特色的原因进行详细阐述，给考官留下深刻的印象。

4. 专业知识

在英语口试中(非英语专业)，如果考官提问的是专业问题，通常不会指望考生能进行流利的、专业性强的阐述，但是一些专业术语的英文还是有必要了解一下的。

5. 提出问题

在面试快结束的时候，一般考官都会问：你有没有什么要问的(Do you have any questions to ask？)。一般不适合说"I don't have any question"，而是可以向考官提出一两个自己关心的问题。

(二) 常见问题

在每一年的面试中都会有很多类似的问题，这些问题看起来很平常，实际上却有很多陷阱，一不小心就会被考官抓住漏洞。如何回答这些看起来很平常的问题，是需要具有一定的技巧的。本书在这里提供了75个常见的问题，并对每个问题进行了详细的分析。

**第一部分　传统面试问题**

1. What can you tell me about yourself? (关于你自己，你能告诉我些什么？)

如果面试没有安排做自我介绍的时间，这是一个必问的问题。考官并不希望考生大谈自己个人历史，他是在寻找有关考生性格、资历、志向和生活动力的线索，来判断其是否适合读研或MPAcc。下面是一个积极、正面的回答："在高中时我参加各种竞技性体育活动，并一直努力提高各项运动的成绩。在大学期间，我曾在一家服装店打工，我发现我能轻而易举地将东西推销出去。销售固然重要，但对我来说，更重要的是要确保顾客能够满意。不久便有顾客返回那家服装店点名让我为他们服务。我很有竞争意识，力求完美对我很重要。"

In high school I was involved in competitive sports and I always tried to improve in each sport I participated in. As a college student, I worked in a clothing store part-time and found that I could sell things easily. The sale was important, but for me, it was even more important to make sure that the customer was satisfied. It was not long before customers came back to the store and specifically asked for me to help them. I'm very competitive and it means a lot to me to be the best.

2. What would you like to be doing five years after graduation? (在毕业以后5年内你想做些什么？)

你要清楚自己实际上能胜任什么。考生可以事先和其他的MPAcc毕业生交流一番，问问他们在毕业后的头5年都做了些什么。考生可以这样回答："我希望能在我的岗位上尽力做好工作，由于在同一领域工作的许多人都被提拔为区域负责人了，所以我亦有此打算。"

I hope to do my best I can be at my job and because many in this line of work are promoted to area manager, I am planning on that also.

3. What is your greatest strength? (你最突出的优点是什么？)

这是很多面试考官喜欢问的一个问题，这是考生"展示自己"的最佳机会，不要吹嘘自己或过于自负，但要让考官知道你相信自己、了解自己的优点，如："我认为我最大的优点是能够执着地尽力把事情做好。当完成一件工作而其成果又正符合我的预想时，我会有一种真正的成就感。我给自己制定了一些高目标。比如说，我想要成为出色的毕业生。尽管在大学一年级时我起步慢了些，但最终我以优秀的论文完成了学业。"

I feel that I can stick to things to get them done. I will feel a real sense of accomplishment when I finish a job and it turns out just as I've planned. I've set some high goals for myself. For example，I want to graduate with highest distinction. And even though I had a slow start in my freshman year，I made up for it by doing an honor's thesis.

4. What is your greatest weakness? (你最大的弱点是什么？)

考生不应该说自己没有任何弱点，以此来回避这个问题。每个人都有弱点，最佳的策略是承认自己的弱点，但同时表明自己正在改进，并有克服弱点的计划。建议考生可以说出一项可能会给公司带来好处的弱点，比如说："我是一个完美主义者。工作做得不漂亮，我是不会停手的。"

I'm such a perfectionist that I will not stop until a job is well done.

5. How do you feel about your progress to date? "(对于你至今所取得的进步你是怎样看的？)

绝不要对自己以前的所作所为表示过分谦虚或骄傲，可以回答："我认为我在学校表现不错。事实上，有好几门功课我的成绩居全班第一。在某公司实习时，我获得了好几项该公司数年来给予其雇员的最高评价。"

I think I did well in school. In fact, in a number of courses I received the highest exam scores in the class. As an intern for the ×× Company, I received some of the highest evaluations that had been given in years.

第二部分　其他常见问题

6. Why did you choose ×× University？

7. Why did you choose MPAcc？

8. What would you like to be doing five years after graduation？

9. What has been your greatest accomplishment？

10. Describe your greatest strength and weakness.

11. What have you learned from the jobs you have held？

第三部分　行为面试问题

12. Describe the best/worst team of which you have been a member.

13. Tell me about a time when your course load was heaviest. How did you get all of your work done？

14. Give me a specific example of a time when you sold someone on an idea or concept.

15. Tell me about a time when you were creative in solving a problem.

16. Describe a time when you got co-workers or classmates who dislike each other to work together.

17. Tell me about a time when you made a bad decision.

第四部分　压力面试问题

18. What kinds of people do you find it difficult to work with？

19. What are some of the things you find difficult to do？

20. How would you evaluate me as an interviewer?

21. What interests you least about MPAcc?

22. How do you handle rejection?

23. What is the worst thing you have heard about our school?

24. See this pen I'm holding. Sell it to me.

### 第五部分　案例面试问题

25. A chain of grocery stores currently receives its stock on a decentralized basis. Each store deals independently with its suppliers. The president of the chain is wondering whether the firm can benefit from a centralized warehouse. What are the key considerations in making this decision?

26. A magazine publisher is trying to decide how many magazines she should deliver to each individual distribution outlet in order to maximize profits. She has extensive historical sales volume data for each of the outlets. How should she determine delivery quantities?

### 第六部分　非常规问题

27. It is the 15th century. How do you convince the Pope that the Earth is round?

28. If I gave you an elephant, where would you hide it?

29. Why are soda cans tapered on the top and bottom?

30. How much RAM does a PC need to run Windows95?

31. You are in a boat on a fresh water lake. In your hand is a rock. You throw the rock into the lake. How is the lake's water level affected?

32. If it rained music, what would grow?

33. Describe your best friend and what he or she does for a living.

34. In what ways are you similar to or different from your best friend?

35. What are your career's strengths and how do you capitalize on them?

36. Are you a happy person?

37. You have a wealthy aunt who weighs 300 pounds. Tell me how you would redesign her toilet.

### 第七部分　其他常见的英语面试问题

38. Would you please make a brief introduction about yourself?

39. Why did you take the MPAcc examination? Would you please say something about the current MPAcc program in China?

40. Why do you choose ×× University to study MPAcc? Tell me a little about ×× University from your understanding.

41. How do the people around you review MPAcc?

42. What's the difference between MPAcc program at home and abroad?

43. If you failed this time what would you do in the near future?

44. Why do you want to be a part of MPAcc students?

45. Why do you think you are qualified for MPAcc program?

46. Do you have a career plan in 5 years?

47. Do you have a study plan if you are accepted as a MPAcc student?

48. What's your opinion about the requirement that a MPAcc student must have in/about working experience?

49. How do you define marketing or management?

50. Do you think English is quite important in MPAcc study? Why?

51. Do you think MPAcc training courses will help you a lot in your future life? Why?

52. What do you want to do after your MPAcc study?

53. What is the most important qualification that a MPAcc student should have?

54. Say a little about teamwork.

55. Say a little about management.

56. How does communication work in organizations?

57. Tell me the relationship between the management and management theory.

58. What will you do if you can't find a job?

59. Do you think that the economy will get better?

60. Who are you currently employed with?

61. What kinds of opportunities are you looking for?

62. What is your biggest accomplishment on the job?

63. What joy did you enjoy the most and why?

64. What would your former boss say about you?

65. Why did you leave your last job?

66. Please tell me a little about your working history. What kind of fields?

67. Say a little about your educational background.

68. What do you do in your spare time?

69. What is your impression of Beijing?

70. What is CFO? If you were a CFO, what would you do?

71. What is the difference between sales and marketing?

72. What do you think is the most important as a manager?

第八部分　最后的问题

73. What changes do you anticipate in our school?

74. Which is the best course in our school?

75. Does our school provide some guidance of job to MPAcc?

最后可以说：Thank you for giving me the chance. I hope to see you again and soon. (谢谢您给我机会，我希望很快能再见到您。)

# 四、研究生复试常用口语词汇汇总

## 教育程度

| 英文 | 中文 |
| --- | --- |
| education | 教育 |
| educational history | 学历 |
| educational background | 教育程度 |
| curriculum | 课程 |
| major | 主修 |
| minor | 辅修 |
| educational highlights | 课程重点部分 |
| curriculum included | 课程包括 |
| specialized courses | 专门课程 |
| courses taken | 所学课程 |
| special training | 特别训练 |
| social practice | 社会实践 |
| part-time jobs | 业余工作 |
| summer jobs | 暑期工作 |
| vacation jobs | 假期工作 |
| refresher courses | 进修课程 |
| extracurricular activities | 课外活动 |
| physical activities | 体育活动 |
| recreational activities | 娱乐活动 |
| academic activities | 学术活动 |
| social activities | 社会活动 |
| rewards | 奖励 |
| scholarship | 奖学金 |
| excellent League member | 优秀团员 |
| excellent leader | 优秀干部 |
| student council | 学生会 |
| off-job training | 脱产培训 |
| in-job training | 在职培训 |
| educational system | 学制 |
| academic year | 学年 |
| semester | 学期(美) |
| term | 学期(英) |
| supervisor | 论文导师 |

| pass | 及格 |
| --- | --- |
| fail | 不及格 |
| marks | 分数 |
| examination | 考试 |
| degree | 学位 |
| post doctorate | 博士后 |
| doctor(PhD) | 博士 |
| master | 硕士 |
| bachelor | 学士 |
| graduate student | 研究生 |
| abroad student | 留学生 |
| undergraduate | 大学本科生 |
| government-supported student | 公费生 |
| commoner | 自费生 |
| extern | 走读生 |
| intern | 实习生 |
| prize fellow | 奖学金生 |
| boarder | 寄宿生 |
| graduate | 毕业生 |
| guest student | 旁听生(英) |
| auditor | 旁听生(美) |
| day-student | 走读生 |

## 工作经历

| 英文 | 中文 |
| --- | --- |
| work experience | 工作经历 |
| occupational history | 工作经历 |
| professional history | 职业经历 |
| specific experience | 具体经历 |
| responsibilities | 职责 |
| second job | 第二职业 |
| achievements | 工作成就，业绩 |
| administer | 管理 |
| assist | 帮助 |
| adapt to | 适应于 |
| accomplish | 完成(任务等) |
| appointed | 被任命的 |
| be adept in | 善于 |

| | |
|---|---|
| analyze | 分析 |
| authorized | 委任的，核准的 |
| behave | 表现 |
| break the record | 打破纪录 |
| breakthrough | 关键问题的解决 |
| control | 控制 |
| conduct | 经营，处理 |
| cost | 成本，费用 |
| create | 创造 |
| demonstrate | 证明，示范 |
| decrease | 减少 |
| design | 设计 |
| develop | 开发，发挥 |
| devise | 设计，发明 |
| direct | 指导 |
| double | 加倍，翻一番 |
| earn | 获得，赚取 |
| effect | 效果，作用 |
| eliminate | 消除 |
| enlarge | 扩大 |
| enrich | 使丰富 |
| exploit | 开发(资源，产品) |
| enliven | 使活泼，使生动 |
| establish | 设立(公司等)，使开业 |
| evaluation | 估价，评价 |
| execute | 实行，实施 |
| expedite | 加快，促进 |
| generate | 产生 |
| be good at | 擅长于 |
| guide | 指导，操纵 |
| improve | 改进，提高 |
| initiate | 创始，开创 |
| innovate | 改革，革新 |
| invest | 投资 |
| integrate | 使结合，使一体化 |
| justified | 经证明的，合法化的 |
| launch | 开办(新企业) |
| maintain | 保持，维修 |

| | |
|---|---|
| modernize | 使现代化 |
| negotiate | 谈判 |
| nominated | 被提名，被任命的 |
| overcome | 克服 |
| perfect | 使完善，改善 |
| perform | 执行，履行 |
| profit | 利润 |
| be promoted to | 被提升为 |
| be proposed as | 被提名(推荐)为 |
| realize | 实现(目标)获得(利润) |
| reconstruct | 重建 |
| recorded | 记载的 |
| refine | 精炼，精制 |
| registered | 已注册的 |
| regenerate | 更新，使再生 |
| replace | 接替，替换 |
| retrieve | 挽回，找回 |
| revenue | 收益，收入 |
| scientific | 科学的，系统的 |
| self-dependence | 自力更生 |
| serve | 服务，供职 |
| settle | 解决(问题等)，结束(争论、分歧等) |
| shorten | 缩短，减少 |
| simplify | 简化，精简 |
| spread | 传播，扩大 |
| standard | 标准，规格 |
| supervise | 监督，管理 |
| supply | 供给，满足 |
| systematize | 使系统化 |
| test | 试验，检验 |
| well-trained | 训练有素的 |
| valuable | 有价值的 |
| target | 目标，指标 |
| working model | 劳动模范 |
| advanced worker | 先进工作者 |

## 个人资料

| 英文 | 中文 |
|---|---|
| name | 姓名 |

| | |
|---|---|
| alias | 别名 |
| street | 街 |
| road | 路 |
| district | 区 |
| house number | 门牌 |
| lane | 胡同，巷 |
| age | 年龄 |
| height | 身高 |
| blood type | 血型 |
| weight | 体重 |
| address | 地址 |
| be born in | 生于 |
| permanent address | 永久住址 |
| birthday | 生日 |
| province | 省 |
| birthdate / date of birth | 出生日期 |
| city | 市 |
| birthplace | 出生地点 |
| county | 县 |
| home phone | 住宅电话 |
| prefecture | 辖区 |
| office phone | 办公电话 |
| autonomous region | 自治区 |
| business phone | 商务电话 |
| nationality | 民族，国籍 |
| current address | 目前住址 |
| citizenship | 公民资格，公民身份 |
| native place | 籍贯 |
| postal code | 邮政编码 |
| dual citizenship | 双重国籍 |
| marital status | 婚姻状况 |
| family status | 家庭状况 |
| married | 已婚的 |
| single | 未婚的 |
| divorced | 离异的 |
| separated | 分居的 |
| number of children | 子女人数 |
| health condition | 健康状况 |

| health | 健康，身体状况，医疗 |
| excellent | (身体)极佳 |
| short-sighted | 近视 |
| far-sighted | 远视 |
| ID card | 身份证 |
| date of availability | 可到职时间 |
| membership | 会员，资格 |
| president | 会长 |
| vice-president | 副会长 |
| director | 理事 |
| standing director | 常务理事 |
| society | 学会 |
| association | 协会 |
| secretary-general | 秘书长 |
| research society | 研究会 |

## 应聘职位

| 英文 | 中文 |
| --- | --- |
| objective | 目标 |
| position desired | 期望职位 |
| job objective | 求职意向 |
| employment objective | 工作目标 |
| career objective | 职业目标 |
| position sought | 谋求职位 |
| position wanted | 希望职位 |
| position applied for | 申请职位 |

## 离职原因

| 英文 | 中文 |
| --- | --- |
| for more specialized work | 为从事更专业性的工作 |
| for prospects of promotion | 为晋升的前途 |
| for higher responsibility | 为更高层次的工作责任 |
| for wider experience | 为扩展工作经验 |
| due to close-down of company | 由于公司倒闭 |
| due to expiry of employment | 由于雇用期满 |
| have found / found | 已经找到 |
| to seek a better job | 找一份更好的工作 |

## 业余爱好

| 英文 | 中文 |
| --- | --- |
| hobbies | 业余爱好 |
| play the guitar | 弹吉他 |
| reading | 阅读 |
| play chess | 下棋 |
| play a drama | 演话剧 |
| long-distance running | 长跑 |
| play bridge | 打桥牌 |
| collect stamps / stamp collecting | 集邮 |
| play tennis | 打网球 |
| jogging | 慢跑 |
| sewing | 缝纫 |
| traveling | 旅游 |
| listening to symphony | 听交响乐 |
| do some clay sculptures | 做泥塑 |

## 个人品质

| 英文 | 中文 |
| --- | --- |
| able | 有才干的，能干的 |
| adaptable | 适应性强的 |
| active | 主动的，活跃的 |
| aggressive | 有进取心的 |
| ambitious | 有雄心壮志的 |
| amiable | 和蔼可亲的 |
| amicable | 友好的 |
| analytical | 善于分析的 |
| apprehensive | 有理解力的 |
| aspiring | 有志气的，有抱负的 |
| audacious | 大胆的，有冒险精神的 |
| capable | 有能力的，有才能的 |
| careful | 仔细的，小心的，谨慎的 |
| candid | 正直的 |
| competent | 能胜任的 |
| constructive | 建设性的 |
| cooperative | 有合作精神的 |
| creative | 有创造力的 |
| dedicated | 有奉献精神的 |

| | |
|---|---|
| dependable | 可靠的 |
| diplomatic | 外交的，有手腕的 |
| disciplined | 守纪律的 |
| dutiful | 尽职的，忠实的，顺从的 |
| well-educated | 受过良好教育的 |
| efficient | 有效率的 |
| energetic | 精力充沛的 |
| expressive | 善于表达的 |
| faithful | 守信的，忠诚的 |
| frank | 直率的，真诚的 |
| generous | 宽宏大量的 |
| genteel | 有教养的 |
| gentle | 有礼貌的 |
| humorous | 幽默的 |
| impartial | 公正的 |
| independent | 独立的，有主见的 |
| industrious | 勤奋的 |
| ingenious | 有独创性的 |
| motivated | 目的明确的 |
| intelligent | 聪明的 |
| learned | 有学问的，博学的，学术性的 |
| logical | 符合逻辑的，条理分明的 |
| methodical | 有条理的，有方法的 |
| modest | 谦虚的 |
| objective | 客观的 |
| precise | 精确的，确切的，一丝不苟的 |
| punctual | 准时的，守时的 |
| realistic | 务实的，实事求是的 |
| responsible | 负责任的 |
| sensible | 理智的，合理的，明白事理的 |
| aboveboard | 光明正大的 |
| steady | 踏实的 |
| systematic | 有系统的，有条理的，一贯的 |
| purposeful | 有明确目标的，坚决的 |
| sweet-tempered | 性情温和的 |
| temperate | 温和的，有节制的 |
| tireless | 孜孜不倦的 |
| mature, dynamic and honest | 思想成熟，有活力，为人诚实 |

| | |
|---|---|
| excellent ability of systematical management | 有极强的系统管理能力 |
| ability to work independently, mature and resourceful | 能够独立工作、思想成熟、应变能力强 |
| a person with ability plus flexibility should apply | 有能力及适应力强的人 |
| a stable personality and high sense of responsibility are desirable | 个性稳重、具有高度责任感 |
| work well with a multi-cultural and diverse work force | 能够在不同文化和工作人员的背景下出色地工作 |
| bright, aggressive applicants | 聪明、有进取心的求职者 |
| ambitious attitude essential | 雄心壮志的态度 |
| initiative, independent and have good communication skill | 积极主动、独立，并有良好的沟通能力 |
| be willing to work under pressure with leadership quality | 愿意在压力下工作，并具有领导素质 |
| be willing to assume responsibilities | 愿意承担责任 |
| mature, self-motivated and strong interpersonal skills | 思想成熟、上进心强，并具有较强的人际交往能力 |
| energetic，fashion-minded person | 精力旺盛、思想新潮的人 |
| with a pleasant mature attitude | 以一种开朗成熟的态度 |
| have strong determination to succeed | 有获得成功的坚定决心 |
| have strong leadership skills | 有极强的领导能力 |
| have ability to work well with others | 能够同他人一道很好地工作 |
| highly-motivated and reliable person with excellent health and pleasant personality | 上进心强又可靠的人，并且身体健康、性格开朗 |
| the ability to initiate and operate independently | 有创业能力，并能自主经营 |
| have strong leadership skill while possessing a great team spirit | 有很强的领导能力和团队精神 |
| be highly organized and efficient | 工作很有条理，办事效率高 |
| be willing to learn and progress | 愿意学习进取 |
| have good presentation skills | 有良好的表达能力 |
| have positive and active mind / positive and active mind are essential | 有积极、灵活的头脑/积极、灵活的头脑是必不可少的 |
| have the ability to deal with personnel at all levels effectively | 善于同各种人员打交道 |
| have positive work attitude and be willing and able to work diligently without supervision | 有积极的工作态度，愿意并能够在没有监督的情况下勤奋地工作 |

| | |
|---|---|
| young, bright, energetic with strong career-ambition | 年轻、聪明、精力充沛，有很强的事业心 |
| have good people management and communication skills | 有良好的人员管理和沟通能力 |
| team player | 具有团队精神的人，善于团队合作的人 |
| able to work under high pressure and time limitation | 能够在高压和时间限制下进行工作 |
| be elegant and with nice personality | 举止优雅、个人性格好 |
| with good managerial skills and organizational capabilities | 有良好的管理技巧和组织能力 |
| the main qualities required are preparedness to work hard，ability to learn，ambition and good health | 主要必备素质是有吃苦耐劳的精神、学习能力优、事业心强和身体健康 |
| have good and extensive social connections | 具有良好而广泛的社会关系 |
| be active, creative and innovative is a plus | 思想活跃、有创造和革新精神尤佳 |
| with good analytical capability | 有良好的分析能力 |

# 第四部分
# 政治部分

# 一、政治理论考试的内容和形式

政治理论考试是我国研究生考试的必考科目，而且在普通研究生入学考试中往往会起到相当大的作用。MPAcc入学考试是我国研究生入学考试中的一种，政治理论考试在历届MPAcc招生中属于必考科目。它和普通研究生考试的一个重大区别在于它是由各个院校单独命题，大部分院校的政治理论考试分数不计入总分，但必须及格。因为政治理论考试是由招生院校自主命题，所以在考试形式上就不可能有统一的形式。从最近几年考生反馈的情况来看，一般不会出现在初试时的单选题、多选题和论述题，而是采取简答和论述的形式。有些院校仅仅是论述题，有些院校只是面试时口头问答，有些学校是笔试；有些院校是单独出题，有些院校则是和其他科目的试卷合并在一起进行考查；在分数的设置上，有些设置的分值是100分，有些是50分，甚至更少；在内容的设计上，有些学校是紧密结合时政热点让考生谈谈自己对这些问题的看法，有些院校则是考查一些基本原理，也会考查时政热点；有些学校考试相对简单，而有些学校则相对很难。

在政治理论考试中，会出现个别考生不及格的情况，但基本上都是由于极不重视政治理论考试，基本没有复习造成的。因为，招生院校除了指定教材还会安排一定的政治理论辅导，这种辅导的时间往往不长，但可以从中得到相关的复习资料，这是相当重要的，它才是考试真正所要求的。现在MPAcc入学考试将政治理论放在了复试中，不同的学校会选择采取不同的方法，但总的来说无外乎以下两种形式。

(1) 笔试。有些院校会在复试中对政治理论进行笔试，但事先会指定复习的范围和试题的类型。

(2) 面试。对于面试压力不是太大的院校，政治理论考试将会是轻松的面试。比如问一两个当前的热点问题或者基本的社会主义市场经济理论。这种方式往往没有明晰的复习范围，从表面上看，让考生无从下手，但其实只要略做准备，完全可以应对。

但是要注意政治理论考试具有决定性质，如果考生的政治理论考试不及格，无论其他成绩如何优秀，也是一概不能被录取的。所以，复试的政治理论部分也要积极、认真地做准备。

下面我们给出了对外经济贸易大学往年MPAcc复试政治理论考试大纲，供考生参考。

---

**对外经济贸易大学会计硕士专业学位(MPAcc)复试大纲(政治理论)**

各位考生：

现公布会计硕士专业学位(MPAcc)复试大纲(政治理论)，要求如下。

1. 适用对象：符合复试分数线的全体考生。

2. 考试形式：待定。

3. 考试范围：

(1) 十九届四中全会，包括《中共中央关于坚持和完善中国特色社会主义制度、推进国家治理体系和治理能力现代化若干重大问题的决定》；

(2) 《习近平新时代中国特色社会主义思想学习纲要》；

(3) 习近平总书记在"不忘初心、牢记使命"主题教育工作会议上的动员讲话和总结讲话；

(4) 习近平总书记在抗击新冠肺炎斗争中的系列讲话；

(5) 《关于中美经贸磋商的中方立场》白皮书。

# 二、政治理论考试的考试流程

政治理论这一科目通常情况下在复试中所占的比例不高，但是涉及的知识点较多，包含：马克思主义基本原理概论(简称：马原)、毛泽东思想和中国特色社会主义理论体系概论(简称：毛中特)、中国近现代史纲要(简称：史纲)、思想道德修养与法律基础(简称：思修)和当代世界经济与政治，因此许多考生，尤其是理工科考生对考研政治理论这一学科是比较陌生的；同时，政治理论考试根据学校要求不同，又分为开卷考试和闭卷考试，对于开卷考试的同学来说难度较小，只需要熟悉考点、了解考点的分布即可，而对于闭卷考试的同学来说则需要有所侧重，重点攻破高频考点。

这里值得注意的是，考研政治理论重在考查考生的逻辑思维能力，大部分知识要以理解为主。另外，基本理论和一些政治常识也必须要理清、牢记。

以下总结了政治各科目复习要点，以便考生参考复习。

**马克思主义基本原理概论**

马原包括3个部分：①马克思主义哲学；②马克思主义政治经济学；③科学社会主义。在复习马原时应该在理解性记忆的基础上，加强对框架结构的理解和把握。这样平时需要记忆的散乱的知识就变得清晰、有条理，在解答题目时，也可以从宏观上思考出题的方向与考查的知识点。最后，要把这些理论知识与热点实事相结合，从现实问题中提炼出相关的原理，综合在一起分析，做到活学活用，从而在这门课上获得高分。

**毛泽东思想和中国特色社会主义理论体系概论**

毛中特包括5个部分：①总论(第一章)；②毛泽东思想(第二至四章)；③建设中国特色社会主义的基本理论(第五至七章)；④总体布局(第八章)；⑤实现条件(第九至十二章)。

首先要了解观点、依据和意义，有些内容是需要记忆的，平时要做好笔记；其次要学会把理论知识与当今的重大热点问题结合在一起，因为这一部分在论述题中是很容易考到的。

**中国近现代史纲要**

史纲包括9个部分：①近代中国社会性质以及对国家出路的早期探索；②辛亥革命；③新文化运动和五四运动；④中国共产党成立以及中国革命的新局面；⑤抗日战争；⑥新中国成立；⑦社会主义改造；⑧社会主义建设；⑨改革开放与现代化建设。

了解和把握中国近现代历史上不同社会发展阶段的基本国情，了解和把握中国近现代历史上重大事件的前因后果、来龙去脉及重要人物的主要事迹、功过是非，了解和把握中国近现代历史上的党派组织、重要会议和文献著述等方面的主要内容，把握和理解中国近现代历史发展的基本规律、基本理论和基本经验。

**思想道德修养与法律基础**

思修包括9个部分：①理想与信念；②爱国主义及民族精神；③人生价值；④社会主义道德；⑤社会公德；⑥职业精神与家庭美德；⑦法律意识；⑧法治精神；⑨法律制度与自觉守法。

在复习中，一定要加强对基础知识、基本概念的理解与记忆。另外，要注意这门课程中两个部分思想道德及道德和法律的结合，运用相关理论紧扣国家大的事件进行思考和分析，逐渐培养自己的答题思路与步骤。

**当代世界经济与政治**

当代世界经济与政治包括16个部分：①两极格局解体；②世界多极化；③经济全球化；④区域经济一体化；⑤综合国力竞争；⑥大国关系；⑦传统安全与非传统安全；⑧地区热点问题；⑨西方干涉主义的新特点；⑩国际组织的地位、作用和面临的挑战；⑪发展中国家的地位和作用；⑫南北关系；⑬南南合作；⑭中国的和平发展道路；⑮推动构建和谐世界；⑯中国对外工作新思想、新论断。

考生应当学会利用当代中国和世界的国际视野应对这个科目，因为这个科目直接涉及材料题的考题。所以考生除了看考试用的相关复习资料，平时要多看新闻、报纸，增加自己的背景知识，了解中央的重要精神、决议和文件，这样在做题时才不会无话可说。

\*\*\*\*\*\*\*\*\*\*\*\*\*\*\*\*\*\*\*\*\*\*\*\*\*\*\*\*\*\*\*\*\*\*\*\*\*\*\*\*\*\*\*\*\*\*\*\*\*\*\*\*

时政部分延伸阅读内容可扫二维码下载。

# 第五部分
# 专业课部分

# 第一篇 财务会计

# 第一章 总论

本章节为各校各年份考试中必考高频考点，重点考查对财务会计基础知识的理解，本章所涉及的概念均应熟练掌握并记忆。

## 第一节 财务报告目标

### 📖【考点1-1】财务报告的目标★★

财务报告的目标是向财务报告使用者提供与企业财务状况、经营成果和现金流量等有关的会计信息，反映企业管理层受托责任履行情况(受托责任观)，有助于财务报告使用者作出经济决策(决策有用观)。

## 第二节 会计基本假设与会计基础

### 📖【考点1-2】会计基本假设 ★★★★

会计基本假设是企业会计确认、计量和报告的前提，是构建财务会计理论体系的基础。会计基本假设包括会计主体、持续经营、会计分期、货币计量。

**(一) 会计主体**

会计主体是指企业会计确认、计量和报告的空间范围。

会计主体不同于法律主体。一般来说，法律主体必然是一个会计主体，但会计主体不一定是法律主体。例如：编制合并报表的集团公司和编制内部经营管理报表的公司内部分支机构通常可以作为会计主体，但是它们并不是法律主体。

**(二) 持续经营**

持续经营是指在可以预见的将来，企业将会按当前的规模和状态继续经营下去，不会破产、清算。

当有确凿证据(通常是破产公告的发布)证明企业已经不能再持续经营下去时，该假设会自动失效，此时企业将由清算小组接管，会计核算方法随即改为破产清算会计。

**(三) 会计分期**

会计分期是指将一个企业持续经营的生产经营活动划分为若干连续的、长短相同的期间。持续经营是会计分期产生的前提。

**(四) 货币计量**

货币计量是指会计主体在财务会计确认、计量和报告时以货币作为计量尺度，反映会计主体的财务状况、经营成果和现金流量。

## 📖 【考点1-3】会计基础★★★

权责发生制主要是从时间上规定会计确认的基础，其核心是根据权、责关系实际发生的期间来确认收入和费用。权责发生制要求凡是当期已经实现的收入、已经发生和应当负担的费用，不论款项是否收付，都应当作为当期的收入、费用；凡是不属于当期的收入、费用，即使款项已经在当期收付了，也不应当作为当期的收入、费用。会计分期是权责发生制产生的前提。

收付实现制是以收到或支付的现金作为确认收入和费用等的依据。

我国《企业会计准则》规定：企业应当以权责发生制为基础进行会计确认、计量和报告。我国政府会计中预算会计采用收付实现制，财务会计采用权责发生制。

# 第三节　会计信息质量要求

## 📖 【考点1-4】会计信息质量要求★★★

**(一) 可靠性**

可靠性要求企业应当以实际发生的交易或者事项为依据进行确认、计量和报告，如实反映符合确认和计量要求的各项会计要素及其他相关信息，保证会计信息真实可靠、内容完整。

**(二) 相关性**

相关性要求企业提供的会计信息应当与财务报告使用者的经济决策需要相关，有助于财务报告使用者对企业过去、现在或者未来的情况做出评价或者预测。

**(三) 可理解性**

可理解性要求企业提供的会计信息清晰明了，便于财务报告使用者理解和使用。

**(四) 可比性**

可比性要求企业提供的会计信息应当相互可比，具体包括下列要求。

(1) 同一企业对于不同时期发生的相同或者相似的交易或者事项，应当采用一致的会计政策，不得随意变更。(纵向可比)

(2) 不同企业同一会计期间发生的相同或者相似的交易或者事项，应当采用相同或相似的会计政策，确保会计信息口径一致、相互可比，以使不同企业按照一致的确认、计量和报告基础提供有关会计信息。(横向可比)

**(五) 实质重于形式**

实质重于形式要求企业应当按照交易或者事项的经济实质进行会计确认、计量和报告，不应仅以交易或者事项的法律形式为依据。如果企业仅仅以交易或者事项的法律形式为依据进行会计确认、计量和报告，那么就容易导致会计信息失真，无法如实反映经济现实和实际情况。例如：企业以融资租赁方式租入的固定资产，从法律形式看并不属于承租企业，但是从经济实质来看，其属于承租企业，应当作为承租企业的固定资产进行核算。

**(六) 重要性**

重要性要求企业提供的会计信息应当反映与企业财务状况、经营成果和现金流量有关的所有重要交易或者事项。

**(七) 谨慎性**

谨慎性要求企业对交易或者事项进行会计确认、计量和报告时应当保持应有的谨慎，不应高估资产或者收益、低估负债或者费用。

但是，谨慎性的应用并不允许企业设置秘密准备，如果企业故意低估资产或者收益，或者故意高估负债或者费用，将不符合会计信息的可靠性和相关性要求，损害会计信息质量，扭曲企业实际的财务状况和经营成果，从而对使用者的决策产生误导，这是会计准则所不允许的。

**(八) 及时性**

及时性要求企业对于已经发生的交易或者事项，应当及时进行确认、计量和报告，不得提前或者延后。

# 第四节　会计要素及其确认与计量

## 📖 【考点1-5】会计要素的含义及分类★★

会计要素是指按照交易或事项的经济特征所确定的财务会计对象的基本分类，分为反映企业财务状况的会计要素(资产、负债和所有者权益)和反映企业经营成果的会计要素(收入、费用和利润)。

## 📖 【考点1-6】资产的定义及其确认条件★★★★

**(一) 资产的定义**

资产是指企业过去的交易或者事项形成的、由企业拥有或者控制的、预期会给企业带来经济利益的资源。根据资产的定义，资产具有以下几个方面的特征：

(1) 资产应为企业拥有或者控制的资源；

(2) 资产预期会给企业带来经济利益；

(3) 资产是由企业过去的交易或者事项形成的。

**(二) 资产的确认条件**

将一项资源确认为资产需要符合资产的定义，并同时满足以下两个条件：

(1) 与该资源有关的经济利益很可能流入企业；

(2) 该资源的成本或者价值能够可靠地计量。

**【注意】**如何理解资产的账面余额、账面净值和账面价值，以固定资产为例：

$$账面余额=固定资产账面原价$$

$$账面净值=固定资产原价-计提的累计折旧$$

$$账面价值=资产账面余额-资产折旧-资产减值准备$$

## 【考点1-7】负债的定义及其确认条件★★★

### (一) 负债的定义

负债是指企业过去的交易或者事项形成的、预期会导致经济利益流出企业的现时义务。根据负债的定义，负债具有以下几个方面的特征：

(1) 负债是企业承担的现时义务；

(2) 负债的清偿预期会导致经济利益流出企业；

(3) 负债是由企业过去的交易或者事项形成的。

### (二) 负债的确认条件

将一项现时义务确认为负债，需要符合负债的定义，并同时满足以下两个条件：

(1) 与该义务有关的经济利益很可能流出企业；

(2) 未来流出的经济利益的金额能够可靠地计量。

## 【考点1-8】所有者权益的定义及其确认条件★★★

### (一) 所有者权益的定义

所有者权益是指企业资产扣除负债后，由所有者享有的剩余权益。公司的所有者权益又称为股东权益。所有者权益是所有者对企业资产的剩余索取权。

### (二) 所有者权益的来源构成

所有者权益按其来源主要包括所有者投入的资本、直接计入所有者权益的利得和损失、留存收益等。

所有者投入的资本是指所有者投入企业的资本部分，它既包括构成企业注册资本或者股本部分的金额，也包括投入资本超过注册资本或者股本部分的金额，即资本溢价或者股本溢价。

直接计入所有者权益的利得和损失，是指不应计入当期损益、会导致所有者权益发生增减变动的、与所有者投入资本或者向所有者分配利润无关的利得或者损失。其中，利得是指由企业非日常活动所形成的、会导致所有者权益增加的、与所有者投入资本无关的经济利益的净流入。损失是指由企业非日常活动所发生的、会导致所有者权益减少的、与向所有者分配利润无关的经济利益的净流出。

留存收益是企业历年实现的净利润留存于企业的部分，主要包括累计计提的盈余公积和未分配利润。

### (三) 所有者权益的确认条件

由于所有者权益体现的是所有者在企业中的剩余权益，因此，所有者权益的确认主要依赖于其他会计要素，尤其是资产和负债的确认；所有者权益金额的确定也主要取决于资产和负债的计量。

## 【考点1-9】收入的定义及其确认条件★★★★

### (一) 收入的定义

收入是指企业在日常活动中形成的、会导致所有者权益增加的、与所有者投入资本无关的经济利益的总流入。根据收入的定义，收入具有以下几个方面的特征：

(1) 收入应当是企业在日常活动中形成的；

(2) 收入应当最终会导致所有者权益的增加；

(3) 收入应当会导致经济利益的流入，该流入与所有者投入资本无关。

## (二) 收入的确认条件

收入在确认时除了应当符合收入定义外，还应当满足以下条件：一是与收入相关的经济利益很可能流入企业；二是经济利益流入企业的结果会导致企业资产的增加或者负债的减少；三是经济利益的流入额能够可靠地计量。

【注意】如何区分收入与利得？

收入：日常活动形成的；总流入。

利得：非日常活动形成的；净流入。

【提示】可能性的判断，通常按照下列原则进行：

(1) "基本确定" 指发生的可能性大于95%但小于100%；

(2) "很可能" 指发生的可能性大于50%但小于或等于95%；

(3) "可能" 指发生的可能性大于5%但小于或等于50%；

(4) "极小可能" 指发生的可能性大于0但小于或等于5%。

## 📖 【考点1-10】费用的定义及其确认条件

### (一) 费用的定义

费用是指企业在日常活动中发生的、会导致所有者权益减少的、与向所有者分配利润无关的经济利益的总流出。根据费用的定义，费用具有以下几个方面的特征：

(1) 费用应当是企业在日常活动中发生的；

(2) 费用会导致所有者权益的减少；

(3) 费用是与向所有者分配利润无关的经济利益的总流出。

### (二) 费用的确认条件

费用的确认应当符合以下条件：一是与费用相关的经济利益应当很可能流出企业；二是经济利益流出企业的结果会导致资产的减少或者负债的增加；三是经济利益的流出额能够可靠计量。

【注意】如何区分费用与损失？

费用：日常活动形成的；总流出。

损失：非日常活动形成的；净流出。

## 📖 【考点1-11】利润的定义及其确认条件★★

### (一) 利润的定义

利润是指企业在一定会计期间的经营成果，反映的是企业的经营业绩情况，是业绩考核的重要指标。

### (二) 利润的来源构成

利润包括收入减去费用后的净额、直接计入当期利润的利得和损失等。

### (三) 利润的确认条件

利润反映的是收入减去费用、利得减去损失后的净额，因此，利润的确认主要依赖于收入和费用以及利得和损失的确认，其金额的确定也主要取决于收入、费用、利得、损失金额的计量。

【注意】【收入与利得、费用与损失区别与联系】如表1.1所示。(注意简答题)

表1.1 收入与利得、费用与损失的区别与联系

| 项目 | 区别 | 联系 |
|------|------|------|
| 收入与利得 | (1) 收入与日常活动有关，利得与非日常活动有关<br>(2) 收入是经济利益总流入，利得是经济利益净流入 | 都会导致所有者权益增加，且与所有者投入资本无关 |
| 费用与损失 | (1) 费用与日常活动有关，损失与非日常活动有关<br>(2) 费用是经济利益总流出，损失是经济利益净流出 | 都会导致所有者权益减少，且与向所有者分配利润无关 |

# 第五节 会计确认、计量、记录与报告

## 【考点1-12】会计确认★★

会计确认是指对企业经济活动及其所产生的经济数据进行识别，分析与判断，以明确它们是否对会计要素产生影响以及影响哪些会计要素。

## 【考点1-13】会计计量★★★★★

(一) 会计要素计量属性

1. 历史成本

历史成本，又称为实际成本，就是取得或制造某项财产物资时所实际支付的现金或者其他等价物。在历史成本计量下，资产按照购置时支付的现金或者现金等价物的金额，或者按照购置资产时所付出的对价的公允价值计量；负债按照因承担现时义务而实际收到的款项或者资产的金额，或者承担现时义务的合同金额，或者按照日常活动中为偿还负债预期需要支付的现金或者现金等价物的金额计量。

2. 重置成本

重置成本又称现行成本，是指按照当前市场条件，重新取得同样一项资产所需支付的现金或现金等价物金额。在重置成本计量下，资产按照现在购买相同或者相似资产所需支付的现金或者现金等价物的金额计量；负债按照现在偿付该项债务所需支付的现金或者现金等价物的金额计量。

3. 可变现净值

可变现净值是指在正常生产经营过程，以预计售价减去进一步加工成本和销售所必需的预计税金、费用后的净值。在可变现净值计量下，资产按照其正常对外销售所能收到现金或者现金等价物的金额扣减该资产至完工时估计将要发生的成本、估计的销售费用以及相关税费后的金额计量。通常是对存货而言的，存货的期末计价采用可变现净值与成本孰低法。

4. 现值

现值是指对未来现金流量以恰当的折现率进行折现后的价值，是考虑货币时间价值因素等

的一种计量属性。在现值计量下，资产按照预计从其持续使用和最终处置中所产生的未来净现金流入量的折现金额计量；负债按照预计期限内需要偿还的未来净现金流出量的折现金额计量。

5. 公允价值

公允价值是指市场参与者在计量日发生的有序交易中，出售一项资产所能收到或者转移一项负债所需支付的价格。

【注意】历史成本和公允价值的主要区别在于后续计量，在历史成本计量属性下，取得资产时也是按取得时的公允价值计量。

(二) 各种计量属性之间的关系

历史成本通常反映的是资产或者负债过去的价值，而重置成本、可变现净值、现值以及公允价值通常反映的是资产或者负债的现时成本或者现时价值，是与历史成本相对应的计量属性。

(三) 计量属性的应用原则

企业在对会计要素进行计量时，一般应当采用历史成本。在某些情况下，为了提高会计信息质量，实现财务报告目标，企业会计准则允许采用重置成本、可变现净值、现值、公允价值计量的，应当保证所确定的会计要素金额能够取得并可靠计量，如果这些金额无法取得或者可靠地计量的，则不允许采用其他计量属性。

## 📖 【考点1-14】会计记录★★

会计记录是指企业财务会计要将企业经济活动对有关会计要素的影响性质与数量正确地记录下来。

## 📖 【考点1-15】财务报告★★★

财务会计报告是指企业对外提供的反映企业某一特定日期的财务状况和某一会计期间的经营成果、现金流量等会计信息的文件财务报告包括会计报表及其附注和其他应当在会计报告中披露的相关信息和资料。财务报表至少应当包括资产负债表、利润表、现金流量表和所有者权益变动表。

## 真题演练

【2011对外经济贸易大学，单选】对企业财务报告承担法律责任的主要有(    )。

A. 公司股东　　　　　　　　　　B. 公司经营管理者

C. 公司债权人　　　　　　　　　D. 公司投资人

【2013对外经济贸易大学，单选】导致权责发生制的产生，以及预提、摊销等会计处理方法的运用的基本前提或原则是(    )。

A. 谨慎性原则　　　　　　　　　B. 历史成本原则

C. 会计分期　　　　　　　　　　D. 货币计量

【2013对外经济贸易大学，单选】下列各项中，能够引起负债和所有者权益同时发生变动的是(    )。

A. 发行债券公司将可转换公司债券转为资本　　B. 董事会提出股票股利分配方案

C. 计提长期债券投资利息　　D. 以盈余公积转增资本

【2013对外经济贸易大学，多选】下列各项中，符合谨慎性原则的有(　　)。

A. 应收账款计提坏账准备

B. 无形资产计提减值准备

C. 存货期末计价采用成本与可变现净值孰低法

D. 固定资产计提减值准备

【2014北京国家会计学院，名词解释】资产、负债。

【2014北京国家会计学院，名词解释】历史成本、公允价值。

【2011中国人民大学，名词解释】会计确认。

【2011中国人民大学，名词解释】重置成本。

【2011中国人民大学，名词解释】可变现净值。

【2011中国财政科学研究院，名词解释】权责发生制与收付实现制。

【2014北京国家会计学院，名词解释】历史成本、公允价值。

【2014北京国家会计学院，名词解释】会计信息质量要求。

【2014北京国家会计学院，名词解释】会计基本假设。

【2011中国人民大学，名词解释】实质重于形式。

【2011中国人民大学，名词解释】权责发生制。

【2014山东财经大学，名词解释】谨慎性原则。

【2018中国财政科学研究院，名词解释】持续经营。

【2011中国财政科学研究院，简答】会计信息质量要求。

【2012西南财经大学，简答】什么是会计计量属性？有哪些分类？

【2010清华大学，简答】简述重要性原则和谨慎性原则，要求举例说明。

【2013山东财经大学，简答】会计计量属性是什么？选择计量属性应当依据什么原则？

【2011对外经济贸易大学，理解与解释】陈述会计计量属性"可变现净值"的定义。请举一个适当的例子说明"可变现净值"在会计实务中的应用。

【2011对外经济贸易大学，问答】简述谨慎性原则(稳健性)的基本内容和实质。

【2011中国人民大学，简答】什么是可靠性和相关性，分别举例说明，并从例子分析二者可能产生的矛盾。

【2018中国财政科学研究院，简答】简述公允价值及其确定。

【2014南开大学，论述】我国会计准则引入"公允价值计量方法"在社会上产生了一定的争议。请说明我国会计准则中哪些资产可以使用公允价值计量。简要论述"公允价值"的运用有哪些积极影响，有哪些消极影响。

# 第二章　金融资产

**备考建议**

　　熟练掌握金融资产的分类

　　熟练掌握各类金融资产的会计处理

　　了解金融资产终止确认的判断

## 第一节　金融资产的定义和分类

### 【考点2-1】金融资产的概念及分类

　　金融资产是指企业持有的货币资金、持有其他企业的权益工具，以及符合下列任一条件的资产：

　　(1) 从其他方收取现金或其他金融资产的权利；

　　(2) 在潜在有利条件下，与其他方交换金融资产或金融负债的合同权利；

　　(3) 将来须用或可用企业自身权益工具进行结算的非衍生工具合同，且企业根据该合同将收到可变数量的自身权益工具；

　　(4) 将来须用或可用企业自身权益工具进行结算的衍生工具合同(不包括以固定数量的自身权益工具交换固定金额的现金或其他金融资产的衍生工具合同)。

　　《企业会计准则第22号——金融工具确认和计量》(2017)规定，企业应根据其管理金融资产的业务模式和金融资产的合同现金流量特征，基于后续计量视角将金融资产分为三类：

　　(1) 以摊余成本计量的金融资产；

　　(2) 以公允价值计量且其变动计入其他综合收益的金融资产；

　　(3) 以公允价值计量且其变动计入当期损益的金融资产。

## 第二节　以公允价值计量且其变动计入当期损益的金融资产

### 【考点2-2】以公允价值计量且其变动计入当期损益的金融资产概述

　　以公允价值计量且其变动计入当期损益的金融资产主要是按照企业会计准则的规定，除以摊余成本计量的金融资产和以公允价值计量且其变动计入其他综合收益的金融资产以外的金融资产。其主要包括以交易为目的的债券、股票、基金和权证等。

　　**【提示】**本书以"交易性金融资产"代替"以公允价值计量且其变动计入当期损益的金融

资产"。

## 〖考点2-3〗以公允价值计量且其变动计入当期损益的金融资产的会计处理

| 交易性金融资产 | 初始计量 | 按照公允价值计量 |
| --- | --- | --- |
| | | 支付的不含增值税的交易费用，作为当期费用计入投资收益 |
| | | 已宣告发放但尚未支取的现金股利，也要按交易价格作为以公允价值计量且其变动计入当期损益的金融资产的初始确认金额 |
| | 后续计量 | 资产负债表日按公允价值计量，公允价值变动计入当期损益(公允价值变动损益) |
| | 处置 | 处置时，售价与账面价值的差额计入投资收益 |
| | | 将持有交易性金融资产期间累计的公允价值变动损益转入投资收益 |

### (一) 企业取得交易性金融资产

借：交易性金融资产——成本(公允价值)

　　投资收益(发生的交易费用)

　　贷：银行存款

### (二) 持有期间的股利或利息

借：应收股利(被投资单位宣告发放的现金股利×投资持股比例)

　　应收利息(资产负债表日计算的应收利息)

　　贷：投资收益

### (三) 资产负债表公允价值变动

1. 公允价值上升

借：交易性金融资产——公允价值变动

　　贷：公允价值变动损益

2. 公允价值下降

借：公允价值变动损益

　　贷：交易性金融资产——公允价值变动

### (四) 交易性金融资产处置

借：银行存款(或其他货币资金——存出投资款)

　　(或贷)交易性金融资产——公允价值变动

　　(或贷)投资收益

　　贷：交易性金融资产——成本

同时：

借(或贷)：公允价值变动损益

　　贷(或借)：投资收益

【提示】为了保证"投资收益"的数据正确，出售交易性金融资产时，要将交易性金融资产持有期间形成的"公允价值变动损益"转入"投资收益"。将未实现损益转为已实现损益，但利润表中的利润总额并未因为此笔结转发生变化。

# 第三节 以公允价值计量且其变动计入其他综合收益的金融资产

📖 【考点2-4】以公允价值计量且其变动计入其他综合收益的金融资产的概述

以公允价值计量且其变动计入其他综合收益的金融资产是指同时符合下列条件的金融资产:

(1) 企业管理该金融资产的业务模式既以收取合同现金流量为目标,又以出售该金融资产为目标;

(2) 该金融资产的合同条款规定,在特定日期产生的现金流量,仅为对本金和以未偿付本金金额为基础的利息的支付。

以公允价值计量且其变动计入其他综合收益的金融资产主要包括其他债权投资和其他权益工具投资。

📖 【考点2-5】其他债权投资的会计处理

| | 初始计量 | 按公允价值和交易费用之和计量 |
|---|---|---|
| 其他债权投资 | 后续计量 | 资产负债表日按公允价值计量,公允价值变动计入所有者权益(其他综合收益) |
| | 处置 | 处置时,按实际收到的金额与其账面价值的差额确认为投资收益 |
| | | 原计入其他综合收益的公允价值变动转为投资收益 |
| | | 减值时,应当在其他综合收益中确认其减值准备,并将减值损失或利得计入当期损益 |

**(一) 取得其他债权投资时**

借:其他债权投资——债券面值
　　应交税费——应交增值税(进项税额)
　　贷(或借):其他债权投资——利息调整
　　　　　　　银行存款

**(二) 其他债权投资的收益**

借:其他债权投资——应计利息(或应收利息)
　　贷:投资收益
　　(或借)其他债权投资——利息调整

**(三) 其他债权投资的期末计价**

借(或贷):其他债权投资——公允价值变动
　　贷(或借):其他综合收益——金融资产公允价值变动

**(四) 其他债权投资的出售**

借:银行存款
　　(或贷):其他债权投资——利息调整
　　贷:其他债权投资——债券面值
　　　　(或借)其他债权投资——公允价值变动
　　　　(或借)投资收益

同时

借(或贷)：其他综合收益——金融资产公允价值变动

　　贷(或借)：投资收益

## 📖 【考点2-6】其他权益工具投资的会计处理

| | | |
|---|---|---|
| 其他权益工具投资 | 初始计量 | 按公允价值和交易费用之和计量 |
| | | 支付的价款中包含了已宣告但尚未发放的现金股利，应当确认为应收项目，借记"应收股利"科目 |
| | 后续计量 | 其他权益工具投资的公允价值与账面价值的差额不得计入当期损益，而应作为所有者权益变动，计入其他综合收益 |
| | 处置 | 应按实际收到的价款与其账面价值的差额，计入其他综合收益 |
| | | 累计确认的其他综合收益转为留存收益 |

**(一) 其他权益工具投资的取得**

借：其他权益工具投资——成本

　　应交税费——应交增值税(进项税额)

　　应收股利(已宣告但尚未发放的现金股利)

　　贷：银行存款

**(二) 其他权益工具投资的收益**

借：应收股利

　　贷：投资收益

**(三) 其他权益工具投资的期末计价**

借(或贷)：其他综合收益——金融资产公允价值变动

　　贷(或借)：其他权益工具投资——公允价值变动

**(四) 其他权益工具投资的出售**

借：银行存款

　　(或贷)其他综合收益——金融资产公允价值变动

　　(或贷)其他权益工具投资——公允价值变动

　　贷：其他权益工具投资——成本

同时

借(或贷)：利润分配——未分配利润

　　贷(或借)：其他综合收益——金融资产公允价值变动

# 第四节　以摊余成本计量的金融资产

## 📖 【考点2-7】以摊余成本计量的金融资产的概述

　　以摊余成本计量的金融资产应同时符合两个条件：一是企业管理该金融资产的业务模式以收取合同现金流量为目标；二是该金融资产的合同条款规定，在特定日期产生的现金流量仅为本金和以未偿付本金为基础的利息。

符合该条件的金融资产主要包括应收账款、应收票据、其他应付款、长期债权投资等。

### 皿【考点2-8】长期债权投资的会计处理

| 长期债权投资 | 初始计量 | 应按购入时实际支付的价款作为初始入账价值，实际支付的价款包括支付的债券实际买价以及手续费、佣金等初始直接费用(可以抵扣的增值税进项税额除外) |
| --- | --- | --- |
| | | 实际支付的价款中如果含有发行日或付息日至购买日之间分期付息的利息，按照重要性原则，应作为一项短期债券处理 |
| | 后续计量 | 长期债权投资应按摊余成本进行后续计量，同时确认投资收益 |
| | 到期兑现 | 长期债权投资的期限届满时按面值收回投资及应收未收的利息 |

#### (一) 长期债权投资的取得
借：长期债权投资——债券面值
　　应交税费——应交增值税(进项税额)
　　(或贷)长期债权投资——利息调整
　　贷：银行存款

#### (二) 长期债权投资的期末计价
收到利息
借：银行存款
　　　贷：投资收益

摊销利息调整
借：长期债权投资——利息调整
　　　贷：投资收益

#### (三) 长期债权投资的到期兑现
借：银行存款
　　　贷：长期债权投资——债券面值

### 皿【考点2-9】应收票据的会计处理

#### (一) 应收票据的取得
借：应收票据
　　　贷：主营业务收入
　　　　　应交税费——应交增值税(销项税额)

#### (二) 应收票据持有期间的利息
借：应收票据
　　　贷：财务费用

#### (三) 应收票据的到期
借：银行存款
　　　贷：应收票据
　　　　　财务费用

📖 **【考点2-10】应收账款的会计处理**

**(一) 应收账款的入账**

借：应收账款

　　贷：主营业务收入

　　　　应交税费——应交增值税(销项税额)

**(二) 收到应收账款时**

借：银行存款

　　贷：应收账款

📖 **【考点2-11】其他应收款的会计处理**

**(一) 其他应收款的发生**

借：其他应收款

　　贷：库存现金(或银行存款)

**(二) 收到其他应收款**

借：库存现金(或银行存款)

　　贷：其他应收款

📖 **【考点2-12】预付账款的会计处理**

**(一) 预付账款的发生**

借：预付账款

　　贷：银行存款

**(二) 收到退回款项**

借：银行存款

　　贷：预付账款

## 真题演练

【2013中央财经大学，单选】丙公司购买一批面值 500万元的公司债券划分为持有至到期投资，共支付价款575万元，其中包括手续费2万元，已到付息期但尚未领取的债券利息20万元。该持有至到期投资的入账价值是(　　)。

A. 500万元

B. 553万元

C. 555万元

D. 575万元

【2019中国财政科学研究院，名词解释】金融资产。

【2011对外经济贸易大学，理解与解释】第22号企业会计准则的第三十二条要求：持有至到期投资以及贷款和应收款项，应当采用实际利息法，按摊余成本计量。什么叫"摊余成本"？请举例说明"摊余成本"在会计实务中的使用。

【2014中国石油大学，简答】交易性金融资产、可供出售金融资产和持有至到期投资的区别。

【2012华东理工大学，简答】可供出售金融资产与交易性金融资产的区别。

【2012华东理工大学，简答】甲公司为制造企业，属于增值税一般纳税人，适用的增值税税率为17%，所得税税率为25%，2012年发生的部分业务如下。(本章涉及第1问和第3问)

1. 1月6日，甲公司购入一批债券划分为持有至到期投资，支付价款46 300 000元，其中包含已到付息期但尚未领取的债券利息4 200 000元，另付手续费为1 400元。

2. 3月15日，甲公司清理一批固定资产，该资产原价为3 500 000元，累计折旧为3 480 000元，支付清理费用为3 000元，取得残料变价收入为28 000元，不考虑相关税费。

3. 4月6日，甲公司的联营企业宣告发放股利，甲公司按照持股比例应获得400 000元。

4. 5月25日，甲公司赊销商品一批，售价为280 000元(不含增值税)，给予对方10%的销售折扣，同时约定"2/10，1/20，n/30"的现金折扣。

要求：根据上述资料进行相应的会计处理。

# 第三章 存货

**备考建议**

熟练掌握存货的定义和范围

掌握存货的初始计量

熟练掌握发出存货的计量方法、存货成本的结转

熟练掌握存货期末计量的原则：成本与可变现净值孰低

掌握存货可变现净值的确定方法

## 第一节 存货的确认和初始计量

### 【考点3-1】存货的概念与确认条件

**(一) 存货的概念**

存货，是指企业在日常活动中持有以备出售的产成品或商品、处在生产过程中的在产品、在生产过程或提供劳务过程中耗用的材料和物料等。

**【提示】**

(1) 为建造固定资产等而储备的各种材料，虽然同属于材料，但是由于用于建造固定资产等各项工程，不符合存货的定义，因此不能作为企业存货。

(2) 企业接受外来原材料加工制造的代制品和为外单位加工修理的代修品，制造和修理完成验收入库后，应视同企业的产成品。

(3) 房地产开发企业购入的用于建造商品房的土地以及已经建造好的房地产均属于企业的存货。

**(二) 存货的确认条件**

存货在符合定义的前提下，同时满足下列条件的，才能予以确认：

(1) 与该存货有关的经济利益很可能流入企业；

(2) 该存货的成本能够可靠地计量。

### 【考点3-2】存货的初始计量

存货应当按照成本进行初始计量。存货成本包括采购成本、加工成本和其他成本。

**(一) 外购存货的成本**

存货的采购成本，包括购买价款、相关税费、运输费、装卸费、保险费以及其他可归属于

存货采购成本的费用。

存货的购买价款是指企业购入的材料或商品的发票账单上列明的价款，但不包括按规定可以抵扣的增值税进项税额。

存货的相关税费是指企业购买存货发生的进口关税以及不能抵扣的增值税进项税额等应计入存货采购成本的税费。

其他可归属于存货采购成本的费用是指采购成本中除上述各项以外的可归属于存货采购的费用，如在存货采购过程中发生的仓储费、包装费、运输途中的合理损耗、入库前的挑选整理费用等。

【提示】运输途中的非合理损耗、入库后的挑选整理费用不应包括在外购存货成本中。

### (二) 加工取得存货的成本

存货的加工成本，包括直接人工以及按照一定方法分配的制造费用。详细内容见成本管理会计。

### (三) 其他方式取得存货的成本

企业取得存货的其他方式主要包括接受投资者投资、非货币性资产交换、债务重组、企业合并以及存货盘盈等。

值得注意的是，盘盈的存货应按其重置成本作为入账价值，并通过"待处理财产损溢"科目进行会计处理，按管理权限报经批准后冲减当期管理费用。

### (四) 通过提供劳务取得的存货

企业通过提供劳务取得存货的，所发生的从事劳务人员的直接人工和其他直接费用以及可归属于该存货的间接费用，计入存货成本。

在确定存货成本过程中，应当注意，下列费用应当在发生时确认为当期损益，不计入存货成本：

(1) 非正常消耗的直接材料、直接人工和制造费用；

(2) 仓储费用(不包括在生产过程中为达到下一个生产阶段所必需的仓储费用)；

(3) 不能归属于使存货达到目前场所和状态的其他支出；

(4) 企业采购用于广告营销活动的特定商品(销售费用)。

## 第二节　发出存货的计量

### 【考点3-3】发出存货成本的计量方法

企业可采用先进先出法、移动加权平均法、月末一次加权平均法或者个别计价法确定发出存货的实际成本。

【提示】发出存货不能采用后进先出法计量

### (一) 先进先出法

先进先出法是指以先购入的存货应先发出(销售或耗用)这样一种存货实物流动假设为前提，对发出存货进行计价的一种方法。

【提示】在物价不断上涨的情况下，采用先进先出法的话，期末存货成本更接近于市价，而发出存货成本偏低，会高估企业当期利润和库存存货价值；反之，在物价下降的情况下，会低估企业当期利润和存货价值。

## (二) 移动加权平均法

移动加权平均法是指以每次进货的成本加上原有库存存货的成本，除以每次进货数量加上原有库存存货的数量，据以计算每次进货后当前存货的加权平均单位成本，作为在下次进货前计算发出存货成本依据的一种方法。计算公式如下：

$$存货单位成本=\frac{原有库存存货的实际成本+本次进货的实际成本}{原有库存存货数量+本次进货数量}$$

本次发出存货的成本=本次发出存货的数量×本次发货前存货的单位成本

本月月末库存存货成本=月末库存存货的数量×本月月末存货单位成本

## (三) 月末一次加权平均法

月末一次加权平均法是指以本月全部进货成本加上月初存货成本除以本月全部进货数量加上月初存货数量，计算出本月存货的加权平均单位成本，以此为基础计算本月发出存货的成本和期末存货成本的一种方法。计算公式如下：

$$存货单位成本=\frac{月初库存存货的实际成本+\sum\left(\begin{array}{c}本月某批进货的\\实际单位成本\end{array}×\begin{array}{c}本月某批进货\\的数量\end{array}\right)}{月初库存存货数量+本月各批进货数量之和}$$

本月发出存货的成本=本月发出存货的数量×存货单位成本

本月月末库存存货成本=月末库存存货的数量×存货单位成本

或

本月月末库存存货成本=月初库存存货的实际成本+本月购入存货的实际成本-本月发出存货的实际成本

## (四) 个别计价法

采用这一方法是假设存货具体项目的实物流转与成本流转相一致，按照各种存货逐一辨认各批发出存货和期末存货所属的购进批别或生产批别，分别按其购入或生产时所确定的单位成本计算各批发出存货和期末存货成本的方法。在这种方法下，是把每一种存货的实际成本作为计算发出存货成本和期末存货成本的基础。

【提示】对于不能替代使用的存货、为特定项目专门购入或制造的存货以及提供的劳务，通常采用个别计价法确定发出存货的成本。个别计价法是最符合实际、最准确的计算方法，但是计算烦琐、成本过高。

## 【考点3-4】存货成本的结转

### (一) 一般存货成本的结转

对已售存货计提了存货跌价准备的，还应结转已计提的存货跌价准备，冲减当期主营业务成本或其他业务成本，实际上是按已售产成品或商品的账面价值(存货的账面价值=存货原值-存货跌价准备)结转主营业务成本或其他业务成本。

企业按存货类别计提存货跌价准备的，也应按比例结转相应的存货跌价准备。

### (二) 周转材料成本的结转

企业的周转材料符合存货的定义和确认条件的，按照使用次数分次计入成本费用(分次结转);金额较小的,可在领用时一次计入成本费用,以简化核算,但为加强实物管理,应当在备查簿上进行登记(一次结转)。

### (三) 包装物成本的结转

应注意包装物成本的会计处理:

(1) 生产领用的包装物,应将其成本计入制造费用;

(2) 随同商品出售但不单独计价的包装物和出借的包装物,应将其成本计入当期销售费用;

(3) 随同商品出售单独计价的包装物和出租的包装物,应将其成本计入其他业务成本。

# 第三节　期末存货的计量

## 【考点3-5】存货期末计量原则

资产负债表日,存货应当按照成本与可变现净值孰低计量。存货成本高于其可变现净值的,应当计提存货跌价准备,计入当期损益。

## 【考点3-6】存货的可变现净值

存货的可变现净值,是指在日常活动中,存货的估计售价减去至完工时估计将要发生的成本、估计的销售费用以及估计的相关税费后的金额。

可变现净值的基本特征如下。

1. 确定存货可变现净值的前提是企业在进行日常活动

2. 可变现净值为存货的预计未来净现金流入,而不是简单地等于存货的售价或合同价

3. 不同存货可变现净值的构成不同

(1) 产成品、商品和用于出售的材料等直接用于出售的商品存货,其可变现净值为在正常生产经营过程中,该存货的估计售价减去估计的销售费用和相关税费后的金额。

(2) 需要经过加工的材料存货,其可变现净值为在正常生产经营过程中,以该材料所生产的产成品的估计售价减去至完工时估计将要发生的成本、估计的销售费用和相关税费后的金额。

## 【考点3-7】存货期末计量的具体方法

### (一) 存货估计售价的确定

1. 为执行销售合同或者劳务合同而持有的存货,通常应以产成品或商品的合同价格作为其可变现净值的计量基础。

如果企业与购买方签订了销售合同(或劳务合同,下同)并且销售合同订购的数量等于企业持有的存货数量,则该批产成品或商品的可变现净值应以合同价格作为计量基础;包括持有专门用于该标的物生产的材料,也应以合同价格作为计量基础。

如果企业持有存货的数量多于销售合同订购的数量,超出部分的存货可变现净值,应以产成品或商品的一般销售价格作为计量基础。

2. 没有销售合同约定的存货,但不包括用于出售的材料,其可变现净值应以产成品或商品一般销售价格(即市场销售价格)作为计量基础。

3. 用于出售的材料等，应以市场价格作为其可变现净值的计量基础。这里的市场价格是指材料等的市场销售价格。

**(二) 材料存货的期末计量**

1. 对于为生产而持有的材料等(如原材料、在产品、委托加工材料等)，如果用其生产的产成品的可变现净值预计高于成本，则该材料应按照成本计量。其中，"可变现净值预计高于成本"中的成本是指产成品的生产成本。

2. 如果材料价格的下降等原因表明产成品的可变现净值低于成本，则该材料应按可变现净值计量，按其差额计提存货跌价准备。

材料存货的期末计量如下所示：

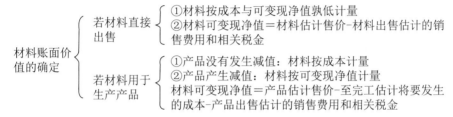

**(三) 计提存货跌价准备的方法**

1. 存货跌价准备通常应当按单个存货项目计提。

2. 对于数量繁多、单价较低的存货，可以按照存货类别计提存货跌价准备。

3. 与在同一地区生产和销售的产品系列相关、具有相同或类似最终用途或目的，且难以与其他项目分开计量的存货，可以合并计提存货跌价准备。

4. 存货存在下列情形之一的，通常表明存货的可变现净值低于成本。

(1) 该存货的市场价格持续下跌，并且在可预见的未来无回升的希望。

(2) 企业使用该项原材料生产的产品的成本大于产品的销售价格。

(3) 企业因产品更新换代，原有库存原材料已不适应新产品的需要，而该原材料的市场价格又低于其账面成本。

(4) 因企业所提供的商品或劳务过时或消费者偏好改变而使市场的需求发生变化，导致市场价格逐渐下跌。

(5) 其他足以证明该项存货实质上已经发生减值的情形。

需要注意的是，资产负债表日，同一项存货中一部分是有合同价格约定的，其他部分则不存在合同价格，在这种情况下，企业应区分有合同价格约定的和没有合同价格约定的存货，分别确定其期末可变现净值，并与其相对应的成本进行比较，从而分别确定是否需计提存货跌价准备。

**(四) 存货跌价准备转回的处理**

企业应在每一资产负债表日，比较存货成本与可变现净值，计算出应计提的存货跌价准备，再与已提数进行比较，若应提数大于已提数，应予补提。企业计提的存货跌价准备，应计入当期损益(资产减值损失)。

当以前减记存货价值的影响因素已经消失，减记的金额应当予以恢复，并在原已计提的存货跌价准备金额内转回，转回的金额计入当期损益(资产减值损失)。

【提示】当存货可变现净值小于存货成本时，"存货跌价准备"科目贷方余额=存货成本-存货可变现净值

#### (五) 存货跌价准备的结转

对已售存货计提了存货跌价准备的,还应结转已计提的存货跌价准备,冲减当期主营业务成本或其他业务成本,实际上是按已售产成品或商品的账面价值(账面价值=原值-存货跌价准备)结转至主营业务成本或其他业务成本。企业按存货类别计提存货跌价准备的,也应按比例结转相应的存货跌价准备。

### 📖 【考点3-8】存货盘亏或毁损的处理

存货发生的盘亏或毁损,应作为待处理财产损溢进行核算。按管理权限报经批准后,根据造成存货盘亏或毁损的原因,分别按以下情况进行处理:

(1) 属于计量收发差错和管理不善等原因造成的存货短缺,应先扣除残料价值、可以收回的保险赔偿和过失人赔偿,将净损失计入管理费用。

(2) 属于自然灾害等非常原因造成的存货毁损,应先扣除处置收入(如残料价值)、可以收回的保险赔偿和过失人赔偿,将净损失计入营业外支出。

因非正常原因导致的存货盘亏或毁损,按规定不能抵扣的增值税进项税额,应当将进项税额予以转出。

### 真题演练

【2013中央财经大学,单选】在物价持续上涨的情况下,存货发出采用先进先出法对企业的影响是( )。

A. 期末存货减少,当期利润减少　　　　B. 期末存货减少,当期利润增加

C. 期末存货增加,当期利润增加　　　　D. 期末存货增加,当期利润减少

【2019中央财经大学,单选】某公司采用成本与可变现净值孰低法按单项存货于期末计提存货跌价准备。2017年12月31日,该公司拥有甲、乙两种商品,成本分别为240万元、320万元。其中,甲商品全部签订了销售合同,合同销售价格为200万元,市场价格为190万元;乙商品没有签订销售合同,市场价格为300万元;销售价格和市场价格均不含增值税。该公司预计销售甲、乙商品尚需分别发生销售费用12万元、15万元,不考虑其他相关税费;此前,该公司尚未为甲、乙商品计提存货跌价准备。2017年12月31日,该公司应为甲、乙商品计提的存货跌价准备总额为( )万元。

A. 35　　　　　　　　　　　　　　B. 77

C. 87　　　　　　　　　　　　　　D. 97

【2010清华大学,简答】论述存货的几种计价方式,并说明通货膨胀时哪种计价模式使现销成本较低?

【2013天津财经大学,简答】存货盘存制度。

【2012福州大学,简答】从物价变动角度分析存货发出采用先进先出法的计量对企业本期利润和期末存货价值的影响。

# 第四章　长期股权投资

**备考建议**

熟练掌握长期股权投资成本法、权益法的适用范围

熟练掌握长期股权投资成本法核算的内容、原则及会计处理

熟练掌握长期股权投资权益法的概念、内容及会计处理

此处为各校综合及实务题中的高频考点

## 第一节　长期股权投资的初始计量

### 【考点4-1】长期股权投资的核算内容及初始计量原则

**(一) 长期股权投资核算内容**

(1) 投资企业持有的能够对被投资单位实施控制的权益性投资，即对子公司投资。

(2) 投资企业持有的能够与其他合营方一同对被投资单位实施共同控制的权益性投资，即对合营企业投资。

(3) 投资企业持有的能够对被投资单位施加重大影响的权益性投资，即对联营企业投资。

**【提示1】**企业对被投资单位不具有控制、共同控制或重大影响、在活跃市场上有报价、公允价值能够可靠计量的权益性投资，应按《企业会计准则——金融工具确认和计量》准则相关规定进行会计核算。

**【提示2】**对子公司、合营企业和联营企业的投资，无论是否有公允价值，均应按长期股权投资核算。

**(二) 初始计量原则**

初始计量原则：长期股权投资在取得时，应按初始投资成本入账。

### 【考点4-2】企业合并形成的长期股权投资

企业合并，是指将两个或者两个以上单独的企业合并形成一个报告主体的交易或事项。

企业合并的类型分为同一控制下的企业合并和非同一控制下的企业合并。

同一控制下的企业合并，是指参与合并的企业在合并前后均受同一方或相同的多方最终控制且该控制并非暂时性的。

非同一控制下的企业合并，是指参与合并各方在合并前后不受同一方或相同的多方最终控制的合并交易，即同一控制下企业合并以外的其他企业合并。

**(一) 同一控制下的企业合并形成的长期股权投资**

1. 合并方以支付现金、转让非现金资产或承担债务方式作为合并对价的，应当在合并日按照取得被合并方所有者权益账面价值的份额作为长期股权投资的初始投资成本。合并方发生的审计、法律服务、评估咨询等中介费用以及其他相关管理费用，应当于发生时计入当期损益(管理费用)。

长期股权投资初始投资成本与支付的现金、转让的非现金资产以及所承担债务账面价值之间的差额，应当调整资本公积(资本溢价或股本溢价)；资本公积(资本溢价或股本溢价)的余额不足冲减的，调整留存收益。

借：长期股权投资(被合并方所有者权益账面价值的份额)
    贷：负债(承担债务账面价值)
        资产(投出资产账面价值)
        资本公积——资本溢价或股本溢价(差额)
借：管理费用(审计、法律服务等相关费用)
    贷：银行存款

2. 合并方以发行权益性证券作为合并对价的，应当在合并日按照取得被合并方所有者权益账面价值的份额作为长期股权投资的初始投资成本。按照发行权益性证券的面值总额作为股本，长期股权投资初始投资成本与所发行权益性证券面值总额之间的差额，应当调整资本公积(资本溢价或股本溢价)；资本公积(资本溢价或股本溢价)不足冲减的，调整留存收益。

借：长期股权投资(被合并方所有者权益账面价值的份额)
    应收股利(有已宣告但尚未发放的股利)
    贷：股本(发行股票的面值总额)
        资本公积——资本溢价或股本溢价(差额)
借：资本公积——资本溢价或股本溢价(权益性证券发行费用)
    贷：银行存款

**(二) 非同一控制下企业合并形成的长期股权投资**

1. 非同一控制下控股合并中，购买方应当按照确定的企业合并成本作为长期股权投资的初始投资成本。

企业合并成本包括购买方付出的资产、发生或承担的负债、发行的权益性证券的公允价值之和。

购买方发生的审计、法律服务、评估咨询等中介费用以及其他相关管理费用，应当于发生时计入当期损益(管理费用)；购买方作为合并对价发行的权益性证券或债务性证券的交易费用，应当计入权益性证券或债务性证券的初始确认金额(冲减资本溢价)。

会计处理如下：
借：长期股权投资(付出的资产的公允价值)
    应收股利(有已宣告但尚未发放的股利)
    贷：资产(投出资产账面价值)
        营业外收入/投资收益(资产处置损益：投出资产公允价值与账面价值之差)
借：管理费用(审计、法律服务等相关费用)

　　贷：银行存款

　　银行存款投出资产为非货币性资产时，投出资产公允价值与其账面价值的差额应分别不同资产进行会计处理：

　　(1) 投出资产为固定资产或无形资产，其差额计入营业外收入或营业外支出。

　　(2) 投出资产为存货，按其公允价值确认主营业务收入或其他业务收入，按其成本结转主营业务成本或其他业务成本。

　　(3) 投出资产为可供出售金融资产等投资的，其差额计入投资收益。可供出售金融资产持有期间公允价值变动形成的"其他综合收益"应一并转入投资收益。交易性金融资产持有期间公允价值变动形成的"公允价值变动损益"转入投资收益。

　　**【提示】** 对资产公允价值与其账面价值的差额的会计处理，视同为"出售该项资产"。

　　无论是同一控制下的企业合并，还是非同一控制下的企业合并形成的长期股权投资，实际支付的价款或对价中包含的已宣告但尚未发放的现金股利或利润，应作为应收项目处理。

　　2. 企业通过多次交易分步实现非同一控制下企业合并的，在个别财务报表中，应当以购买日之前所持被购买方的股权投资的账面价值与购买日新增投资成本之和，作为该项投资的初始投资成本。

| 取得方式 | | 后续计量 |
|---|---|---|
| 企业合并方式 | 同一控制 | 成本法核算 |
| | 非同一控制 | 成本法核算 |
| 企业合并以外的方式 | | 共同控制或重大影响：权益法核算 |

## 【考点4-3】企业合并以外其他方式取得的长期股权投资

　　除企业合并形成的长期股权投资以外，其他方式取得的长期股权投资，应当按照下列规定确定其初始投资成本。

　　(1) 以支付现金取得的长期股权投资，应当按照实际支付的购买价款作为初始投资成本。初始投资成本包括与取得长期股权投资直接相关的费用、税金及其他必要支出。企业取得长期股权投资，实际支付的价款或对价中包含的已宣告但尚未发放的现金股利或利润，应作为应收项目处理。

　　(2) 以发行权益性证券取得的长期股权投资，应当按照发行权益性证券的公允价值作为初始投资成本。

　　为发行权益性证券支付给有关证券承销机构等的手续费、佣金等与权益性证券发行直接相关的费用，不构成取得长期股权投资的成本。该部分费用按照《企业会计准则第37号——金融工具列报》的规定，应自权益性证券的溢价发行收入中扣除，权益性证券的溢价收入不足冲减的，应冲减盈余公积和未分配利润。

　　(3) 投资者投入的长期股权投资，应当按照投资合同或协议约定的价值作为初始投资成本，但合同或协议约定价值不公的除外。

　　(4) 以债务重组、非货币性资产交换等方式取得的长期股权投资，按相关准则规定处理。

## 【考点4-4】投资成本中包含的已宣告但尚未发放现金股利或利润的处理

　　企业无论是以何种方式取得长期股权投资，取得投资时，对于支付的对价中包含的应享有被投资单位已经宣告但尚未发放的现金股利或利润，应确认为应收项目，不构成取得长期股权投资的初始投资成本。

【小结】

与投资有关的相关费用会计处理如下：

| 项目 | | 直接相关的费用、税金 | 发行权益性证券支付的手续费、佣金等 | 发行债务性证券支付的手续费、佣金等 |
|---|---|---|---|---|
| 长期股权投资 | 同一控制 | 计入管理费用 | 应自权益性证券的溢价发行收入中扣除，溢价收入不足的，应冲减盈余公积和未分配利润 | 计入应付债券初始确认金额 |
| | 非同一控制 | 计入管理费用 | | |
| | 其他方式 | 计入成本 | | |
| 交易性金融资产 | | 计入投资收益 | | |
| 持有至到期投资 | | 计入成本 | | |
| 可供出售金融资产 | | 计入成本 | | |

# 第二节　长期股权投资的后续计量

📖 【考点4-5】长期股权投资的成本法

**(一) 成本法的定义及其适用范围**

成本法，是指长期股权投资按成本计价的方法。

投资企业能够对被投资单位实施控制时，运用成本法核算长期股权投资。

**(二) 成本法核算**

1. 初始投资或追加投资时，按照初始投资或追加投资时的成本增加长期股权投资的账面价值。

2. 采用成本法核算的长期股权投资，除取得投资时实际支付的价款或对价中包含的已宣告但尚未发放的现金股利或利润外，投资企业应当按照享有被投资单位宣告发放的现金股利或利润确认投资收益，不再划分其是否属于投资前和投资后被投资单位实现的净利润。

3. 企业按照上述规定确认自被投资单位应分得的现金股利或利润后，应当考虑长期股权投资是否发生减值。在判断该类长期股权投资是否存在减值迹象时，应当关注长期股权投资的账面价值是否大于享有被投资单位净资产(包括相关商誉)账面价值的份额等类似情况。出现类似情况时，企业应当按照《企业会计准则第8号——资产减值》对长期股权投资进行减值测试，可收回金额低于长期股权投资账面价值的，应当计提减值准备。

【提示】对被投资单位具有控制、共同控制或重大影响的长期股权投资按照《企业会计准则第8号——资产减值》进行减值测试；对被投资单位不具有控制、共同控制或重大影响的长期股权投资按照《企业会计准则第22号——金融工具确认和计量》准则规定进行减值测试。

📖 【考点4-6】长期股权投资的权益法

**(一) 权益法的定义及其适用范围**

权益法，是指长期股权投资以初始投资成本计量后，在投资持有期间根据投资企业享有被投资单位所有者权益的份额的变动对长期股权投资的账面价值进行调整的方法。

投资企业对被投资单位具有共同控制或重大影响的长期股权投资，应当采用权益法核算。

### (二) 权益法核算

科目设置:

长期股权投资——成本(投资时点)

　　　　　　——损益调整(投资后留存收益变动)

　　　　　　——其他权益变动(投资后所有者权益其他变动)

1. 初始投资成本的调整

长期股权投资的初始投资成本大于投资时应享有被投资单位可辨认净资产公允价值份额的,不调整长期股权投资的初始投资成本,多余部分视为商誉;长期股权投资的初始投资成本小于投资时应享有被投资单位可辨认净资产公允价值份额的,应按其差额,借记"长期股权投资"科目,贷记"营业外收入"科目。

2. 投资损益的确认

投资企业取得长期股权投资后,应当按照应享有或应分担的被投资单位实现的净利润或发生净亏损的份额,调整长期股权投资的账面价值,并确认为当期损益。投资企业按照被投资单位宣告分派的利润或现金股利计算应分得的部分,相应减少长期股权投资的账面价值。

采用权益法核算的长期股权投资,在确认应享有或应分担被投资单位的净利润或净亏损时,在被投资单位账面净利润的基础上,应考虑以下因素的影响进行适当调整。

(1) 被投资单位采用的会计政策及会计期间与投资企业不一致的,应按投资企业的会计政策及会计期间对被投资单位的财务报表进行调整,在此基础上确定应享有被投资单位的损益。

(2) 以取得投资时被投资单位固定资产、无形资产的公允价值为基础计提的折旧额或摊销额,以及有关资产减值准备金额等对被投资单位净利润的影响。

(3) 投资企业在采用权益法确认投资收益时,应抵销与其联营企业及合营企业之间发生的未实现内部交易损益。该未实现内部交易既包括顺流交易,也包括逆流交易。顺流交易和逆流交易图示如下:

顺流交易是指投资企业向联营企业或合营企业出售资产,逆流交易是指联营企业或合营企业向投资企业出售资产。当该未实现内部交易损益体现在投资方或其联营企业、合营企业持有的资产账面价值中时,相关的损益在计算确认投资收益时应予抵销。投资企业与被投资单位发生的内部交易损失,按照《企业会计准则第8号——资产减值》等规定属于资产减值损失的,应当全额确认。

【提示】投资企业与其联营企业及合营企业之间的未实现内部交易损益抵销与投资企业与子公司之间的未实现内部交易损益抵销有所不同,母子公司之间的未实现内部交易损益在合并财务报表中是全额抵销的,而投资企业与其联营企业及合营企业之间的未实现内部交易损益抵销仅仅是投资企业或是纳入投资企业合并财务报表范围的子公司享有联营企业或合营企业的权益份额。

## 【考点4-7】长期股权投资的减值

发生减值时,借记"资产减值损失"科目,贷记"长期股权投资减值准备"科目。长期股权投资的减值准备在提取以后，不允许转回。

## 真题演练

【2011中央财经大学，简答】简述长期股权投资权益法核算的内容。

【2012中国石油大学，综合】长期股权投资的权益法核算。

【2011东北财经大学，简答】请详细说明长期股权投资的含义及其构成内容。

【2016中央财经大学，多选】根据我国的会计准则规定，长期股权投资应采用权益法核算的有(　　)。

A. 控制 　　　　　　　　　B. 共同控制 　　　　　　　　C. 重大影响

D. 非共同控制 　　　　　　E. 非重大影响

# 第五章　固定资产

**备考建议**

熟练掌握掌握固定资产的确认和计量

熟练掌握固定资产折旧及后续支出的处理

熟练掌握固定资产终止确认的条件及其账务处理

掌握持有待售固定资产的会计处理

## 第一节　固定资产的确认和初始计量

### 【考点5-1】固定资产的定义和确认条件

**(一) 固定资产的定义**

固定资产，是指同时具有下列特征的有形资产：

(1) 为生产商品、提供劳务、出租或经营管理而持有的；

(2) 使用寿命超过一个会计年度。

**(二) 固定资产的确认条件**

固定资产同时满足下列条件的，才能予以确认：

(1) 与该固定资产有关的经济利益很可能流入企业；

(2) 该固定资产的成本能够可靠地计量。

对于固定资产应注意以下几点。

(1) 环保设备和安全设备也应确认为固定资产。

(2) 工业企业所持有的备品备件和维修设备等资产通常确认为存货，但某些备品备件和维修设备如果需要与相关固定资产组合发挥效用，应当确认为固定资产。

(3) 固定资产的各组成部分具有不同使用寿命或者以不同方式为企业提供经济利益，从而适用不同折旧率或折旧方法的，企业应当分别将各组成部分确认为单项固定资产。

### 【考点5-2】固定资产的初始计量

固定资产应当按照取得成本进行初始计量。

固定资产的成本，是指企业购建某项固定资产达到预定可使用状态前所发生的一切合理的、必要的支出。这些支出包括直接发生的价款、运杂费、包装费和安装成本等，也包括间接发生的，如应承担的借款利息资本化部分、外币借款折算差额以及应分摊的其他间接费用。

对于特殊行业的特定固定资产，确定其初始入账成本时还应考虑弃置费用。

【提示】2009年1月1日增值税转型改革后,企业购建(包括购进、接受捐赠、实务投资、自行建造、改扩建等)生产用固定资产发生的增值税进项税额可以从销项税额中抵扣。

### (一) 外购固定资产

企业外购固定资产的成本,包括购买价款、相关税费(不含可抵扣的增值税进项税额)、使固定资产达到预定可使用状态前所发生的可归属于该项资产的运输费、装卸费、安装费和专业人员服务费等。外购固定资产分为购入不需要安装的固定资产和购入需要安装的固定资产两类,购入不需要安装的固定资产时,相关支出直接计入固定资产成本;购入需要安装的固定资产时,通过"在建工程"科目核算。

### (二) 自行建造固定资产

1. 自营方式建造固定资产

企业如有以自营方式建造固定资产,其成本应当按照直接材料、直接人工、直接机械施工费等计量。

(1) 企业为建造固定资产准备的各种物资应当按照实际支付的买价、运输费、保险费等相关税费作为实际成本。用于建造生产设备的工程物资,其进项税额可以抵扣。

(2) 建设期间发生的工程物资盘亏、报废及毁损,减去残料价值以及保险公司、过失人等赔款后的净损失,计入所建工程项目的成本;盘盈的工程物资或处置净收益,冲减所建工程项目的成本。工程完工后发生的工程物资盘盈、盘亏、报废、毁损,计入当期损益。

(3) 建造固定资产领用工程物资、原材料或库存商品,应按其实际成本转入所建工程成本。自营方式建造固定资产应负担的职工薪酬、辅助生产部门为之提供的水、电、修理、运输等劳务,以及其他必要支出等也应计入所建工程项目的成本。

(4) 符合资本化条件,应计入所建造固定资产成本的借款费用按照《企业会计准则第17号—借款费用》的有关规定处理。

(5) 企业以自营方式建造固定资产,发生的工程成本应通过"在建工程"科目核算,工程完工达到预定可使用状态时,从"在建工程"科目转入"固定资产"科目。

(6) 所建造的固定资产已达到预定可使用状态,但尚未办理竣工决算的,应当自达到预定可使用状态之日起,根据工程预算、造价或者工程实际成本等,按暂估价值转入固定资产,并按有关计提固定资产折旧的规定,计提固定资产折旧。待办理了竣工决算手续后再调整原来的暂估价值,但不需要调整原已计提的折旧额。

【提示】企业建造生产线等动产领用生产用材料,不需要将材料购入时的进项税额转出,其进项税额可以抵扣;但建造厂房等不动产领用材料时,则需要将材料购入时的进项税额转出至固定资产价值中,其进项税额不可以抵扣。

2. 出包方式建造固定资产

企业以出包方式建造固定资产,其成本由建造该项固定资产达到预定可使用状态前所发生的必要支出构成,包括发生的建筑工程支出、安装工程支出,以及需分摊计入各固定资产价值的待摊支出。

待摊支出是指在建设期间发生的,不能直接计入某项固定资产价值,而应由所建造固定资产共同负担的相关费用,包括建造工程发生的管理费、可行性研究费、临时设施费、公证费、监理费、应负担的税金、符合资本化条件的借款费用、建设期间发生的工程物资盘亏、报废及毁损净损失,以及负荷联合试车费等。

【提示】企业为建造固定资产通过出让方式取得土地使用权而支付的土地出让金不计入在建工程成本，应确认为无形资产(土地使用权)。

待摊支出分摊率=累计发生的待摊支出÷(建筑工程支出+安装工程支出+在安装设备支出)×100%

××工程应分配的待摊支出=(××工程的建筑工程支出+××工程的安装工程支出+××在安装设备支出)×待摊支出分摊率

### (三) 其他方式取得的固定资产的成本

(1) 投资者投入固定资产的成本。

(2) 通过非货币性资产交换、债务重组、企业合并等方式取得的固定资产的成本。

(3) 盘盈固定资产的成本。盘盈的固定资产，作为前期差错处理，在按管理权限报经批准处理前，应先通过"以前年度损益调整"科目核算。

### (四) 存在弃置费用的固定资产

弃置费用通常是指根据国家法律和行政法规、国际公约等规定，企业承担的环境保护和生态恢复等义务所确定的支出，如核电站核设施等的弃置和恢复环境义务。对于这些特殊行业的特定固定资产，企业应当按照弃置费用的现值计入相关固定资产成本的金额。石油天然气开采企业应当按照油气资产的弃置费用现值计入相关油气资产成本。在固定资产或油气资产的使用寿命内，按照预计负债的摊余成本和实际利率计算确定的利息费用，应当在发生时计入财务费用。

【提示】一般工商企业的固定资产发生的报废清理费用，不属于弃置费用，应当在发生时作为固定资产处置费用处理。

## 第二节 固定资产的后续计量

### 【考点5-3】固定资产折旧

#### (一) 固定资产折旧的定义

折旧是指固定资产的使用寿命内，按照确定的方法对应计折旧额进行的系统分摊。

#### (二) 影响固定资产折旧的因素

1. 固定资产原价

2. 预计净残值

3. 固定资产减值准备

4. 固定资产的使用寿命

#### (三) 固定资产折旧范围

企业应当对所有的固定资产计提折旧，但是已提足折旧仍继续使用的固定资产和单独计价入账的土地除外。在确定计提折旧的范围时还应注意以下几点：

(1) 固定资产应当按月计提折旧。固定资产应自达到预定可使用状态时开始计提折旧，终止确认时或划分为持有待售非流动资产时停止计提折旧。当月增加的固定资产，当月不计提折旧，从下月起计提折旧；当月减少的固定资产，当月仍计提折旧，从下月起不计提折旧。(无形资产相反，当月增加的当月计提折旧，当月减少的当月不提折旧。)

(2) 固定资产提足折旧后，不论能否继续使用，均不再计提折旧，提前报废的固定资产也不再补提折旧。所谓提足折旧是指已经提足该项固定资产的应计折旧额。

(3) 已达到预定可使用状态但尚未办理竣工决算的固定资产，应当按照估计价值确定其成本，并计提折旧；待办理竣工决算后再按实际成本调整原来的暂估价值，但不需要调整原已计提的折旧额。

(4) 处于更新改造过程停止使用的固定资产，应将其账面价值转入在建工程，不再计提折旧。更新改造项目达到预定可使用状态转为固定资产后，再按重新确定的折旧方法和该项固定资产尚可使用寿命计提折旧。

### (四) 固定资产折旧方法

企业应当根据与固定资产有关的经济利益的预期实现方式，合理选择固定资产折旧方法。

可选用的折旧方法包括年限平均法、工作量法、双倍余额递减法和年数总和法等。固定资产的折旧方法一经确定，不得随意变更。

1. 年限平均法

$$年折旧额=(原价-预计净残值)÷预计使用年限=原价×(1-预计净残值/原价)÷预计使用年限=$$
$$原价×年折旧率$$

2. 工作量法

$$单位工作量折旧额=固定资产原价×(1-预计净残值率)÷预计总工作量$$
$$某项固定资产月折旧额=该项固定资产当月工作量×单位工作量折旧额$$

3. 双倍余额递减法

$$年折旧率=2/预计使用年限$$
$$年折旧额=期初固定资产净值×年折旧率$$
$$期初固定资产净值=上期初固定资产净值-上期折旧额=固定资产原值-累计折旧额$$

【提示】双倍余额递减法，在最后两年应当改为年限平均法进行折旧。

4. 年数总和法

$$年折旧额=(原价-预计净残值)×年折旧率$$

年折旧率用一递减分数来表示，将逐期年数相加作为递减分数的分母，将逐期年数倒转顺序分别作为各年递减分数的分子。

例如：固定资产预计使用年限5年，则：

$$第一年年折旧率=5/(5+4+3+2+1)=1/3$$
$$第二年年折旧率=4/(5+4+3+2+1)=4/15$$

### (五) 固定资产折旧的会计处理

借：制造费用(生产车间计提折旧)

　　管理费用(企业管理部门、未使用的固定资产计提折旧)

　　销售费用(企业专设销售部门计提折旧)

　　其他业务成本(企业经常租出固定资产计提折旧)

　　研发支出(企业研发无形资产时使用固定资产计提折旧)

　　在建工程(在建工程中使用固定资产计提折旧)

　　　贷：累计折旧

### (六) 固定资产预计使用寿命、预计净残值和折旧方法的复核

企业至少应当于每年年度终了，对固定资产的使用寿命、预计净残值和折旧方法进行复核。

使用寿命预计数与原先估计数有差异的，应当调整固定资产使用寿命。

预计净残值预计数与原先估计数有差异的，应当调整预计净残值。

与固定资产有关的经济利益预期实现方式有重大改变的，应当改变固定资产折旧方法。

固定资产使用寿命、预计净残值和折旧方法的改变应当作为会计估计变更。

## 【考点5-4】固定资产后续支出

固定资产后续支出，是指固定资产在使用过程中发生的更新改造支出、修理费用等。

后续支出的处理原则为：符合固定资产确认条件的，应当计入固定资产成本，同时将被替换部分的账面价值扣除；不符合固定资产确认条件的，应当计入当期损益。

### (一) 资本化的后续支出

与固定资产有关的更新改造等后续支出，符合固定资产确认条件的，应当计入固定资产成本，同时将被替换部分的账面价值扣除。企业将固定资产进行更新改造的，应将相关固定资产的原价、已计提的累计折旧和减值准备转销，将固定资产的账面价值转入在建工程，并停止计提折旧。固定资产发生的可资本化的后续支出，通过"在建工程"科目核算。待固定资产发生的后续支出完工并达到预定可使用状态时，再从在建工程转为固定资产，并按重新确定的使用寿命、预计净残值和折旧方法计提折旧。

### (二) 费用化的后续支出

与固定资产有关的修理费用等后续支出，不符合固定资产确认条件的，应当根据不同情况分别在发生时计入当期管理费用或销售费用。生产车间使用固定资产发生的修理费用计入管理费用。企业设置专设销售机构的，其发生的与专设销售机构相关的固定资产修理费用等后续支出，计入销售费用。企业以经营租赁方式租入的固定资产发生的改良支出，应予资本化，作为长期待摊费用，合理进行摊销。

# 第三节　固定资产的处置

固定资产处置，包括固定资产的出售、转让、报废和毁损、对外投资、非货币性资产交换、债务重组等。固定资产处置一般通过"固定资产清理"科目核算。

## 【考点5-5】固定资产终止确认的条件

固定资产满足下列条件之一的，应当予以终止确认：

(1) 该固定资产处于处置状态；

(2) 该固定资产预期通过使用或处置不能产生经济利益。

## 【考点5-6】固定资产处置的账务处理

企业出售、转让、报废固定资产或发生固定资产毁损，应当将处置收入扣除账面价值和相关税费后的金额计入当期损益。固定资产的账面价值是固定资产成本扣减累计折旧和累计减值准备后的金额。

### (一) 出售固定资产账面价值的计算与结转

借：固定资产清理

　　累计折旧

　　固定资产减值准备

　　　贷：固定资产

### (二) 出售固定资产的清理费用

借：固定资产清理

　　应交税费——应交增值税(进项税额)

　　　贷：银行存款

### (三) 出售固定资产的收入

借：银行存款

　　　贷：固定资产清理

　　　　　应交税费——应交增值税(销项税额)

### (四) 结转出售固定资产的净损益

借：固定资产清理

　　　贷：资产处置损益

借：资产处置损益

　　　贷：固定资产清理

## 【考点5-7】固定资产盘亏的会计处理

### (一) 企业在财产清查中盘亏的固定资产

借：待处理财产损溢 (固定资产账面价值)

　　累计折旧

　　固定资产减值准备

　　　贷：固定资产

### (二) 按管理权限报经批准后处理时

借：其他应收款(可收回的保险赔偿或过失人赔偿)

　　营业外支出——盘亏损失

　　　贷：待处理财产损溢

## 真题演练

【2013北京国家会计学院，简答】固定资产折旧范围的影响因素。

【2014中国石油大学，简答】累计折旧和资产减值损失的区别。

【2012华东理工大学，简答】

1. 甲公司为制造企业，属于增值税一般纳税人，适用的增值税税率为17%，所得税税率为25%，2012年发生的部分业务如下。(本章涉及第2问)

2. 3月15日，甲公司清理一批固定资产，该资产原价为3 500 000元，累计折旧3 480 000元，支付清理费用3 000元，取得残料变价收入28 000元，不考虑相关税费。

要求：根据上述资料进行相应的会计处理。

# 第六章　无形资产

## 备考建议

掌握无形资产的确认和计量

掌握研究阶段与开发阶段的会计处理

掌握使用寿命有限无形资产和使用寿命不确定无形资产的后续会计处理

掌握无形资产出售、出租、报废的会计处理

## 第一节　无形资产的确认和初始计量

### 【考点6-1】无形资产的定义

无形资产，是指企业拥有或者控制的没有实物形态的可辨认非货币性资产。其主要包括专利权、非专利技术、商标权、著作权、土地使用权、特许权等。

【提示】商誉的存在无法与企业自身分离，不具有可辨认性，不属于本章所指无形资产。

### 【考点6-2】无形资产的确认条件

无形资产在符合定义的前提下，同时满足下列条件的，才能予以确认：

(1) 与该无形资产有关的经济利益很可能流入企业；

(2) 该无形资产的成本能够可靠地计量。

### 【考点6-3】无形资产的初始计量

无形资产应当按照实际成本进行初始计量。

**(一) 外购的无形资产成本**

外购的无形资产，其成本包括：购买价款、相关税费以及直接归属于使该项资产达到预定用途所发生的其他支出。其中，直接归属于使该项资产达到预定用途所发生的其他支出包括使无形资产达到预定用途所发生的专业服务费用、测试无形资产是否能够正常发挥作用的费用等。

【注意】下列各项不包括在无形资产初始成本中：

(1) 为引入新产品进行宣传发生的广告费、管理费用及其他间接费用；

(2) 无形资产已经达到预定用途以后发生的费用。

**(二) 土地使用权的处理**

企业取得的土地使用权通常应按取得价款和相关税费确认为无形资产。土地使用权用于自行开发建造厂房等地上建筑物时，土地使用权与地上建筑物分别进行摊销和提取折旧。但下列情况除外：

(1) 房地产开发企业取得的土地使用权用于建造对外出售的房屋建筑物，相关的土地使用权应当计入所建造的房屋建筑物成本。

(2) 企业外购房屋建筑物所支付的价款应当按照合理的方法在地上建筑物与土地使用权之间进行分配；难以合理分配的，应当全部作为"固定资产"处理。

当企业改变土地使用权的用途，停止自用土地使用权用于赚取租金或资本增值时，应将其转为"投资性房地产"。

【提示】土地使用权可能作为固定资产核算，可能作为无形资产核算，也可能作为投资性房地产核算，还可能计入所建造的房屋建筑物成本作为存货核算。

## 第二节　内部研究与开发支出的确认和计量

内部研究开发费用的会计处理如下所示：

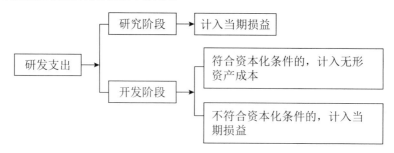

### 📖【考点6-4】开发阶段有关支出资本化的条件

企业内部研究开发项目开发阶段的支出，同时满足下列条件的，才能确认为无形资产。

(1) 完成该无形资产以使其能够使用或出售在技术上具有可行性。

(2) 具有完成该无形资产并使用或出售的意图。

(3) 无形资产产生经济利益的方式。

无形资产是否能够为企业带来经济利益，应当对运用该无形资产生产产品的市场情况进行可靠预计，以证明所生产的产品存在市场并能够带来经济利益，或能够证明市场上存在对该无形资产的需求，或能证明在企业内部使用时对企业的有用性。

(4) 有足够的技术、财务资源和其他资源支持，以完成该无形资产的开发，并有能力使用或出售该无形资产。

(5) 归属于该无形资产开发阶段的支出能够可靠地计量。

企业对开发活动发生的支出应当单独核算。例如，直接发生的开发人员工资、材料费，以及相关设备折旧费等。企业同时从事多项开发活动的，所发生的支出应当按照合理的标准在各项开发活动之间进行分配；无法合理分配的，应当计入当期损益。

### 📖【考点6-5】内部开发的无形资产的计量

内部开发活动形成的无形资产，其成本由可直接归属于该资产的创造、生产并使该资产能够以管理层预定的方式运作的所有必要支出组成。可直接归属于该资产的成本包括：开发该无形资产时耗费的材料、劳务成本、注册费、在开发该无形资产过程中使用的其他专利权和特许权的摊销、按照《企业会计准则第17号——借款费用》的规定资本化的利息支出，以及为使该无形资产达到预定用途前所发生的其他费用。在开发无形资产过程中发生的除上述可直接归属于无形资产开发活动的其他销售费用、管理费用等间接费用、无形资产达到预定用途前发生的可辨认的无效和初始运作损失、为运行该无形资产发生的培训支出等，不构成无形资产的开发成本。

值得强调的是，内部开发无形资产的成本仅包括在满足资本化条件的时点至无形资产达到预定用途前发生的支出总额，对于同一项无形资产在开发过程中达到资本化条件之前已经费用化计入当期损益的支出不再进行调整。

### 📖【考点6-6】内部研究开发费用的会计处理

**(一) 企业自行开发无形资产发生的研发支出，通过"研发支出——费用化支出"和"研发支出——资本化支出"科目归集**

借：研发支出——费用化支出

　　研发支出——资本化支出

　　贷：原材料

　　　　银行存款等

**(二) 企业研究阶段的支出全部费用化，期末计入当期损益(管理费用)**

借：管理费用

　　贷：研发支出——费用化支出

**(三) 开发阶段的支出符合资本化条件的才能资本化，不符合资本化条件的计入当期损益，研究开发项目达到预定用途形成无形资产时**

借：无形资产

　　贷：研发支出——资本化支出

　　"研发支出——资本化支出"余额计入资产负债表中的"开发支出"项目。

## 第三节　无形资产的后续计量

无形资产后续计量的会计处理如下所示：

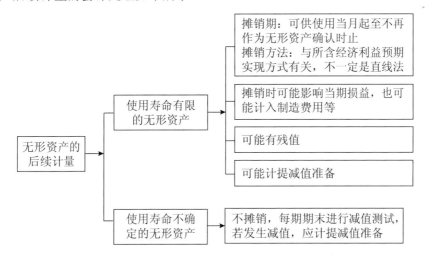

## 📖 【考点6-7】无形资产后续计量的原则

### (一) 估计无形资产的使用寿命

企业应当于取得无形资产时分析判断其使用寿命。无形资产的使用寿命为有限的或确定的,应当估计该使用寿命的年限或者构成使用寿命的产量等类似计量单位数量;无法预见无形资产为企业带来经济利益期限的,应当视为使用寿命不确定的无形资产。

### (二) 无形资产使用寿命的确定

1. 企业持有的无形资产,通常来源于合同性权利或其他法定权利,而且合同规定或法律规定有明确的使用年限。

来源于合同性权利或其他法定权利的无形资产,其使用寿命不应超过合同性权利或其他法定权利的期限;合同性权利或其他法定权利能够在到期时因续约等延续,且仅当有证据表明企业续约不需要付出大额成本时,续约期才能够包括在计入使用寿命的估计中。

2. 合同或法律没有规定使用寿命的,企业应当综合各方面因素判断,以确定无形资产能为企业带来经济利益的期限。例如,与同行业的情况进行比较、参考历史经验或聘请相关专家进行论证等。

### (三) 无形资产使用寿命的复核

企业至少应当于每年年度终了,对使用寿命有限的无形资产的使用寿命及摊销方法进行复核。如果无形资产的使用寿命及摊销方法与以前估计不同的,应当改变摊销期限和摊销方法。

企业应当在每个会计期间对使用寿命不确定的无形资产的使用寿命进行复核。如果有证据表明无形资产的使用寿命是有限的,应当估计其使用寿命,视为会计估计变更按使用寿命有限的无形资产的有关规定处理。

## 📖 【考点6-8】使用寿命有限的无形资产

### (一) 摊销期和摊销方法

企业摊销无形资产,应当自无形资产可供使用时起,至不再作为无形资产确认时止。当月增加的无形资产,当月开始摊销;当月减少的无形资产,当月不再摊销。(与固定资产相反,固定资产当月增加下月开始计提折旧,当月减少当月继续计提折旧。)

企业选择的无形资产摊销方法,应当能够反映与该项无形资产有关的经济利益的预期实现方式,包括直线法和产量法等。无法可靠确定其预期实现方式的,应当采用直线法摊销。

### (二) 残值的确定

使用寿命有限的无形资产,其残值应当视为零,但下列情况除外:

(1) 有第三方承诺在无形资产使用寿命结束时购买该无形资产;

(2) 可以根据活跃市场得到无形资产预计残值信息,并且该市场在该项无形资产使用寿命结束时很可能存在。

### (三) 使用寿命有限的无形资产摊销的会计处理

无形资产的摊销金额一般应当计入当期损益(管理费用、其他业务成本等)。某项无形资产包含的经济利益通过所生产的产品或其他资产实现的,其摊销金额应当计入相关资产的成本。

## Ⅲ 【考点6-9】使用寿命不确定的无形资产

对于使用寿命不确定的无形资产，在持有期间内不需要摊销，但至少于每一会计期末进行减值测试。发生减值时，借记"资产减值损失"科目，贷记"无形资产减值准备"科目。

【提示】使用寿命不确定的无形资产改为使用寿命有限的无形资产属于会计估计变更。

# 第四节　无形资产的处置

## Ⅲ 【考点6-10】无形资产的出售

企业出售无形资产，应当将取得的价款与该无形资产账面价值及应交税费的差额计入当期损益(资产处置损益)。

借：银行存款
　　无形资产减值准备
　　累计摊销
　　贷：无形资产
　　　　应交税费——应交增值税(销项税额)
　　(或借)资产处置损益

## Ⅲ 【考点6-11】无形资产的报废

无形资产预期不能为企业带来未来经济利益的，应当将该无形资产的账面价值予以转销，其账面价值转作当期损益(营业外支出)。

借：营业外支出
　　累计摊销
　　无形资产减值准备
　　贷：无形资产

【注意】无形资产的报废处置均不需要通过"固定资产清理科目"，与固定资产不同。

## 真题演练

【2012浙江工商大学，名词解释】无形资产。

【2013天津财经大学，简答】简述企业无形资产研发的资本化条件。

【2013西南财经大学，简答】简述无形资产的特点与确认。

【2012哈尔滨工业大学，简答】简述内部开发的无形资产的开发费用归属于无形资产应符合的条件。

【2019中央财经大学，单选】丙公司2015年1月1日以银行存款6 000万元购入一项无形资产并投入使用，该无形资产的预计使用年限为10年，采用年限平均法摊销。2016年和2017年末，丙公司预计该项无形资产的可收回金额分别为4 000万元和3 556万元，计提减值准备后，原预计使用年限不变。假定不考虑其他因素，丙公司该项无形资产于2018年应摊销的金额为(　　)万元。

A. 508　　　　　　　B. 500　　　　　　　C. 600　　　　　　　D. 3 000

# 第七章 负债

**备考建议**

掌握各类负债的会计处理

## 第一节 流动负债

### 【考点7-1】短期借款

短期借款是指企业向银行或其他金融机构等借入的期限在一年以下(含一年)的各种借款。

短期借款科目的核算是短期借款的本金增减变动的情况，短期借款的利息可以在发生时直接计入财务费用，如果按季支付，按月可以预提，预提时通过"应付利息"科目核算。

### 【考点7-2】以公允价值计量且其变动计入当期损益的金融负债

金融负债在初始确认时分为：(1)以公允价值计量且其变动计入当期损益的金融负债；(2)其他金融负债。

以公允价值计量且其变动计入当期损益的金融负债可进一步分为交易性金融负债和直接指定为以公允价值计量且其变动计入当期损益的金融负债。

### 【考点7-3】应付票据

应付票据是由出票人出票，付款人在指定日期无条件支付特定金额给收款人或者持票人的票据。应付票据按是否带息分为不带息应付票据和带息应付票据两种。

对于带息应付票据，通常应在期末对尚未支付的应付票据计提利息，计入财务费用。

### 【考点7-4】应付及预收款项

**(一) 应付账款**

应付账款，是指因购买材料、商品或接受劳务供应等而发生的债务。应付账款一般按应付金额入账。因债权单位撤销或其他原因，企业无法或无须支付的应付款项应计入当期损益(营业外收入)。

**(二) 预收账款**

预收账款，是指买卖双方协议商定，由购货方预先支付一部分货款给供应方而发生的一项负债。预收账款一般按预收金额入账。预收账款的核算，应视企业具体情况而定。预收账款较多，可以设置"预收账款"科目；如果预收账款不多，可以将预收的款项直接计入"应收账款"科目的贷方，不设置"预收账款"科目。

## 皿【考点7-5】职工薪酬

### (一) 职工薪酬的内容

职工薪酬，是指企业为获得职工提供的服务或终止劳动合同关系而给予各种形式的报酬以及其他相关支出，包括职工在职期间和离职后提供给职工的全部货币性薪酬和非货币性福利。企业提供给职工配偶、子女或其他被赡养人的福利等，也属于职工薪酬。

职工薪酬包括：(1)职工工资、奖金、津贴和补贴；(2)职工福利费；(3)医疗保险费、养老保险费(包括基本养老保险费和补充养老保险费)、失业保险费、工伤保险费和生育保险费等社会保险费；(4)住房公积金；(5)工会经费和职工教育经费；(6)非货币性福利；(7)因解除与职工的劳动关系给予的补偿；(8)其他与获得职工提供的服务相关的支出等。企业以商业保险形式提供给职工的各种保险待遇、以现金结算的股份支付也属于职工薪酬；以权益形式结算的认股权也属于职工薪酬。

### (二) 职工薪酬的确认和计量

1. 职工薪酬确认的原则

企业应当在职工为其提供服务的会计期间，将应付的职工薪酬确认为负债，除因解除与职工的劳动关系给予的补偿外，应当根据职工提供服务的受益对象，分别下列情况处理：

(1) 应由生产产品、提供劳务负担的职工薪酬，计入产品成本或劳务成本；

(2) 应由在建工程、无形资产负担的职工薪酬，计入建造固定资产或无形资产成本；

(3) 上述两项之外的其他职工薪酬，计入当期损益。

2. 职工薪酬的计量标准

(1) 货币性职工薪酬

计量应付职工薪酬时，国家规定了计提基础和计提比例的，应当按照国家规定的标准计提。没有规定计提基础和计提比例的，企业应当根据历史经验数据和实际情况，合理预计应付职工薪酬金额和应计入成本费用的薪酬金额。当期实际发生金额大于预计金额的，应当补提应付职工薪酬；当期实际发生金额小于预计金额的，应当冲回多提的应付职工薪酬。

(2) 非货币性职工薪酬

① 企业以其自产产品作为非货币性福利发放给职工的，应当根据受益对象，按照该产品的公允价值和相关税费，计入相关资产成本或当期损益，同时确认应付职工薪酬。

② 企业将拥有的房屋等资产无偿提供给职工使用的，应当根据受益对象，将该住房每期应计提的折旧计入相关资产成本或当期损益，同时确认应付职工薪酬。租赁住房等资产供职工无偿使用的，应当根据受益对象，将每期应付的租金计入相关资产成本或当期损益，并确认应付职工薪酬。难以认定受益对象的非货币性福利，直接计入当期损益和应付职工薪酬。

## 皿【考点7-6】应交税费

应交税费，包括企业依法交纳的增值税、消费税、营业税(营改增后已全面取消)、所得税、资源税、土地增值税、城市维护建设税、房产税、土地使用税、车船税、教育费附加、矿产资源补偿费等税费，以及在上缴国家之前，由企业代扣代缴的个人所得税等。

### (一) 应交增值税

1. 科目设置

一般纳税企业应在"应交税费"科目下设置"应交增值税"明细科目(多栏式)进行核算。"应交税费——应交增值税"科目，分别设置"进项税额"、"已交税金"、"销项税额"、"出口退税"、"进项税额转出"等专栏。另外一般纳税企业还会设置"应交税费——未交增值税"科目(三栏式)，在期末时，把"应交税费——应交增值税"科目中的本期未交的和本期多交的一同转入"应交税费——未交增值税"，到下月上缴时，冲减"应交税费——未交增值税"。

小规模纳税企业的增值税，应当在"应交税费"科目下设置"应交增值税"明细科目进行核算，不需要再设置专栏。

【提示】

(1) 购建机器设备等生产经营用固定资产领用原材料，进项税额不需要转出计入在建工程，可以抵扣。

借：在建工程
　　贷：原材料

(2) 购建办公楼等不动产领用原材料，应将进项税额转入在建工程成本中，不可以抵扣。

借：在建工程
　　贷：原材料
　　　　应交税费——应交增值税(进项税额转出)

(3) 购建机器设备等生产经营用固定资产领用本企业生产的产品，不确认销项税额

借：在建工程
　　贷：库存商品

(4) 购建办公楼等不动产领用本企业产品，应确认销项税额

借：在建工程
　　贷：库存商品
　　　　应交税费——应交增值税(销项税额)

### (二) 应交消费税

消费税实行价内征收，企业交纳的消费税计入"税金及附加"科目，按规定应交的消费税，在"应交税费"科目下设置"应交消费税"明细科目核算。

(1) 企业对外销售产品应交纳的消费税，计入"税金及附加"科目。

(2) 在建工程领用自产产品，应交纳的消费税计入固定资产成本。

(3) 企业委托加工应税消费品，委托加工应税消费品收回后直接用于销售的，其消费税计入委托加工应税消费品成本；委托加工收回后用于连续生产应税消费品按规定准予抵扣的，计入应交消费税科目的借方。

【提示】

(1) 委托外单位加工完成的存货，计入存货成本包括：①实际耗用的原材料或者半成品成本；②加工费；③运杂费用；④支付的收回后直接用于销售的委托加工应税消费品的消费税。

(2) 支付的用于连续生产应税消费品的消费税应计入"应交税费——应交消费税"科目的借方

## 📖 【考点7-7】其他应付款

其他应付款，是指企业除应付票据、应付账款、预收账款、应付职工薪酬、应付利息、应付股利、应交税费、长期应付款等以外的应付、暂收其他单位或个人的款项，如应付经营租入固定资产租金、应付租入包装物租金、存入保证金等。企业采用售后回购方式融入资金的，应按实际收到的款项，借记"银行存款"科目，贷记"其他应付款""应交税费"科目。回购价格与原销售价格之间的差额，应在售后回购期间内按期计提利息费用，借记"财务费用"科目，贷记"其他应付款"科目。按照合同约定购回该项商品时，应按实际支付的款项，借记"其他应付款""应交税费"科目，贷记"银行存款"科目。

# 第二节　非流动负债

## 📖 【考点7-8】长期借款

长期借款，是指企业从银行或其他金融机构借入的期限在1年以上(不含1年)的各项借款。

**(一) 企业借入长期借款**

借：银行存款
　　长期借款——利息调整
　　　贷：长期借款——本金

**(二) 资产负债表日**

借：在建工程、制造费用、财务费用、研发支出等
　　　贷：应付利息
　　　　　长期借款——利息调整

**(三) 归还长期借款本金**

借：长期借款——本金
　　　贷：银行存款

## 📖 【考点7-9】应付债券

**(一) 一般公司债券(公司债券与持有至到期投资分别是债券的卖方和买方的会计处理)**

1. 发行债券

借：银行存款
　　　贷：应付债券——面值(债券面值)
　　　　　　　——利息调整(差额)

"应付债券——利息调整"科目的发生额也可能在借方。发行债券的发行费用应计入发行债券的初始成本，反映在"应付债券——利息调整"明细科目中。

2. 期末计提利息

每期计入"在建工程""制造费用""财务费用"等科目的利息费用=期初摊余成本×实际利率；每期确认的"应付利息"或"应付债券——应计利息"=债券面值×票面利率

借：在建工程制造费用财务费用等科目

应付债券——利息调整

贷：应付利息(分期付息债券利息)

应付债券——应计利息(到期一次还本付息债券利息)

【提示】"应付债券——利息调整"科目的发生额也可能在贷方。

3. 到期归还本金和利息

借：应付债券——面值

——应计利息(到期一次还本付息债券利息)

应付利息(分期付息债券的最后一次利息)

贷：银行存款

### (二) 可转换公司债券

1. 发行可转换公司债券时

借：银行存款

贷：应付债券——可转换公司债券(面值)

其他权益工具(权益成分的公允价值)

应付债券——可转换公司债券(利息调整)(也可能在借方)

可转换公司债券
发行收款由两部
分构成
{ ①负债成分公允价值(未来现金流量的现值)，按面值计入"应付债券——可转换公司债券(面值)"科目，面值与公允价值的差额计入"应付债券——可转换公司债券(利息调整)"科目
②权益成分负担的发行费用计入"应付债券——可转换公司债券(利息调整)"科目

可转换公司债
券发行费用
{ 负债成分负担的发行费用计入"应付债券——可转换公司债券(利息调整)"科目
权益成分部分负担的发行费用计入"资本公积——其他资本公积"科目

2. 转换股份前

可转换公司债券的负债成分，在转换为股份前，其会计处理与一般公司债券相同，即按照实际利率和摊余成本确认利息费用，按面值和票面利率确认应付利息，差额作为利息调整进行摊销。

3. 转换股份时

借：应付债券——可转换公司债券(面值、利息调整)(账面余额)

其他权益工具(原确认的权益成分的金额)

应付利息(可转换公司债券转股时尚未支付的利息)

贷：股本(股票面值×转换的股数)

资本公积——股本溢价(差额)

企业发行附有赎回选择权的可转换公司债券，其在赎回日可能支付的利息补偿金，即债券约定赎回期届满日应当支付的利息减去应付债券票面利息的差额，应当在债券发行日至债券约定赎回届满日期间计提应付利息，计提的应付利息分别计入相关资产成本或财务费用。

### 📖 【考点7-10】长期应付款

长期应付款，是指企业除长期借款和应付债券以外的其他各种长期应付款项，包括应付融

资租入固定资产的租赁费、以分期付款方式购入固定资产发生的应付款项等。

企业采用融资租赁方式租入的固定资产，应按最低租赁付款额，确认长期应付款的入账价值。

企业延期付款购买资产，如果延期支付的购买价款超过正常信用条件，实质上具有融资性质的，所购资产的成本应当以延期支付购买价款的现值为基础确定。实际支付的价款与购买价款的现值之间的差额(未确认融资费用)，应当在信用期间内采用实际利率法进行摊销，计入相关资产成本或当期损益。

## 真题演练

【2018中央财经大学，单选】下列企业职工薪酬中，属于离职后福利的是(　　　)。

A. 工资　　　　　　　　　　　　B. 奖金

C. 养老保险　　　　　　　　　　D. 辞退福利

# 第八章  所有者权益

## 备考建议

熟练掌握实收资本、资本公积和留存收益的各项会计处理

## 第一节  实收资本(股本)

### 【考点8-1】实收资本确认和计量的基本要求

除股份有限公司(股份有限公司设置"股本")外,其他企业应设置"实收资本"科目,核算投资者投入资本的增减变动情况。该科目的贷方登记实收资本的增加数额,借方登记实收资本的减少数额,期末贷方余额反映企业期末实收资本的实有数额。

### 【考点8-2】实收资本增减变动的会计处理

(一) 实收资本增加的会计处理

1. 企业增加资本的一般途径

(1) 将资本公积转为实收资本(或股本)

(2) 将盈余公积转为实收资本(或股本)

(3) 所有者投入

2. 股份有限公司以发行股票股利的方法实现增资

借:利润分配——转作股本的股票股利

　　贷:股本

3. 可转换公司债券持有人行使转换权利

借:应付债券

　　其他权益工具

　　　贷:股本

　　　　资本公积——股本溢价

4. 企业将重组债务转为资本

借:应付账款

　　贷:实收资本(或股本)

　　　　资本公积——资本溢价(或股本溢价)

　　　　营业外收入——债务重组利得

5. 以权益结算的股份支付的行权

借：资本公积——其他资本公积

　　贷：实收资本(或股本)

**(二) 实收资本减少的会计处理**

1. 一般企业减资

借：实收资本(或股本)

　　贷：银行存款等

2. 股份有限公司采用回购本企业股票减资

(1) 回购本公司股票时

借：库存股(实际支付的金额)

　　贷：银行存款

(2) 注销库存股时

① 回购价格高于回购股票的面值总额时

借：股本(注销股票的面值总额)

　　资本公积——股本溢价(差额先冲股本溢价)

　　盈余公积(股本溢价不足，冲减盈余公积)

　　利润分配——未分配利润(股本溢价和盈余公积仍不足部分)

　　贷：库存股(注销库存股的账面余额)

② 回购价格低于回购股票的面值总额时

借：股本(注销股票的面值总额)

　　贷：库存股(注销库存股的账面余额)

　　　　资本公积——股本溢价(差额)

# 第二节　资本公积和其他综合收益

## 【考点8-3】资本公积确认与计量

资本公积的来源包括资本(或股本)溢价以及直接计入所有者权益的利得和损失。

资本(或股本)溢价是指企业收到投资者的超过其在企业注册资本或股本中所占份额的投资(设置“资本溢价”或“股本益价”二级科目)。

直接计入所有者权益的利得和损失是指不应计入当期损益、会导致所有者权益发生增减变动的、与所有者投入资本或者向所有者分配利润无关的利得或者损失(设置“其他资本公积”二级科目)。

**(一) 资本(或股本) 溢价的会计处理**

1. 资本溢价

投资者投入的资本中按其投资比例计算的出资额部分，应计入“实收资本”科目，大于部分计入“资本公积——资本溢价”科目。

2. 股本溢价

股份有限公司在采用溢价发行股票的情况下，企业发行股票取得的收入，相当于股票的面值部分计入“股本”科目，超过股票面值的溢价部分在扣除发行手续费、佣金等发行费用后，计入"资本公积——股本溢价"科目。

3.影响资本(或股本)溢价的特殊业务

(1) 同一控制下控股合并形成的长期股权投资，其会计处理参见第四章第一节

(2) 股份有限公司采用收购本公司股票方式减资，其会计处理参见本章第二节

(3) 可转换公司债券，其会计处理参见第九章第二节。

**(二) 其他资本公积的会计处理**

1.采用权益法核算的长期股权投资

(1) 在被投资单位除净损益以外的所有者权益发生增减变动时，投资企业按持股比例计算应享有的份额

借：长期股权投资——其他权益变动

　　贷：资本公积——其他资本公积

被投资单位资本公积减少做相反的会计分录。

(2) 处置采用权益法核算的长期股权投资时

借：资本公积——其他资本公积

　　贷：投资收益

2.以权益结算的股份支付

(1) 在每个资产负债表日，应按确定的金额

借：管理费用等

　　贷：资本公积——其他资本公积

(2) 在行权日，应按实际行权的权益工具数量计算确定的金额

借：银行存款(按行权价收取的金额)

　　资本公积——其他资本公积(原确定的金额)

　　贷：股本(增加的股份的面值)

　　　　资本公积——股本溢价(差额)

## 📖 【考点8-4】其他综合收益

其他综合收益，是指企业根据其他会计准则规定未在当期损益中确认的各项利得和损失，包括以后会计期间不能重分类进损益的其他综合收益和以后会计期间满足规定条件时将重分类进损益的其他综合收益两类。

**(一) 以后会计期间不能重分类进损益的其他综合收益项目**

其主要包括重新计量设定受益计划净负债或净资产导致的变动，以及按照权益法核算因被投资单位重新计量设定受益计划净负债或净资产变动导致的权益变动，投资企业按持股比例计算确认的该部分其他综合收益项目。

**(二) 以后会计期间满足规定条件时将重分类进损益的其他综合收益项目**

其主要包括以下内容。

1.符合金融工具准则规定，同时符合以下两个条件的金融资产应当分类为以公允价值计量且其变动计入其他综合收益：①企业管理该金融资产的业务模式既以收取合同现金流量为目标，又以出售该金融资产为目标；②该金融资产的合同条款规定，在特定日期产生的现金流量，仅为对本金和以未偿付本金金额为基础的利息的支付。当该类金融资产终止确认时，之前

计入其他综合收益的累计利得或损失应当从其他综合收益中转出，计入当期损益。

2. 按照金融工具准则规定，对金融资产重分类按规定可以将原计入其他综合收益的利得或损失转入当期损益的部分。

3. 采用权益法核算的长期股权投资

(1) 被投资单位其他综合收益变动，投资方按持股比例计算应享有的份额

借：长期股权投资——其他综合收益

　　贷：其他综合收益

被投资单位其他综合收益减少做相反的会计分录。

(2) 处置采用权益法核算的长期股权投资

借：其他综合收益

　　贷：投资收益(或相反分录)

4. 存货或自用房地产转换为投资性房地产

(1) 企业将作为存货的房地产转为采用公允价值模式计量的投资性房地产，其公允价值大于账面价值的

借：投资性房地产——成本(转换日的公允价值)

　　贷：开发产品等

　　　　其他综合收益(差额)

(2) 企业将自用房地产转为采用公允价值模式计量的投资性房地产，其公允价值大于账面价值的

借：投资性房地产——成本(转换日的公允价值)

　　累计折旧

　　固定资产减值准备

　　贷：固定资产

　　　　其他综合收益(差额)

(3) 处置该项投资性房地产时，因转换计入其他综合收益的金额应转入当期其他业务成本

借：其他综合收益

　　贷：其他业务成本

5. 现金流量套期工具产生的利得或损失中属于有效套期的部分

现金流量套期工具利得或损失中属于有效套期部分，直接确认为其他综合收益。

6. 外币财务报表折算差额

按照外币折算的要求，企业在处置境外经营的当期，将已列入合并财务报表所有者权益的外币报表折算差额中与该境外经营相关部分，自其他综合收益项目转入处置当期损益。如果是部分处置境外经营，应当按处置的比例计算处置部分的外币报表折算差额，转入处置当期损益。

## 第三节　留存收益

📖 **【考点8-5】盈余公积**

**(一) 盈余公积的有关规定**

盈余公积是指企业按照有关规定从净利润中提取的积累资金。公司制企业的盈余公积包括

法定盈余公积和任意盈余公积。法定盈余公积是指企业按照规定的比例从净利润中提取的盈余公积。任意盈余公积是指企业按照股东会或股东大会决议从税后利润中提取的盈余公积。

企业提取的盈余公积可用于弥补亏损、扩大生产经营、转增资本或派送新股等。

**(二) 盈余公积的确认和计量**

1. 提取盈余公积

借：利润分配——提取法定盈余公积

　　　　　——提取任意盈余公积

　贷：盈余公积——法定盈余公积

　　　　　——任意盈余公积

外商投资企业按净利润的一定比例提取的储备基金、企业发展基金，也作为盈余公积核算。但其提取的职工奖励及福利基金，则作为应付职工薪酬核算。

(1) 外商投资企业按规定提取储备基金、企业发展基金时

借：利润分配——提取储备基金

　　　　　——提取企业发展基金

　贷：盈余公积——储备基金

　　　　　——企业发展基金

(2) 外商投资企业按规定提取职工奖励及福利基金时

借：利润分配——提取职工奖励及福利基金

　贷：应付职工薪酬

2. 盈余公积的用途

(1) 弥补亏损

借：盈余公积

　贷：利润分配——盈余公积补亏

(2) 转增资本

借：盈余公积

　贷：实收资本(或股本)

(3) 用盈余公积派送新股

借：盈余公积

　贷：股本

## 真题演练

【2014南京大学，概念辨析】实收资本与资本公积。

【2014暨南大学，简答】什么是资本公积？资本公积包括哪4个具体科目？每个科目的具体核算的内容是什么？

【2019中国财政科学研究院，名词解释】其他综合收益。

# 第九章　收入、费用和利润

**备考建议**

熟练掌握销售商品及非一般情况下销售商品的会计处理

掌握提供劳务、让渡资产使用权、建造合同等的收入确认和计量

掌握分期收款销售商品销售收入的确认和计量

掌握期间费用的组成部分及各自核算的内容

掌握各个口径利润的计算

了解营业外收支核算的内容

## 第一节　收入

### 【考点9-1】收入的定义及分类

本章所讲的收入是广义的收入。广义收入是指会计期间经济利益的总流入，其表现形式为资产增加或负债减少而引起的所有者权益增加，但不包括与所有者出资、直接计入所有者权益的其他综合收益增加等有关的资产增加或负债减少。

广义的收入包括营业收入、投资收益、公允价值变动收益、资产处置收益、其他收益和营业外收入等。

### 【考点9-2】营业收入的确认

收入准则确认收入的五步法模型：第一步，识别与客户订立的合同；第二步，识别单项履约义务；第三步，确定交易价格；第四步，分配交易价格；第五步，确认收入。

关于营业收入确认的核心原则为：营业收入的确认方式应当反映企业向客户转让商品或服务的模式。

《企业会计准则第14号——收入》强调客户合同的履约义务，规定企业应当在履行了合同中的履约义务时确认营业收入。

(一) 营业收入确认的前提条件。当企业与客户之间的合同同时满足下列条件时，企业应当在客户取得相关商品控制权时确认营业收入：

1. 合同各方已批准该合同并承诺将履行各自的义务；

2. 该合同明确了合同各方与所销售商品或提供服务等相关的权利和义务；

3. 该合同有明确的与所销售商品或提供服务等相关的支付条款；

4. 该合同具有商业实质，即履行该合同将改变企业未来现金流量的风险时间分布或金额；

5. 企业很可能收回因向客户销售商品或提供服务等而有权取得的对价。

(二) 营业收入的确认时间。根据履约义务的时间，分为在某一时段内分期确认和在某一时点确认。

(1) 在某一时段内分期确认营业收入，应满足下列条件之一：

1. 客户在企业履约的同时即取得并消耗企业履约所带来的经济利益；

2. 客户能够控制企业履约过程中在建的商品或服务等；

3. 企业履约过程中所产出的商品或服务等具有不可替代用途，且该企业在整个合同期间内有权就累计至今已完成的履约部分收取款项。

(2) 在某一时点确认营业收入。在判断客户是否已取得商品或服务等控制权时，企业应当考虑下列迹象：

1. 企业就该商品或服务等享有现时收款权利，即客户就该商品或服务负有现时付款义务。

2. 企业已将该商品或服务等的法定所有权转移给客户，即客户已拥有该商品等的法定所有权。

3. 企业已将该商品实物转移给客户，即客户已实物占有该商品。

4. 企业已将该商品等所有权上的主要风险和报酬转移给客户，即客户已取得该商品或服务等所有权上的主要风险和报酬。

5. 客户已接受该商品或服务等。

6. 其他表明客户已取得商品或服务等控制权的迹象。

## 📖 【考点9-3】营业收入的计量

### (一) 销售商品或出售原材料的一般业务

借：银行存款、应收票据、应收账款等

　　贷：主营业务收入

　　　　应交税费——应交增值税(销项税额)

### (二) 商品销售后经济利益不能流入企业

企业在商品销售后得到消息，购货单位因突发财务困难无法支付货款，则不符合收入确认条件，不能确认收入：

应借：发出商品

　　　贷：库存商品

待已销商品退回后，做相反的分录

### (三) 附有退货条件的商品销售

企业应将不会退货的已销商品确认为主营业务收入，借记"银行存款""应收账款"等科目，贷记"主营业务收入"科目，同时结转主营业务成本，借记"主营业务成本"科目，贷记"库存商品"科目。将可能退货的已销商品确认为发出商品，借记"发出商品"科目，贷记"库存商品"科目。如果企业已经收到可能退货商品的价款，应确认为预计负债，借记"银行存款"等科目，贷记"预计负债"科目。如果企业已经开具增值税专用发票，则应确认应交增值税，借记"银行存款""应收账款"等科目，贷记"应交税费——应交增值税(销项税额)"科目。

### (四) 以旧换新的商品销售

企业收购旧商品的价款直接抵减新商品价款时，应根据新商品的价款扣除旧商品收购价款后的净额，借记"银行存款"等科目；根据收购旧商品的收购价款，借记"原材料"等科目，根据新商品的销售价格，贷记"主营业务收入"科目；根据应缴纳的增值税，贷记"应交税费——应交增值税(销项税额)"科目。

### (五) 具有重大融资性质的分期收款商品销售

企业发出商品时：

借：长期应收款

　　贷：应交税费——待转销项税额

　　　　主营业务收入

　　　　未实现融资收益

在合同约定的收款日期：

借：银行存款

　　贷：长期应收款

借：应交税费——待转销项税额

　　贷：应交税费——应交增值税(销项税额)

借：未实现融资收益

　　贷：财务费用

### (六) 附有现金折扣的商品销售。

企业赊销的商品如果附有现金折扣的条件，则其对价为可变对价，企业应根据最可能收取的对价确认营业收入；资产负债表日，应重新估计可能收到的对价，按其差额调整营业收入。

## 【考点9-4】提供服务的会计处理

企业提供的服务如果属于在某一时点履约的义务，应采用与前述商品销售相同的办法确认营业收入；如果属于在某一段期间履行的义务，则应当考虑服务的性质，采用产出法或投入法确定恰当的履约进度，分期确认营业收入。

产出法是根据已提供的客户的服务对于客户的价值确定履约进度。

投入法是根据企业为履行履约义务的投入确定履约进度。

企业发生的服务成本，可以设置"生产成本"科目进行核算。企业实际发生服务成本时，借记"生产成本"科目，贷记"原材料""应付职工薪酬"科目；确认服务收入时，应借记"银行存款"科目，贷记"主营业务收入"等科目；结转相关服务成本时，应借记"主营业务成本"科目，贷记"生产成本"科目。

# 第二节　费用

## 【考点9-5】费用的确认

费用是指企业在日常活动中发生的、会导致所有者权益减少的、与向所有者分配利润无关的经济利益的总流出。

【提示】与损益区分。

## 皿【考点9-6】期间费用

期间费用包括管理费用、销售费用和财务费用。

管理费用是指企业为组织和管理企业生产经营所发生的管理费用。

销售费用是指企业在销售商品和材料、提供劳务的过程中发生的各种费用。

财务费用是指企业为筹集生产经营所需资金等而发生的筹资费用。

# 第三节　利润

## 皿【考点9-7】利润的构成

利润是指企业在一定会计期间的经营成果。利润包括收入减去费用后的净额、直接计入当期利润的利得和损失等。

直接计入当期利润的利得和损失，是指应当计入当期损益、会导致所有者权益发生增减变动的、与所有者投入资本或者向所有者分配利润无关的利得或者损失。

不同口径利润相关计算公式如下所示。

$$营业利润=营业收入-营业成本-税金及附加-销售费用-管理费用-财务费用-资产减值损失+公允价值变动收益(-公允价值变动损失)+投资收益(-投资损失)$$

$$利润总额=营业利润+营业外收入-营业外支出$$

$$净利润=利润总额-所得税费用$$

## 真题演练

【2011对外经济贸易大学，单选】以下哪项会计分录遵循了收入实现原则和配比原则？（　　）

A. 调整分录　　　　　　　　　　B. 结账分录

C. 转回分录　　　　　　　　　　D. 登记股东投资的分录

【2013对外经济贸易大学，单选】销售商品的售后回购，如果没有满足收入确认的条件，企业在会计核算上不应将其确认为收入。这一做法所遵循的会计核算的一般原则是（　　）。

A. 实质重于形式原则　　　　　　B. 重要性原则

C. 权责发生制原则　　　　　　　D. 及时性原则

【2014东北师范大学，计算】资料：某企业12月发生如下经济业务：

(1) 用存款预付明年财产保险费7 200元；

(2) 通过银行收到上月销货款60 000元；

(3) 销售产品18 000元，货款尚未收到；

(4) 收到购货单位预付款30 000元，存入银行；

(5) 计算本月水电费共1 800元，因资金周转困难，暂未支付；

(6) 销售产品40 000元，款已存入银行；

(7) 支付上月房租费1 500元；

(8) 以银行存款支付本月广告费用2 000元；

(9) 计算本月固定资产折旧费3 000元；

(10) 预提本月应负担的银行借款利息600元。

要求：分别采用权责发生制和收付实现制计算12月的收入、费用和利润，并简要说明这两种制度。

【**2014天津财经大学，简答**】简述收入的确认条件。

【**2012中央财经大学，简答**】简述企业商品销售收入确认的条件。

【**2012华东理工大学，简答**】甲公司为制造企业，属于增值税一般纳税人，适用的增值税税率为17%，所得税税率为25%，2012年发生的部分业务如下：(本章涉及该题第4问)

4. 5月25日，甲公司赊销商品一批，售价为280 000元(不含增值税)，给予对方10%的销售折扣，同时约定"2/10，1/20，n/30"的现金折扣。

要求：根据上述资料进行相应的会计处理。

# 第十章 财务报告

## 备考建议

熟练掌握各报表的概念、结构、内容及各报表之间的勾稽关系

## 第一节 财务报告概述

### 【考点10-1】财务会计报告概述★★★

(一) 财务会计报告的概念

财务会计报告是指企业对外提供的反映企业某一特定日期的财务状况和某一会计期间的经营成果、现金流量等会计信息的文件。企业通过定期编制财务会计报告，可以将日常会计核算资料集中起来，进行归类、整理，全面、概括地反映单位的经济活动全貌，向使用者传递关于单位财务状况、经营成果和现金流量的有用信息，满足财务会计资料使用者的需要。

(二) 财务会计报告的目标

财务会计报告的目标是向财务会计报告使用者提供与企业财务状况、经营成果和现金流量等有关的会计信息，反映企业管理层受托责任履行情况，有助于财务会计报告使用者做出经济决策。财务会计报告使用者包括投资者、债权人、政府及其有关部门和社会公众等。

(三) 财务会计报告的构成

财务会计报告分为年度和中期财务会计报告。中期财务会计报告是指以中期为基础编制的财务报告。中期是指短于一个完整的会计年度的报告期间。

财务会计报告包括会计报表及其附注和其他应当在财务会计报告中披露的相关信息和资料。

会计报表至少应当包括资产负债表、利润表、现金流量表、所有者权益变动表等报表，小企业编制的会计报表可以不包括现金流量表。

中期财务会计报告至少应当包括资产负债表、利润表、现金流量表和附注(多选)。

附注是指对在会计报表中列示项目所做的进一步说明，以及对未能在这些报表中列示项目的说明等。

### 【考点10-2】 会计报表及其分类★★

(1) 会计报表按反映的经济内容分类，可分为静态报表和动态报表。静态报表反映的是企业某一特定时点上的财务状况，如资产负债表；动态报表反映的是企业某一时期的经营成果，如利润表、现金流量表。

(2) 会计报表按服务的对象分类，可分为内部报表和外部报表。内部报表是指为适应企业内

部经营管理需要而编制的不需对外公开的报表；外部报表是指必须向外提供的会计报表。企业对外提供的会计报表是财务报表。

(3) 会计报表按编报期间分类，可分为月报、季报、半年报和年报。半年度财务会计报告是指在每个会计年度的前6个月结束后对外提供的财务会计报告；季度财务会计报告是指季度终了对外提供的财务会计报告；月度财务会计报告是指月度终了对外提供的财务会计报告。月报、季报和半年报统称为中期报告。

# 第二节　资产负债表

## 【考点10-3】 资产负债表的概念和意义★★★★

资产负债表是指反映企业在某一特定日期的财务状况的会计报表。它是根据"资产=负债+所有者权益"这一会计等式，依照一定的分类标准和顺序，将企业在一定日期的全部资产、负债和所有者权益项目进行适当分类、汇总、排列后编制而成的。

## 【考点10-4】资产负债表的格式★★

资产负债表的格式主要有账户式和报告式两种。我国企业的资产负债表采用账户式结构。账户式资产负债表分左右两方，左方为资产项目，按资产的流动性大小排列；右方为负债及所有者权益项目，一般按求偿权先后顺序排列。其格式见表10-1。

表10-1　资产负债表

编制单位：　　　　　　　　　　　　　　　　　　　　　　　　　　　　　　　　年 月 日
会企01表　　　　　　　　　　　　　　　　　　　　　　　　　　　　　　　　　单位：元

| 资产 | 期末数 | 年初数 | 负债和所有者权益 | 期末数 | 年初数 |
|---|---|---|---|---|---|
| 流动资产 | | | 流动负债 | | |
| 　货币资金 | | | 　短期借款 | | |
| 　以公允价值计量且其变动记入当期损益的金融资产 | | | 　以公允价值计量且其变动记入当期损益的金融负债 | | |
| 　应收票据 | | | 　应付票据 | | |
| 　应收账款 | | | 　应付账款 | | |
| 　预付款项 | | | 　预收款项 | | |
| 　应收利息 | | | 　应付职工薪酬 | | |
| 　应收股利 | | | 　应交税费 | | |
| 　其他应收款 | | | 　应付利息 | | |
| 　存货 | | | 　应付股利 | | |
| 　一年内到期的非流动资产 | | | 　其他应付款 | | |
| 　其他流动资产 | | | 　一年内到期的非流动负债 | | |
| 　流动资产合计 | | | 　其他流动负债 | | |
| 非流动资产 | | | 　流动负债合计 | | |

(续)

| | | | | | | |
|---|---|---|---|---|---|---|
| 可供出售金融资产 | | | 非流动负债 | | |
| 持有至到期投资 | | | 长期借款 | | |
| 长期应收款 | | | 应付债券 | | |
| 长期股权投资 | | | 长期应付款 | | |
| 投资性房地产 | | | 专项应付款 | | |
| 固定资产 | | | 预计负债 | | |
| 在建工程 | | | 递延所得税负债 | | |
| 工程物资 | | | 其他非流动负债 | | |
| 固定资产清理 | | | 非流动负债合计 | | |
| 生产性生物资产 | | | 负债合计 | | |
| 油气资产 | | | 所有者权益 | | |
| 无形资产 | | | 实收资本 | | |
| 开发支出 | | | 资本公积 | | |
| 商誉 | | | 盈余公积 | | |
| 长期待摊费用 | | | 未分配利润 | | |
| 递延所得税资产 | | | 所有者权益合计 | | |
| 其他非流动资产 | | | | | |
| 非流动资产合计 | | | | | |
| 资产总计 | | | 负债及所有者权益总计 | | |

# 第三节 利润表

## 📖 【考点10-5】利润表的概念和意义

利润表是指反映企业在一定会计期间的经营成果的会计报表。利润包括收入减去费用后的净额、直接计入当期利润的利得和损失等。

利润表主要是根据"收入-费用=利润"这一等式，依照一定的分类标准和顺序，将企业一定会计期间的各种收入、费用支出和直接计入当期利润的利得和损失进行适当分类、排列而成的，它也是企业的主要财务报表之一。

## 📖 【考点10-6】利润表的格式

利润表的格式主要有多步式利润表和单步式利润表两种。我国企业的利润表采用多步式多步式利润表分为三个层次，分步计算。

营业利润=营业收入-营业成本-税金及附加-销售费用-管理费用-财务费用±资产减值损失
±公允价值变动损益±投资收益

利润总额=营业利润+营业外收入-营业外支出

净利润=利润总额-所得税费用

表10-2  利 润 表

会企02表

单位：元

| 项　　目 | 本期金额 | 上期金额 |
|---|---|---|
| 一、营业收入 | | |
| 　　减：营业成本 | | |
| 　　税金及附加 | | |
| 　　销售费用 | | |
| 　　管理费用 | | |
| 　　财务费用 | | |
| 　　资产减值损失 | | |
| 　　加：公允价值变动收益(损失以"-"号填列) | | |
| 　　投资收益(损失以"-"号填列) | | |
| 二、营业利润(亏损以"-"号填列) | | |
| 　　加：营业外收入 | | |
| 　　减：营业外支出 | | |
| 三、利润总额(亏损总额以"-"号填列) | | |
| 　　减：所得税费用 | | |
| 四、净利润(净亏损以"-"号填列) | | |

# 第四节　现金流量表

## 【考点10-7】现金流量表的概念及分类

现金流量表，是指反映企业一定会计期间现金和现金等价物流入和流出的会计报表。

现金流量可以分为三类，即经营活动产生的现金流量、投资活动产生的现金流量和筹资活动产生的现金流量。

## 【考点10-8】现金流量表的格式

现金流量表由正表和附注组成，正表主要列报经营活动、投资活动和筹资活动产生的现金及现金等价物的流入和流出。附表主要列报从净利润到现金流量的各类调整项。

经营活动是指企业投资活动和筹资活动以外的所有交易和事项。

【注意】销售商品、发放工资均是属于经营活动的现金流量。

投资活动是企业长期资产的购建和不包括在现金等价物范围的投资及其处置活动。

【注意】购买固定资产等属于投资活动。

筹资活动是指导致企业资本及债务规模和构成发生变化的活动。

【注意】长期借款、发行股票均是属于筹资活动的现金流量。

## 📖 【考点10-9】非常重要的两个现金流量的计算

1. 销售商品、提供劳务收到的现金

销售商品、提供劳务收到的现金=主营业务收入+其他业务收入+本期销项税发生额+(应收票据的期初余额-期末余额)+(预收账款的期末余额-期初余额)+(应收账款的期初账面价值-期末账面价值)-以非现金资产清偿债务而减少的应收账款和应收票据-财务费用中的票据贴现利息-本期发生的现金折扣-本期计提的坏账准备+本期冲回多计提的坏账准备。

2. 购买商品、接受劳务支付的现金

购买商品、接受劳务支付的现金=主营业务成本+其他业务成本+本期进项税发生额+(存货期末余额-期初余额)+(应付票据的期初余额-期末余额)+(应付账款的期初余额-期末余额)+(预付账款的期末余额-期初余额)-因计算应付工资、应付福利费、计提折旧、待摊费用摊销等原因而引起的存货的增加-本期以非现金资产清偿债务减少的应付账款、应付票据+工程项目领用存货-无法支付转销的应付账款、应付票据+计提的存货跌价准备-冲回多提的存货跌价准备。

# 第五节　报表之间的勾稽关系

## 📖 【考点10-10】会计报表项目之间基本勾稽关系

会计报表项目之间基本勾稽关系包括：资产=负债+所有者权益；收入-费用=利润；现金流入-现金流出=现金净流量；资产负债表、利润表及现金流量表分别与其附表、附注、补充资料等相互勾稽等。

资产负债表中，未分配利润的期末数减去期初数，应该等于利润表的未分配利润项。

资产负债表"货币资金"项目期末与期初差额，应该等于现金流量表"现金及现金等价物净增加"项。

## 真题演练

【2011华南理工大学，单选】下列报表中反映某一时期经营成果的报表是(　　)。

A. 利润表 　　　　　　　　　　　B. 资产负债表

C. 现金流量表 　　　　　　　　　D. 利润分配表

【2011对外经济贸易大学，多选】企业对外财务报告包括(　　)。

A. 资产负债表 　　　　　　　　　B. 财务状况说明书

C. 财务报告的附注 　　　　　　　D. 企业贷款申请报告

【2011对外经济贸易大学，多选】根据中国会计准则，列作经营活动现金流量的项目是(　　)。

A. 利息支出 　　　　　　　　　　B. 现金股利收入

C. 应收账款的收回 　　　　　　　D. 贴现客户购买商品开具的应付票据款

【2011对外经济贸易大学，多选】通过期末会计调整摊销预付房租，会导致(　　)。

A. 一项资产增加　　　　　　　　B. 一项负债减少

C. 一项资产减少　　　　　　　　D. 一项负债增加

【2014年北京国家会计学院真题，简答】财务报告的定义，财务报表的定义和分类(考点10-2)。

【2011年外经贸真题，问答】根据2010年我国房地产上市企业中期报表数据统计，今年上半年房地产企业共实现净利润179亿元，同比增长19%；营业收入同比增长23.7%；但经营活动净现金流为负847亿元，同比负增长297%。请一般性说明导致利润增长而经营活动现金净流量为负的主要原因，并具体说明我国房地产企业今年出现这种现象可能的原因。(8分)(考点10-13)

【2014暨南大学，简答】我国《企业会计准则》要求编制哪几张主要报表？这些报表反映了企业的哪些信息？

【2012暨南大学，简答】现金流量表能反映哪些信息？现金流量表编制的直接法是什么？间接法是什么？

【2014北京国家会计学院，简答】财务报告的定义，财务报表的定义和分类。

【2011北京交通大学，论述】简述利润表的形成及分配过程。

【2011财政部财政科学研究所，简答】三张财务报表之间的勾稽关系。

【2019中国财政科学研究院，简答】简述企业财务报告的目标。

【2018北京国家会计学院，简答】利润的形成分哪几个步骤？

【2017中国财政科学研究院，简答】简述企业合并财务报表的合并范围及其确定。

# 第十一章 或有事项

## 备考建议

掌握或有事项确认资产或负债的条件

熟练掌握预计负债的确认和计量

了解或有事项会计的具体应用，重点关注产品质量保证、亏损合同、重组义务

了解或有事项的列报

## 第一节 或有事项概述

### 【考点11-1】或有事项的概念和特征

或有事项，是指过去的交易或者事项形成的，其结果须由某些未来事项的发生或不发生才能决定的不确定事项。

或有事项具有以下特征：

(1) 由过去的交易或事项形成，即或有事项的现存状况是过去交易或事项引起的客观存在；

(2) 结果具有不确定性，即或有事项的结果是否发生具有不确定性，或者或有事项的结果预计将会发生，但发生的具体时间或金额具有不确定性；

(3) 由未来事项决定，即或有事项的结果只能由未来不确定事项的发生或不发生才能决定。

常见的或有事项有：未决诉讼或未决仲裁、债务担保、产品质量保证(含产品安全保证)、环境污染整治、承诺、亏损合同、重组义务等。

### 【考点11-2】或有负债和或有资产

或有负债，是指过去的交易或者事项形成的潜在义务，其存在须通过未来不确定事项的发生或不发生予以证实；或过去的交易或者事项形成的现时义务，履行该义务不是很可能导致经济利益流出企业或该义务的金额不能可靠计量。

或有资产，是指过去的交易或者事项形成的潜在资产，其存在须通过未来不确定事项的发生或不发生予以证实。

或有负债和或有资产不符合负债或资产的确认条件，企业不应当确认或有负债和或有资产，而应当进行相应的披露。

# 第二节　或有事项的确认和计量

## 【考点11-3】或有事项的确认

与或有事项相关的义务同时满足以下条件的，应当确认为预计负债：

**(一) 该义务是企业承担的现时义务**

这里所指的义务包括法定义务和推定义务。

**(二) 履行该义务很可能导致经济利益流出企业**

企业履行与或有事项相关的现时义务将导致经济利益流出的可能性应超过50%。

**(三) 该义务的金额能够可靠地计量**

## 【考点11-4】预计负债的计量

或有事项的计量主要涉及两方面：一是最佳估计数的确定；二是预期可获得补偿的处理。

**(一) 最佳估计数的确定**

预计负债应当按照履行相关现时义务所需支出的最佳估计数进行初始计量。

**(二) 预期可获得补偿的处理**

企业清偿预计负债所需支出全部或部分预期由第三方补偿的，补偿金额只有在基本确定能够收到时才作为资产单独确认，确认的补偿金额不应超过预计负债的账面价值。

【提示】或有事项确认资产的前提是或有事项确认为负债，或有事项确认资产通过其他应收款科目核算，不能冲减预计负债。

**(三) 预计负债的计量需要考虑的其他因素**

企业在确定最佳估计数时，应当综合考虑与或有事项有关的风险、不确定性、货币时间价值和未来事项等因素。

## 【考点11-5】对预计负债账面价值的复核

企业应当在资产负债表日对预计负债的账面价值进行复核，有确凿证据表明该账面价值不能真实反映当前最佳估计数的，应当按照当前最佳估计数对该账面价值进行调整。

# 第三节　或有事项的列报

## 【考点11-6】预计负债的列报

(1) 预计负债的种类、形成原因以及经济利益流出不确定性的说明。

(2) 各类预计负债的期初、期末余额和本期变动情况。

(3) 与预计负债有关的预期补偿金额和本期已确认的预期补偿金额。

## 【考点11-7】或有负债的披露

或有负债无论作为潜在义务还是现实义务，均不符合负债的确认条件，因而不予确认。但是，除非或有负债极小可能导致经济利益流出企业，否则企业应当在附注中披露有关信息，具体包括：

(1) 或有负债的种类及其形成原因，包括已贴现商业承兑汇票、未决诉讼、未决仲裁、对外提供担保等形成的或有负债；

(2) 经济利益流出不确定性的说明；

(3) 或有负债预计产生的财务影响，以及获得补偿的可能性；无法预计的，应当说明原因。

在涉及未决诉讼、未决仲裁的情况下，按相关规定披露全部或部分信息预期对企业造成重大不利影响的，企业无须披露这些信息，但应当披露该未决诉讼、未决仲裁的性质，以及没有披露这些信息的事实和原因。

### 📖 【考点11-8】或有资产的披露

企业通常不应当披露或有资产，但或有资产很可能会给企业带来经济利益的，应当披露其形成的原因、预计产生的财务影响等。

## 真题演练

【2012中国石油大学、2013深圳大学、2014哈尔滨大学，名词解释】或有事项。

【2013东北财经大学，简答】或有事项的概念，确认预计负债要满足的条件。

【2011中央财经大学，名词解释】或有事项与预计负债。

【2012暨南大学，简答】什么是或有负债？或有负债符合哪些条件时可确认为预计负债？

【2013中国人民大学，简答】预计负债的确认与计量。

【2017中国财政科学研究院，名词解释】或有负债。

# 第十二章 资产负债表日后事项

## 备考建议

熟练掌握资产负债表日后事项涵盖的期间
掌握资产负债表日后调整事项与非调整事项的区分
掌握资产负债表日后调整事项的会计处理原则

## 第一节 资产负债表日后事项概述

### 【考点12-1】资产负债表日后事项的定义

资产负债表日后事项，是指资产负债表日至财务报告批准报出日之间发生的有利或不利事项。它包括资产负债表日后调整事项和资产负债表日后非调整事项。

资产负债表日后事项所涵盖的期间是自资产负债表日次日起至财务报告批准报出日止的一段时间。

### 【考点12-2】资产负债表日后事项的内容

资产负债表日后事项包括资产负债表日后调整事项和资产负债表日后非调整事项。若在资产负债表日或之前已经存在，则属于调整事项；反之，则属于非调整事项。

（一）调整事项

资产负债表日后调整事项，是指对资产负债表日已经存在的情况提供了新的或进一步证据的事项。

以下属于资产负债表日后调整事项：

（1）资产负债表日后诉讼案件结案，法院判决证实了企业在资产负债表日已经存在现时义务，需要调整原先确认的与该诉讼案件相关的预计负债，或确认一项新负债；

（2）资产负债表日后取得确凿证据，表明某项资产在资产负债表日发生了减值或者需要调整该项资产原先确认的减值金额；

（3）资产负债表日后进一步确定了资产负债表日前购入资产的成本或售出资产的收入；

（4）资产负债表日后发现了财务报表舞弊或差错。

（二）非调整事项

资产负债表日后非调整事项，是指表明资产负债表日后发生的情况的事项。非调整事项的发生不影响资产负债表日企业的财务报表数字，只说明资产负债表日后发生了某些情况。对于财务报告使用者来说，非调整事项说明的情况有的重要，有的不重要；其中重要的非调整事项虽然与资产负债表日的财务报表数字无关，但可能影响资产负债表日以后的财务状况和经营成果，故准则要求适当披露。

以下属于资产负债表日后非调整事项：

(1) 资产负债表日后发生重大诉讼、仲裁、承诺；

(2) 资产负债表日后资产价格、税收政策、外汇汇率发生重大变化；

(3) 资产负债表日后因自然灾害导致资产发生重大损失；

(4) 资产负债表日后发行股票和债券以及其他巨额举债；

(5) 资产负债表日后资本公积转增资本；

(6) 资产负债表日后发生巨额亏损；

(7) 资产负债表日后发生企业合并或处置子公司。

## 第二节　调整事项的会计处理

### 📖【考点12-3】调整事项的处理原则

资产负债表日后发生的调整事项，应当如同资产负债表所属期间发生的事项一样，做出相关账务处理，并对资产负债表日已经编制的财务报表进行调整。这里的财务报表包括资产负债表、利润表及所有者权益变动表等内容，但不包括现金流量表正表。

由于资产负债表日后事项发生在次年，报告年度的有关账目已经结转，特别是损益类科目在结账后已无余额。因此，资产负债表日后发生的调整事项，应当分别以下情况进行处理。

1. 涉及损益的事项，通过"以前年度损益调整"科目核算，调整完成后，应将"以前年度损益调整"科目的贷方或借方余额，转入"利润分配——未分配利润"科目。

2. 涉及利润分配调整的事项，直接在"利润分配——未分配利润"科目核算。

3. 不涉及损益以及利润分配的事项，调整相关科目。

### 📖【考点12-4】资产负债表日后调整事项的具体会计处理方法

(1) 资产负债表日后诉讼案件结案，法院判决证实了企业在资产负债表日已经存在现时义务，需要调整原先确认的与该诉讼案件相关的预计负债，或确认一项新负债。

(2) 资产负债表日后取得确凿证据，表明某项资产在资产负债表日发生了减值或者需要调整该项资产原先确认的减值金额。

(3) 资产负债表日后进一步确定了资产负债表日前购入资产的成本或售出资产的收入。

## 第三节　非调整事项的会计处理

### 📖【考点12-5】资产负债表日后非调整事项的处理原则

资产负债表日后发生的非调整事项，是表明资产负债表日后发生的情况的事项，与资产负债表日存在状况无关，不应当调整资产负债表日的财务报表。但有的非调整事项对财务报告使用者具有重大影响，如不加以说明，将不利于财务报告使用者做出正确估计和决策，因此，资产负债表日后事项准则要求在附注中披露"重要的资产负债表日后非调整事项的性质、内容，及其对财务状况和经营成果的影响。"

应当在报表附注中披露每项重要的资产负债表日后非调整事项的性质、内容，及其对财务状况和经营成果的影响。无法做出估计的，应当说明原因。

资产负债表日后，企业利润分配方案中拟分配的以及经审议批准宣告发放的股利或利润，不确认为资产负债表日负债，但应当在附注中单独披露。

## 真题演练

【2016北京国家会计学院，名词解释】资产负债表日后事项。

# 第十三章　会计政策、会计估计变更和差错更正

## 备考建议

熟练掌握会计政策和会计估计的区分
熟练掌握会计政策变更及会计估计变更的适用方法、会计处理及其披露
掌握会计政策能够进行变更的情形

## 第一节　会计政策及其变更

### 【考点13-1】会计政策及变更★★★

**(一) 会计政策**

会计政策是指企业在会计确认、计量和报告中所采用的原则、基础和会计处理方法。

**(二) 常见的会计政策**

1. 发出存货成本的计量

2. 长期股权投资的后续计量

3. 投资性房地产的后续计量

4. 固定资产的初始计量

5. 无形资产的确认

6. 非货币性资产交换的计量

7. 收入的确认

8. 借款费用的处理

9. 合并政策

**(三) 会计政策变更**

会计政策变更，是指企业对相同的交易或者事项由原来采用的会计政策改用另一会计政策的行为。

为保证会计信息的可比性，使财务报表使用者在比较企业一年以上期间的财务报表时，能够正确判断企业的财务状况、经营成果和现金流量的趋势。一般情况下，企业采用的会计政策在每一会计期间和前后各项应当保持一致，不得随意变更，否则势必削弱会计信息的可比性。但是，在下述两种情形下，企业可以变更会计政策：

(1) 法律、行政法规或者国家统一的会计制度等要求变更。

(2) 会计政策变更能够提供更可靠、更相关的会计信息。

**【注意】**下列两种情况不属于会计政策变更：

(1) 本期发生的交易或者事项与以前相比具有本质差别而采用新的会计政策；

(2) 对初次发生的或不重要的交易或者事项采用新的会计政策。

### (四) 会计政策变更的会计处理方法

会计政策变更根据具体情况，分别按照以下规定处理。

(1) 法律、行政法规或者国家统一的会计制度等要求变更的情况下，企业应当分别按以下情况进行处理：

① 国家发布相关的会计处理办法，则按照国家发布的相关会计处理规定进行处理；

② 国家没有发布相关的会计处理办法，则采用追溯调整法进行会计处理。

(2) 会计政策变更能够提供更可靠、更相关的会计信息的情况下，企业应当采用追溯调整法进行会计处理，将会计政策变更累积影响数调整列报前期最早期初留存收益，其他相关项目的期初余额和列报前期披露的其他比较数据也应当一并调整。

(3) 确定会计政策变更对列报前期影响数不切实可行的，应当从可追溯调整的最早期间期初开始应用变更后的会计政策。

(4) 在当期期初确定会计政策变更对以前各期累积影响数不切实可行的，应当采用未来适用法处理。例如，企业因账簿、凭证超过法定保存期限而销毁，或因不可抗力而毁坏、遗失，如火灾、水灾等，或因人为因素，如盗窃、故意毁坏等，可能使当期期初确定会计政策变更对以前各期累积影响数无法计算，即不切实可行，在这种情况下，会计政策变更应当采用未来适用法进行处理。

### (五) 追溯调整法

追溯调整法，是指对某项交易或事项变更会计政策，视同该项交易或事项初次发生时，即采用变更后的会计政策，并以此对财务报表相关项目进行调整的方法。

追溯调整法是用会计政策变更的累积影响数调整列报前期最早的期初留存收益，不计入当期损益。当无法确定会计政策变更对列报前期的影响数时，应从可追溯调整的最早期间期初开始应用变更后的会计政策。

### (六) 会计政策变更的披露

企业应当在附注中披露与会计政策变更有关的下列信息：

(1) 会计政策变更的性质、内容和原因；

(2) 当期和各个列报前期财务报表中受影响的项目名称和调整金额；

(3) 无法进行追溯调整的，说明该事实和原因以及开始应用变更后的会计政策的时点、具体应用情况。

# 第二节　会计估计及其变更

## 📖 【考点13-2】会计估计及变更★★

### (一) 会计估计的定义

会计估计是指企业对结果不确定的交易或事项以最近可利用的信息为基础所做出的判断。

需要进行会计估计的项目通常有：坏账；存货遭受损毁、全部或部分陈旧过时；固定资产的使用年限与净残值；无形资产的受益期限；或有损失等。

## (二) 会计估计变更

会计估计变更是指由于赖以进行会计估计的基础发生了变化，或者由于取得新的信息、积累更多的经验以及后来的发展变化，而对原来的会计估计所做的修正。

会计估计变更应采用未来适用法处理，即在会计估计变更当期及以后期间，采用新的会计估计，不改变以前期间的会计估计，也不调整以前期间的报告结果。

(1) 如果会计估计的变更仅影响变更当期，有关估计变更的影响应于当期确认。

(2) 如果会计估计的变更既影响变更当期又影响未来期间，有关估计变更的影响在当期及以后各期确认。例如，固定资产的使用寿命或预计净残值的估计发生的变更，常常影响变更当期及资产以后使用年限内各个期间的折旧费用。因此，这类会计估计的变更，应于变更当期及以后各期确认。

(3) 企业难以对某项变更区分为会计政策变更或会计估计变更的，应当将其作为会计估计变更处理。

## (三) 会计估计变更的披露

企业应当在附注中披露与会计估计变更有关的下列信息：

(1) 会计估计变更的内容和原因；

(2) 会计估计变更对当期和未来期间的影响数；

(3) 会计估计变更的影响数不能确定的，披露这一事实和原因。

# 第三节　前期差错及其更正

## 📖 【考点13-3】前期差错概述★★★

### (一) 定义

前期差错，是指由于没有运用或错误运用下列两种信息，而对前期财务报表造成省略或错报：(1)编报前期财务报表时预期能够取得并加以考虑的可靠信息；(2)前期财务报告批准报出时能够取得的可靠信息。前期差错通常包括计算错误、应用会计政策错误、疏忽或曲解事实以及舞弊产生的影响以及存货、固定资产盘盈等。

### (二) 前期差错更正的会计处理

前期差错分为不重要的差错和重要的差错。

重要性的判断：看项目的金额、性质及对报表决策者的影响。

金额较大，性质较特殊的差错，对报表的决策者产生完全不同的影响，那么就属于重要差错。

1. 不重要的前期差错的会计处理

对于不重要的前期差错，企业不需调整财务报表相关项目的期初数，但应调整发现当期与前期相同的相关项目。属于影响损益的，应直接计入本期与上期相同的净损益项目；属于不影响损益的，应调整本期与前期相同的相关项目。

2. 重要的前期差错的会计处理

对于重要的前期差错，企业应当在其发现当期的财务报表中，调整前期比较数据。具体地说，企业应当在重要的前期差错发现当期的财务报表中，通过下述处理对其进行追溯更正：

(1) 追溯重述差错发生期间列报的前期比较金额；

(2) 如果前期差错发生在列报的最早前期之前，则追溯重述列报的最早前期的资产、负债和所有者权益相关项目的期初余额。

追溯重述法，是指在发现前期差错时，视同该项前期差错从未发生过，从而对财务报表相关项目进行更正的方法。这与追溯调整法的思路一致。

对于发生的重要的前期差错，如影响损益，应根据其对损益的影响数调整发现当期的期初留存收益，财务报表其他相关项目的期初数也应一并调整；如不影响损益，应调整财务报表相关项目的期初数。

差错影响资产负债表项目的，在差错发现当期直接调整相关项目的金额，若差错影响利润表项目，则先通过"以前年度损益调整"科目核算，最终转入"利润分配——未分配利润"。

### (三) 前期差错更正的披露

企业应当在附注中披露与前期差错更正有关的下列信息。

(1) 前期差错的性质。

(2) 各个列报前期财务报表中受影响的项目名称和更正金额。

(3) 无法进行追溯重述的，说明该事实和原因以及对前期差错开始进行更正的时点、具体更正情况。

在以后期间的财务报表中，不需要重复披露在以前期间的附注中已披露的前期差错更正的信息。

## 真题演练

【2013年中国石油大学北京校区，名词解释】追溯调整法。

【2014年北京国家会计学院，名词解释】会计政策、会计估计。

【2012中央财经大学，名词解释】会计政策与会计估计。

【2011中央财经大学，论述】[背景资料]：《企业会计准则》规定，企业不得滥用会计变更操纵利润，但少数上市公司在会计实务中滥用会计变更的情形仍然十分严重。个别公司甚至滥用会计估计变更进行巨额冲销，在临近年度报告披露之际进行业绩大变脸，市场影响非常恶劣。这些滥用行为严重扰乱了市场预期，引发市场剧烈波动，极大地损害了中小投资者的利益。

问题：

(1) 什么是会计政策，会计政策变更应采用什么样的处理方法？(10分)

(2) 什么是会计估计变更，会计估计变更应采用什么样的处理方法？在财务报表附注中披露哪些信息？(10分)

【2019中央财经大学，案例分析】甲船舶公司发布公告，由于近年国内重型废钢价格持续上升，达到2 900元/轻吨左右，公司拟将船舶预计净残值从1 350元/轻吨变更为2 860元/轻吨，由于净残值的变更导致增加当年度净利润约6亿元。请根据《会计政策、会计估计变更》会计准则的有关内容，结合资料回答：甲船舶公司应如何进行会计处理，并说明理由。

# 第二篇　成本管理会计

# 第十四章　成本分类

**备考建议**

重点掌握成本的概念及成本的不同分类

熟练记忆机会成本、沉没成本、边际成本、相关成本、固定成本、变动成本等概念

## 【考点14-1】成本的含义 ★★★★

成本是指为了达到特定目的所失去或放弃资源的价值牺牲，它可以用货币单位加以衡量。

在财务会计中，成本是指取得资产或劳务的支出。例如，固定资产的成本是指取得该资产的买价、运输和保险等相关支出；存货成本是指取得存货的支出，包括采购成本、加工成本和其他成本。

管理会计将成本视为为达到某一个特定管理目标所失去或放弃的一切可以用货币计量的耗费。管理会计的成本概念的目的性十分强。管理会计系统对成本计量的目的就是要满足不同信息使用者的决策需求，产品成本、项目成本、责任成本、质量成本、资本成本、机会成本、沉没成本、变动成本、固定成本等概念层出不穷，"不同目的，不同成本"的观念将构建起一个多维成本的概念体系。

## 【考点14-2】成本的分类方式 ★★★★

1. 按与特定成本计算对象的关系分为直接成本和间接成本

直接成本也称直接计入成本，是直接计入各品种、类别、批次产品等成本对象的成本。间接成本是与成本对象相关联的成本中不能直接计入的部分。例如，车间辅助工人的工资、厂房的折旧等大多属于间接成本。

2. 按与收入相匹配的时间分为产品成本与期间费用

产品成本是与产品生产直接相关而与会计期间无关的成本，该项成本随产品完工而表现为产成品成本(未完工部分表现为在产品成本)，随产品销售而表现为销售成本(未销售部分表现为期末库存产品成本)；期间费用则是与一定会计期间相关而与产品生产无直接关系的成本，财务上直接一次计入当期损益。

3. 按成本性态分为固定成本、变动成本和混合成本

成本性态也叫成本习性，是指成本总额对业务总量(产量或销售量)的依存关系，成本按性态可以分为固定成本、变动成本和混合成本三类。

(1) 固定成本

固定成本是指在一定期间和一定业务量范围内，其总额不受业务量变动的影响而保持固定不变的成本。

(2) 变动成本

变动成本是指在一定期间和一定业务量范围内，其总额随着业务量的变动而呈正比例变动的成本。

(3) 混合成本

混合成本是指那些"混合"了固定成本和变动成本两种不同性态的成本。其基本特征是，其发生额的高低虽然直接受业务量大小的影响，但并不存在严格的正比例关系，它通常可以分为半变动成本、半固定成本和延期变动成本。

按成本是否可控分为可控成本和不可控成本。

可控成本是指能由责任单位或责任者的行为所控制的成本。一般来讲，可控成本应同时符合以下三个条件：

(1) 责任单位或责任者能够通过一定方式事先了解将要发生的成本；

(2) 责任单位或责任者能够对成本进行有效计量；

(3) 责任单位或责任者能够通过对自己的行为对成本加以调节和控制。凡是不能同时符合上述三个条件的成本通常为不可控成本。

## 【考点14-3】几个重要的成本概念★★★★

1. 机会成本

企业在进行经营决策时，必须从多个备选方案中选择一个最优方案，而放弃其他的方案。通过被放弃的次优方案可能获得的潜在利益就称为已选中的最优方案的机会成本。

2. 沉没成本与付现成本

沉没成本是指过去已经发生并无法由现在或将来的任何决策所改变的成本，由于沉没成本是对现在或将来的任何决策都无影响的成本，因此决策时不予考虑。

付现成本是指由现在或将来的任何决策所能够改变其支出数额的成本。付现成本是决策必须考虑的重要影响因素。

3. 相关成本和无关成本

相关成本是对决策有影响的各种形式的未来成本，如差量成本、机会成本、边际成本、付现成本等；那些对决策没有影响的成本称为无关成本，这类成本过去已经发生，对未来决策没有影响，因而在决策时不予考虑，如沉没成本等。

4. 专属成本和联合成本

专属成本是指可以明确归属于企业生产的某种产品，或为企业设置的某个部门而发生的固定成本。

联合成本是指为多种产品的生产或为多个部门的设置而发生的，应由这些产品或这些部门共同负担的成本。

5. 边际成本

边际成本是产量每增加或减少1个单位所引起的成本变动数额。

## 真题演练

【2011对外经济贸易大学，单选】"成本性态"是指(　　)。

A. 产品成本与期间成本之间的关系

B. 变动成本与边际贡献率的率关系

C. 总成本与业务量之间的变动关系

D. 变动成本与固定成本之间的关系

【答案】C(考点14-3)

【2012中央财经大学，单选】下列属于过去已经发生，与某一特定决策方案没有直接联系的成本是(　　)。

A. 机会成本

B. 不可避免成本

C. 沉没成本

D. 边际成本

【答案】C(考点14-4)

【2013中央财经大学，单选】将成本划分为变动成本和固定成本的分类标志是(　　)。

A. 成本项目

B. 成本习性

C. 成本对象

D. 经济内容

【答案】B(考点14-3)

【2011中国人民大学，名词解释】变动成本。

【2011中国财政科学研究所，名词解释】机会成本与沉没成本；历史成本与公允成本。

【2013北京国家会计学院，名词解释】成本对象、标准成本。

【2014中国财政科学研究所，名词解释】成本性态。

【2014中国人民大学，简答】边际成本应如何测量？

【2011北京交通大学，论述】简述固定成本和变动成本的进一步分类。

【2016中央财经大学，多选】下列哪些成本属于相关成本(　　)。

A. 边际成本

B. 可避免成本

C. 沉没成本

D. 共同成本

E. 机会成本

# 第十五章　产品成本计算

**备考建议**

了解成本计算的内容和成本核算顺序

能够区分生产成本和期间费用，掌握各项费用的归集和分配

重点掌握成本计算的三种方法，即品种法、分步法和分批法各自的原理

## 第一节　产品成本计算概述

### 【考点15-1】成本计算的基本步骤 ★★

产品成本计算，就是按照成本计算对象分配和归集生产费用，计算各成本计算对象的总成本和单位成本的过程。

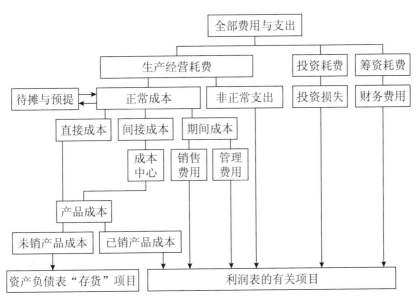

下面简述一下成本计算的基本程序。

(1) 对所发生的成本进行审核，确定哪些成本属于生产经营成本，同时将其区分为正常的生产经营成本和非正常的生产经营成本，并在此基础上将正常的生产经营成本区分为产品成本和期间成本。

(2) 将应计入产品成本的各项成本，区分为应当计入本月的产品成本与应当由其他月份产品

负担的成本。

(3) 将本月应计入产品成本的生产成本，区分为直接成本和间接成本，将直接成本直接计入成本计算对象，将间接成本计入有关的成本中心。

(4) 将各成本中心的本月成本，依据成本分配基础向下一个成本中心分配，直至最终的成本计算对象。

(5) 将既有完工产品又有在产品的产品成本，在完工产品和期末在产品之间进行分配，并计算出完工产品总成本和单位成本。

(6) 将完工产品成本结转至"产成品"科目。

(7) 结转期间费用至本期损益。

## 第二节　成本的归集与分配

成本计算的过程，实际上也是各项成本的归集和分配过程。生产经营成本通过多次的归集和分配，最终计算出产品总成本和单位成本。

(1) 成本的归集，是指通过一定的会计制度以有序的方式进行成本数据的收集或汇总。收集某类成本的聚集环节。例如，制造费用是按车间归集的，所有间接制造费用，包括折旧、间接材料、间接人工等都聚集在一起。以后分配时不再区分这些项目，而是统一地按一个分配基础分配给产品。

(2) 成本的分配，是指将归集的间接成本分配给成本对象的过程。成本分配要使用某参数作为成本分配基础。成本分配基础是指能联系成本对象和成本的参数。可供选择的分配基础包括：人工工时、机器工时、占用面积、直接人工工资、直接材料成本、直接材料数量等。

### 📖【考点15-2】生产费用的归集和分配★★★

1. 材料费用的归集和分配

(1) 归集。应计入产品成本的生产用料，应按照成本项目归集，如用于构成产品实体的原料及主要材料和有助于产品形成的辅助材料，列入"直接材料"项目；用于生产的燃料列入"燃料和动力"项目；用于维护生产设备和管理生产的各种材料列入"制造费用"项目。不应计入产品成本而属于期间费用的材料费用则应列入"管理费用"、"营业费用"科目。用于购置和建造固定资产、其他资产方面的材料费用，则不得列入产品成本，也不得列入期间费用。

(2) 分配。用于产品生产的原料及主要材料通常是按照产品分别领用的，属于直接费用，应根据领料凭证直接计入各种产品成本的"直接材料"项目。但是，有时一批材料为几批产品共同耗用。例如，某些化工生产的用料，属于间接费用，则要采用简便的分配方法，分配计入各种产品成本。在消耗定额比较准确的情况下，通常采用材料定额消耗量比例或材料定额成本的比例进行分配，计算公式如下：

分配率=需要分配的全部材料费用/所有产品的材料定额消耗量(或定额成本)

某种产品应分配的材料数量(费用)=分配率×该种产品的材料定额消耗量(或定额成本)

2. 人工费用的归集和分配

(1) 归集。人工费用包括工资和福利费用。分配工资和福利费用，也要划清计入产品成本与期间费用和不计入产品成本与期间费用的工资和福利费用的界限。其中应计入产品成本的工资和福利费用还应该按成本项目归集：凡属生产车间直接从事产品生产人员的工资费用，列入产品成本的"直接人工费"项目；企业各生产车间为组织和管理生产所发生的管理人员的工资和计提的福利费，列入产品成本的"制造费用"项目；企业行政管理人员的工资和计提的福利费，作为期间费用列入"管理费用"科目。

(2) 分配。由于工资制度的不同，生产工人工资计入产品成本的方法也不同。在计件工资制下，生产工人工资通常是根据产量凭证计算工资并直接计入产品成本；在计时工资制下，如果只生产一种产品，生产人员工资属于直接费用，可直接计入该种产品成本；如果生产多种产品，这就要求采用一定的分配方法在各种产品之间进行分配。工资费用的分配，通常采用按产品实用工时或计划工时比例分配的方法。其计算公式如下：

分配率=需要分配的全部工资费用/所有产品实用工时(或计划工时)

某种产品应分配的工资费用=该种产品实用工时(或计划工时)×分配率

3. 外购动力费的归集和分配

(1) 归集。企业发生的外购动力(如电力、蒸汽)，有的直接用于产品生产，有的用于照明、取暖等其他用途。直接用于产品生产的动力费，列入"燃料和动力费用"成本项目，计入"生产成本"科目及其明细账；属于照明、取暖等用途的动力费，则按其使用部门分别计入"制造费用"、"管理费用"等科目。如果企业设有供电车间这一辅助生产车间，则外购电费应先计入"生产成本——辅助生产成本"科目，再加上供电车间本身发生的工资等项费用，作为辅助生产成本进行分配。

(2) 分配。动力费应按用途和使用部门分配，也可以按仪表记录、生产工时、定额消耗量比例进行分配。

4. 制造费用的归集和分配

(1) 归集。企业发生的各项制造费用，是按其用途和发生地点，通过"制造费用"科目进行归集和分配的。归集在"制造费用"科目借方的各项费用，月末时应全部分配转入"生产成本"科目，计入产品成本。"制造费用"科目一般月末没有余额。

(2) 分配。在生产一种产品的车间中，制造费用可直接计入其产品成本。在生产多种产品的车间中，就要采用既合理又简便的分配方法，将制造费用分配计入各种产品成本。

制造费用分配计入产品成本的方法，常用的有按生产工时、定额工时、机器工时、直接人工费等比例分配的方法。

分配率=需要分配的全部制造费用/所有产品实用工时数

某产品应负担的制造费用=该种产品实用工时数×分配率

5. 待摊费用和预提费用的发生和分配

(1) 待摊费用。待摊费用是指本月发生，但应由本月及以后各月产品成本或期间费用共同负担的费用。这种费用发生以后，不是一次全部计入当月成本、费用，而是按照费用的受益期限摊入各月成本、费用。

待摊费用的发生和分配是通过"待摊费用"科目进行核算的。费用发生后，记入该科目的借方；按月摊销时，按其用途和使用部门从该科目的贷方转入"制造费用"和"管理费用"等科目的借方；余额在借方，表示尚未摊销的费用数额。

(2) 预提费用。预提费用是指预先分月计入成本、费用，但由以后月份支付的费用。预提费用的预提期限也应按其受益期确定。

预提费用的预提和支付，是通过"预提费用"科目进行核算的。预提时，记入该科目的贷方及"制造费用"、"管理费用"、"财务费用"等有关科目的借方；支付时，则计入该科目的借方和"银行存款"等科目的贷方；余额在贷方，表示尚未支付的预提费用数额。

## 【考点15-3】完工产品和在产品的成本分配★★★

通过上述各项费用的归集和分配，基本生产车间在生产过程中发生的各项费用，已经集中反映在"生产成本——基本生产成本"科目及其明细账的借方，这些费用都是本月发生的产品的费用，并不是本月完工产成品的成本。要计算出本月产成品成本，还要将本月发生的生产费用，加上月初在产品成本，然后再将其在本月完工产品和月末在产品之间进行分配，以求得本月产成品成本。

本月发生的生产费用和月初、月末在产品及本月完工产成品成本四项费用的关系可用下列公式表达：

月初在产品成本+本月发生生产费用=本月完工产品成本+月末在产品成本

由于公式中前两项是已知数，所以在完工产品与月末在产品之间分配费用的方法有两类：一是将前两项之和按一定比例在后两项之间进行分配，从而求得完工产品与月末在产品的成本；二是先确定月末在产品成本，再计算求得完工产品的成本。

生产成本在完工产品与在产品之间的分配，在成本计算工作中是一个重要而又比较复杂的问题。企业应当根据在产品数量的多少、各月在产品数量变化的大小、各项费用比重的大小以及定额管理基础的好坏等具体条件，选择既合理又简便的分配方法，常用的方法有以下六种。

(1) 不计算在产品成本(即在产品成本为零)

这种方法适用于月末在产品数量很小的情况。是否算在产品成本对完工产品成本影响不大，为了简化核算工作，可以不计算在产品成本，即在产品成本是零。本月发生的产品生产费用就是完工产品的成本。

(2) 在产品成本按年初数固定计算

这种方法适用于月末在产品数量很小，或者在产品数量虽大但各月之间在产品数量变动不大，月初、月末在产品成本的差额对完工产品成本影响不大的情况。为简化核算工作，各月在产品成本可以固定按年初数计算。采用这种方法，某种产品本月发生的生产费用就是本月完工产品的成本。年终时，根据实地盘点的在产品数量，重新调整计算在产品成本，以避免在产品成本与实际出入过大，影响成本计算的正确性。

(3) 在产品成本按其所耗用的原材料费用计算

这种方法是在产品成本按所耗用的原材料费用计算，其他费用全部由完工产品成本负担。这种方法适合于在原材料费用在产品成本中所占比重较大，而且原材料是在生产开始时一次就全部投入的情况下使用。为了简化核算工作，月末在产品可以只计算原材料费用，其他费用全部由完工产品负担。

(4) 约当产量法

所谓约当产量，是指在产品按其完工程度折合成完工产品的产量。比如，在产品10件，平均完工40%，则约当于完工产品4件。按约当产量比例分配的方法，就是将月末结存的在产品，按其完工程度折合成约当产量，然后再将产品应负担的全部生产费用，按完工产品产量和在产品约当产量的比例进行分配的一种方法。

这种方法的计算公式如下：

$$在产品约当产量=在产品数量×完工程度$$

$$单位成本=需要分配的全部成本费用/(产成品产量+在产品约当产量)$$

$$产成品成本=单位成本×产成品产量$$

$$月末在产品成本=单位成本×月末在产品约当产量$$

有了各工序在产品完工程度和各工序在产品盘存数量，即可求得在产品的约当产量。各工序产品的完工程度可事先制定，产品工时定额不变时可长期使用。如果各工序在产品数量和单位工时定额都相差不多，在产品的完工程度也可按50%计算。

应当指出，在很多加工生产中，原材料是在生产开始时一次投入的。这时，在产品无论完工程度如何，都应和完工产品同样负担材料费用。如果原材料是随着生产过程陆续投入的，则应按照各工序投入的材料费用在全部材料费用中所占的比例计算在产品的约当产量。

(5) 在产品成本按定额成本计算

这种方法是事先经过调查研究、技术测定或按定额资料，对各个加工阶段上的在产品，直接确定一个定额单位成本，月终根据在产品数量，分别乘以各项定额单位成本，即可计算出月末在产品的定额成本。将月初在产品成本加上本月发生费用，减去月末在产品的定额成本，即可算出产成品的总成本。产成品总成本除以产成品产量，即为产成品单位成本。这种方法的计算公式如下：

$$月末在产品成本=月末在产品数量×在产品定额单位成本$$

$$产成品总成本=(月初在产品成本+本月发生费用)-月末在产品成本$$

$$产成品单位成本=产成品总成本/产成品数量$$

(6) 按定额比例分配完工产品和月末在产品成本的方法(定额比例法)

如果各月末在产品数量变动较大，但制定了比较准确的消耗定额，生产费用可以在完工产品和月末在产品之间用定额消耗量或定额费用作比例分配。通常材料费用按定额消耗量比例分配，而其他费用按定额工时比例分配。

计算公式如下(以按定额成本比例分配为例)：

$$材料费用分配率=需要分配的全部材料费用/(完工产品定额材料成本+月末在产品定额材料成本)$$

$$完工产品应分配的材料成本=完工产品定额材料成本×材料费用分配率$$

$$月末在产品应分配的材料成本=月末在产品定额材料成本×材料费用分配率$$

$$工资(费用)分配率=需要分配的全部工资(费用)/(完工产品定额工时+月末在产品定额工时)$$

$$完工产品应分配的工资(费用)=完工产品定额工时×工资(费用)分配率$$

$$月末在产品应分配的工资(费用)=月末在产品定额工时×工资(费用)分配率$$

# 第三节 产品成本计算的品种法

## 【考点15-4】品种法★★★

品种法是以产品品种为成本计算对象，归集生产费用，计算产品成本的方法。

1. 适用范围

品种法适用于单步骤的大量大批生产，如发电、采掘等，也可用于管理上不需分步骤计算成本的多步骤的大量大批生产，如小型水泥、制砖等，其主要特点如下：

(1) 以产品品种为成本计算对象，按产品品种设置产品成本明细账和成本计算单，归集生产费用。

(2) 成本计算定期按月进行，即成本计算期与会计报告期一致，而与产品生产周期不一致。

(3) 若月末有在产品一般需要将生产费用在完工产品与在产品之间进行分配。

2. 品种法的成本计算程序

品种法成本计算程序一般可分为以下三个步骤：

(1) 按产品品种开设成本明细账，如"基本生产成本—甲产品"、"基本生产成本—乙产品"等；

(2) 将各项耗费分别按产品品种计入各成本明细账中各有关成本项目：

① 分配各种要素费用；

② 分配辅助生产费用；

③ 分配基本生产车间制造费用；

(3) 月末，分配计算各种完工产品成本和在产品成本，并计算完工成本总成本和单位成本。

3. 品种法举例

按照产品的品种计算成本，是成本管理对于成本计算的最一般的要求，成本计算的一般程序也就是品种法的成本计程序。这种计算程序见图15.1。

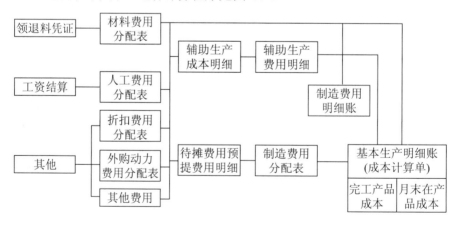

图15.1 计算程序

# 第四节　产品成本计算的分批法

📖 【考点15-5】分批法★★

产品成本计算的分批法是按照产品生产批别计算产品成本的一种方法。

1. 适用范围

这种方法适用于小批、单件的复杂生产，如重型机械、精密仪器、专用设备和船舶制造等，也适用于企业新产品试制、实验性生产或自制设备、工具、模具的生产等。

2. 主要特点

(1) 成本计算对象是产品批别。

(2) 产品成本的计算是与生产任务通知单的签发和生产的结束紧密配合的，因此产品成本计算是不定期的。成本计算期与产品生产周期基本一致，而与核算报告期不一致。

(3) 在计算月末产品成本时，一般不存在完工产品与在产品之间分配费用的问题。

3. 计算顺序

为了计算各批产品的实际成本，产品投产时应根据订单或者工作令号，为每批产品开设成本明细账。每月发生的生产费用，根据有关凭证直接记入各批产品成本明细账的有关项目中。制造费用等间接费用应另设明细账归集，月末再按一定标准分配记入各批生产成本。

在分批法下，以产品的生产周期作为成本计算期。如果是单件生产，产品完工前全是在产品成本，产品完工时全部是完工产品成本，因而不存在完工产品和在产品之间分配费用的问题。如果是小批生产，批内产品通常都能同时完工，但也存在批内产品跨月陆续完工的情况，这时就要选择一定的方法，在完工产品和在产品之间分配费用，以便计算完工产品成本和月末在产品成本。

# 第五节　产品成本计算的分步法

📖 【考点15-6】分步法★★

分步法是按照产品的生产步骤计算产品成本的一种方法。

1. 适用范围

分步法适用于大量大批的多步骤生产，如纺织、造纸、冶金、机械制造。在这类企业中，产品生产可以分为若干个步骤，往往不仅要求按照产品品种计算成本，而且还要求按照生产步骤计算成本，以便为考核和分析各种产品及生产步骤的成本计划的执行情况提供资料。

2. 主要特点

(1) 成本计算对象是各种产品的生产步骤。

(2) 月末为计算完工产品成本，需要将归集在生产成本明细账中的生产费用在完工产品和在产品之间进行分配。

(3) 除了按照品种计算和结转产品成本，还需要计算和结转产品的各步骤成本。成本计算对像是各种产品及其经过的各个加工步骤。如果企业只生产一种产品，成本计算对象就是该种产品及其所经过的各个生产步骤。成本计算期是固定的(一般是在月末),与产品的生产周期不一致。

## 【考点15-7】逐步结转分步法★★

该方法是按照产品加工的顺序,逐步计算并结转半成品成本,直到最后加工步骤才能计算产成本成本的一种方法。它是按照产品加工顺序先计算第一个加工步骤的半成品成本,然后结转给第二个加工步骤,这时,第二步骤把第一步骤转来的半成品成本加上本步骤耗用的材料和加工费用,即可求得第二个加工步骤的半成品成本,按如此顺序逐步结转累计,直到最后一个加工步骤才能计算出产成品成本。

1. 综合结转法

将各步骤所耗用的上一步骤半成品成本,综合计入各该步骤的成本明细账"直接材料"或专设的"半成品"项目中。可以按照半成品的实际成本结转,也可以按照半成品的计划成本(定额成本)结转。

2. 分项结转法

将各步骤所耗用的上一步骤半成品成本,按照成本项目分项转入各该步骤产品成本明细账的各个成本项目中。可以按照半成品的实际成本结转,也可以按照半成品的计划成本(定额成本)结转。

## 【考点15-8】平行结转分步法★★

该方法是在计算各步骤成本时,不计算各步骤所产半成品成本,也不计算各步骤所耗上一步骤的半成品成本,而只计算本步骤发生的各项其他费用,以及这些费用中应计入产成品成本的份额,将相同产品的各步骤成本明细账中的这些份额平行结转、汇总,即可计算出该种产品的产成品成本。也称为不计算半成品成本分步法。

## 真题演练

【2012中央财经大学,单选】下列分配服务成本的方法中,哪种最为方便( )。

A. 直接法(Direct Method)　　　　　　B. 阶梯法(Step-Down Method)

C. 交互分配法(Reciprocal Method)　　D. 正常成本法(Normal Costing Method)

【答案】A,考点15-3和考点15-4。

【2012中央财经大学,单选】哪个层次的成本与其成本分配基数之间的因果关系最弱( )。

A. 产品维持成本(product-sustaining costs)　　B. 设施维持成本(facility-sustaining costs)

C. 批量层次成本(batch-level costs)　　　　　D. 单位层次成本(until-level costs)

【答案】B,考点15-3。

【2013中央财经大学,多选】下列属于完工产品与月末在产品之间的费用分配方法有( )。

A. 不计算在产品成本法　　　　　　B. 约当产品比例法

C. 定额法　　　　　　　　　　　　D. 在产品按定额成本计价法

E. 计划成本分配法

【答案】ABCDE(见考点15-4)。

【**2019中央财经大学，多选**】相比于逐步结转分步法，平行结转分步法的优点包括( )。

A. 可以简化和加速成本计算工作

B. 能够直接提供按原始成本项目反映的产成品成本资料

C. 半成品成本伴随着半成品实物的转移而转移，做到账实转移同步

D. 有利于各步骤的成本管理

【**2012中央财经大学，论述**】请讨论分批法与分步法的区别主要有哪些？

【**2014北京国家会计学院，简答**】分步法的概念、特点、适用范围以及分类。

【**2013北京国家会计学院，简答**】分批法的含义、适用范围和特征。

【**2014中南财经政法大学，简答**】成本计算方法的分类及适用范围。

# 第十六章 变动成本计算

## 备考建议

重点掌握成本性态分类下，固定成本、变动成本和混合成本的概念、特征以及核算方法
熟练掌握变动成本法和完全成本法的异同

# 第一节 成本性态分析

## 📖【考点16-1】成本性态分析★★★

成本性态是指成本与业务量之间的依存关系，这里的业务量可以是生产或销售的产品数量，也可以是反映生产工作量的直接人工小时或机器工作小时，成本按照成本性态的划分，可以分为固定成本、变动成本和混合成本三大类。

1. 固定成本

(1) 固定成本的基本特征

固定成本总额在特定的业务范围内不因业务量的变动而变动，但单位固定成本(单位业务量负担的固定成本)会与业务量的增减呈反向变动。固定成本习性模型如图16.1所示。

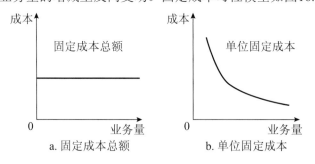

图16.1 固定成本习性模型

(2) 固定成本的分类

固定成本按支出额是否可以在一定期间内改变而分为约束性固定成本和酌量性固定成本。

约束性固定成本是指管理当局的短期(经营)决策行动不能改变其具体数额的固定成本。例如：保险费、房屋租金、管理人员的基本工资等。这些固定成本是企业的生产能力一经形成就必然要发生的最低支出，即使生产中断也仍然要发生。由于约束性固定成本一般是由既定的生产能力所决定的，是维护企业正常生产经营必不可少的成本，所以也称为"经营能力成本"，它最能反映固定成本的特性。

酌量性固定成本是指管理当局的经营决策行动能改变其数额的固定成本。例如，广告费、职工培训费、新产品研究开发费用等。这些费用发生额的大小取决于管理当局的决策行动。一般是由管理当局在会计年度开始前，斟酌计划期间企业的具体情况和财务负担能力，对这类固定成本项目的开支情况分别做出决策。酌量性固定成本并非可有可无，它关系到企业的竞争能力。

**2. 变动成本**

(1) 变动成本的基本特征

变动成本总额因业务量的变动而成正比例变动，但单位变动成本(单位业务量负担的变动成本)不变。变动成本习性模型如图16.2所示。

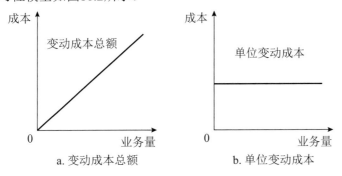

图16.2  变动成本习性模型

(2) 变动成本的分类

借用固定成本分类的思想，变动成本也可分为酌量性变动成本和约束性变动成本。酌量性变动成本是指管理当局的决策可以改变其支出数额的变动成本，如按产量计酬的工人薪金、按销售收入的一定比例计算的销售佣金等。约束性变动成本是指管理当局的决策无法改变其支出数额的变动成本，这类成本通常表现为企业所生产产品的直接物耗成本，以直接材料成本最为典型。

对特定产品而言，酌量性变动成本和约束性变动成本的单位量是确定的，其总量均随着产品产量(或销售量)的变动呈正比例变动。

**3. 混合成本**

(1) 混合成本的基本特征

从成本习性来看，固定成本和变动成本只是两种极端的类型。在现实经济生活中，大多数成本与业务量之间的关系处于两者之间，即混合成本。顾名思义，混合成本就是"混合"了固定成本和变动成本两种不同性质的成本。一方面，它们要随业务量的变化而变化；另一方面，它们的变化又不能与业务量的变化保持着纯粹的正比例关系。

(2) 混合成本的分类

混合成本兼有固定与变动两种性质，可进一步将其细分为半变动成本、半固定成本、延期变动成本和曲线变动成本。

① 半变动成本

半变动成本是指在有一定初始量基础上，随着产量的变化而呈正比例变动的成本。这些成本的特点是：它通常有一个初始的固定系数，在此基数内与业务量的变化无关，这部分成本类似于固定成本；在此基数之上的其余部分，则随着业务量的增加成正比例增加。如，固定电话座机费、水费、煤气费等均属于半变动成本。其成本习性模型如图16.3所示。

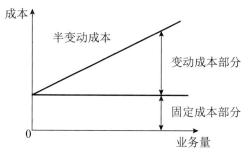

图16.3　半变动成本习性模型

② 半固定成本

半固定成本也称阶梯式变动成本，这类成本在一定业务量范围内的发生额是固定的，但当业务量增长到一定限度，其发生额跳跃到一个新的水平，然后在业务量增长的一定限度内，发生额又保持不变，直到另一个新的跳跃。例如，企业的管理员、运货员、检验员的工资等成本项目就属于这一类。其成本习性模型如图16.4所示。

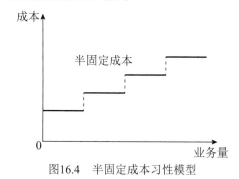

图16.4　半固定成本习性模型

③ 延期变动成本

延期变动成本在一定的业务量范围内有一个固定不变的基数，当业务量增长超出了这个范围，它就与业务量的增长成正比例变动。例如，职工的基本工资，违约金、罚金、累计计件工资。其成本习性模型如图16.5所示。

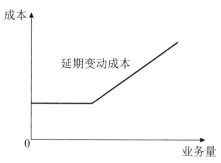

图16.5　延期变动成本习性模型

④ 曲线变动成本

曲线变动成本通常有一个不变的初始量，相当于固定成本，在这个初始量的基础上，随着业务量的增加，成本也逐步变化，但它与业务量的关系是非线性的。这种曲线成本又可以分为以下两种类型。

一是递增曲线成本，如累进计件工资、违约金等。随着业务量的增加，成本逐步增加，并且增加幅度是递增的，其成本习性模型如图16.6(a)所示。

二是递减曲线成本，如有价格折扣或优惠条件下的水、电消费成本、"费用封顶"的通信服务费等，其曲线达到高峰后就会下降或持平。其成本习性模型如图16.6(b)所示。

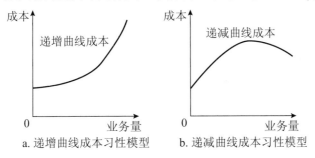

a. 递增曲线成本习性模型      b. 递减曲线成本习性模型

图16.6　曲线变动成本习性模型

在实际经济生活中，企业大量的费用项目属于混合成本，为了经营管理的需要，必须把混合成本分为固定与变动两个部分。混合成本的分解最常见的是高低点法。它是以过去某一会计期间的总成本和业务量资料为依据，从中选取业务量最高点和业务量最低点，将总成本进行分解，得出成本性态的模型。其计算公式为

$$单位变动成本 = \frac{最高点业务量成本 - 最低点业务量成本}{最高点业务量 - 最低点业务量}$$

$$固定成本总额 = 最高点业务量成本 - 单位变动成本 \times 最高点业务量$$

$$(或) \quad = 最低点业务量成本 - 单位变动成本 \times 最低点业务量$$

根据成本性态建立总成本公式在将混合成本按照一定的方法区分为固定成本和变动成本之后，根据成本性态，企业的总成本公式就可以表示为：

$$总成本 = 固定成本总额 + 变动成本总额 = 固定成本总额 + 单位变动成本 \times 业务量$$

# 第二节　变动成本法

## 【考点16-2】变动成本法的含义及特点★★★

1. 变动成本法含义

变动成本法是指在组织常规的产品成本计算过程中，以成本习性分析为前提，只将变动生产成本作为产品成本的构成内容，而将固定生产成本及非生产成本作为期间成本，按贡献式损益确定程序计量损益的一种成本计算模式。

2. 变动成本法的特点

(1) 以成本性态为基础计算产品成本。

(2) 强调固定制造费用和变动制造费用在补偿方式上存在差异。

(3) 强调销售环节对企业利润的贡献。

变动成本法的优势在于：便于开展本量利分析，增强成本信息的有用性，有利于企业的短

期决策；更符合"配比原则"中的"期间配比"；能够促进企业管理当局重视销售，防止盲目生产；可以简化成本计算工作，也可以避免固定性制造费用分摊的主观臆断性。

缺点在于：不符合财务会计的产品成本概念以及对外报告的要求；不能适应长期决策的需要。

### 📖 【考点16-3】变动成本法和完全成本法的比较★★★

1. 完全成本法

完全成本法又称全部成本法、吸收成本法、制造成本法，指在组织常规的产品成本计算过程中，以成本按其经济用途分类为前提，将全部生产成本作为产品成本的构成内容，而将非生产成本作为期间成本，按传统式损益确定程序计量损益的一种成本计算模式。

2. 完全成本法的特点

(1) 符合公认会计准则的要求。

(2) 强调固定制造费用和变动制造费用在成本补偿上的一致性。

(3) 强调生产环节对企业利润的贡献性。

3. 变动成本法和完全成本法的区别

(1) 应用前提条件不同

变动成本法首先要求进行成本性态分析，完全成本法首先要求把全部成本按其经济用途分类。

(2) 产品成本及期间成本的构成内容不同

变动成本法下，产品成本由直接材料、直接人工和变动制造费用组成，期间成本由固定制造费用、管理费用、销售费用和财务费用组成。完全成本法下，产品成本由直接材料、直接人工和全部制造费用构成，期间成本由管理费用、销售费用和财务费用构成。

(3) 存货成本水平不同

变动成本法下的期末存货成本没有固定性制造费用，完全成本法下的期末存货成本含有固定性制造费用。

## 真题演练

【2011对外经济贸易大学，单选】 A company had a net income of $85 500 using variable costing and a net income of $90 000 using absorption costing. Total fixed overhead was $150 000 and production was 100 000 units. Between the beginning and end of the year，the inventory level：（    ）.

A. Increase by 4 500 units          B. Decrease by 4 500 units

C. Increase by 3 000 units          D. Decrease by 3 000 units

E. None of these.

【答案】C. 考点16-3。

【2013中央财经大学，单选】某企业生产甲产品单价为100元，单位变动成本为80元，乙产品单价为30元，单位变动成本为18元。甲产品产量为4 000件，乙产品产量为8 000件，则综合的贡献毛益率为(    )。

A. 20%                          B. 40%

C. 60%                                           D. 27.5%

【答案】C. 考点16-2。

【2011华南理工大学，单选】变动成本法把本期所发生的固定成本全部作为(    )费用。

A. 管理                                           B. 混合

C. 期间                                           D. 销售

【答案】C. 考点16-2。

【2019中央财经大学，单选】某公司全年生产A产品100件，每件直接材料成本10元，直接人工成本6元，变动制造费用2元，固定制造费用全年共1 000元。本期销售A产品90件，单位售价为45元，全部固定摊销及管理费用200元，单位产品变动销售及管理费用3元，那么采用变动成本法计算该公司的税前净利为(    )元。

A. 780                                           B. 960

C. 1 060                                         D. 2 160

【2014中国石油大学、2011上海大学，名词解释】变动成本。

【2011华南理工大学，判断】当期初存货小于期末存货时，变动成本法下的当期计入损益的成本总额小于完全成本法下的当期计入损益的成本总额。

【2010中山大学，判断】完全成本法与变动成本法的主要区别是根据对固定性制造费用的不同划分。

【2010中山大学，判断】成本性态将成本分为固定成本与可变成本。

【2013中央财经大学，计算】

资料：某公司2001年1—6月各月的维修工时和维修费等有关资料如下：

| 月份 | 1 | 2 | 3 | 4 | 5 | 6 | 合计 |
|---|---|---|---|---|---|---|---|
| 维修工时(小时) | 800 | 900 | 600 | 1 000 | 900 | 950 | 5 150 |
| 维修费(元) | 2 000 | 2 400 | 2 000 | 2 800 | 2 500 | 2 600 | 14 300 |

要求：

(1) 采用高低点法进行成本性态分析。

(2) 假如7月预计发生维修工时700小时，预计7月的维修费是多少？

【2012对外经济贸易大学，计算】

某种产品单位变动成本180元，固定成本总额80 000元，销售量5 000件，问：

(1) 要实现45 000元的利润，售价是多少？

(2) 假如售价不能超过240元，目标利润和销售量不变的情况下，单位变动成本或固定成本总额要降至多少？

(3) 售价240元，目标利润45 000元，单位变动成本180元和固定成本300 000元不变的情况下，要实现目标利润，销售量应为多少？

【2013对外经济贸易大学，计算】

1. 设某公司只生产和销售一种产品，盈亏临界点销售额为每月240 000月。当固定成本增加8 000元，为了达到保本必须增加销售额32 000元。若该产品的单位售价及单位变动成本均不变。

要求：

(1) 计算变动成本率(即变动成本占销售收入的比重)。

(2) 计算未增加8 000元以前的固定成本总额。

(3) 计算固定成本增加的幅度和盈亏临界点销售额增加的幅度。

**【2014东北师范大学，计算】**

2. 某企业过去6个月的制造费用如下：

| 月份 | 业务量(机器小时) | 制造费用总额(元) |
|------|------------------|------------------|
| 1月 | 75 000 | 176 250 |
| 2月 | 50 000 | 142 500 |
| 3月 | 55 000 | 155 500 |
| 4月 | 60 000 | 160 500 |
| 5月 | 70 000 | 172 500 |
| 6月 | 55 000 | 152 500 |

制造费用总额中包括变动成本、固定成本和混合成本三类。该企业会计部门曾对低点月份业务量为50 000机器小时的制造费用总额做了分析，其各类成本的组成情况如下。

变动成本总额　　　　50 000元

固定成本总额　　　　60 000元

混合成本总额　　　　32 500元

制造费用总额　　　　142 500元

(1) 将业务量为50 000机器小时的制造费用中的混合成本进行分解。

(2) 采用高低点法将该企业的混合成本分解为变动部分与固定部分，并写出混合成本公式。

(3) 若该厂计划期间的生产能量为65 000机器小时，则其制造费用总额将为多少元？

**【2012中国石油大学，论述】** 变动成本法与完全成本法的比较：用列表的方式计算两种成本法下的利润；两种成本法的差异原因；说出两种成本法的优缺点；未来发展趋势。

**【2013天津财经大学，简答】** 变动成本法相对于完全成本法的优缺点。

**【2011华南理工大学，论述】** 去年的销售量等于本年的销售量，而单位变动成本一样，单位销售价格一样，固定成本一样，但是用完全成本法计算出来的去年利润却大于今年的利润。这是因为什么？

**【2014东北师范大学，简答】** 请举例说明固定成本及其分类。

**【2010东北财经大学，论述】** 请说明固定成本与变动成本的定义。指出固定成本与变动成本的水平高低通常以什么形式来反映？为什么？

**【2010东北财经大学，综合】**

已知某企业只生产经营一种产品，2008年2月的产销量最低，为100件，当月总成本为82 500元，按成本性态分类的结果为：固定成本为60 000元，变动成本为10 000元，其余为混合成本；12月的产销量最高，为200件，当月总成本为95 000元，当年企业的产销量始终在相关范围内变动。

要求：

1. 在以下两项任务中，任选一个任务予以完成。

第一项任务：

(1) 计算2月的混合成本；

(2) 确定12月的固定成本；

(3) 计算12月的变动成本；

(4) 计算12月的混合成本；

(5) 按高低点法对混合成本分解；

(6) 建立该企业总成本性态模型。

第二项任务：

(1) 以总成本为对象，按高低点法确定坐标；

(2) 计算企业的单位变动；

(3) 计算企业的固定成本总额；

(4) 建立该企业总成本性态模型。

2. 请说明分别执行这两个任务所建立的企业总成本性态模型是否会出现差异。你所选择任务所考虑的理由是什么？

# 第十七章 经营决策分析

## 备考建议

掌握经营决策分析的几种常见方法

熟练掌握本量利分析的原理

熟练记忆本量利分析的应用前提和基本方程，重点掌握各计算公式之间的转换

熟练掌握保本、保利分析，以及各相关因素变动对盈亏临界点和保利点的影响

掌握敏感性分析的计算

了解生产决策和定价决策

## 第一节 经营决策分析概述

### 【考点17-1】决策分析的概念和方法★★

经营决策分析的主要方法

(1) 边际贡献分析法。该方法是在成本性态分类的基础上，通过比较各备选方案贡献毛益的大小来确定最优方案的分析方法。

(2) 差量分析法。当两个备选方案具有不同的预期收入和预期成本时，根据这两个备选方案间的差量收入、差量成本计算的差量损益进行最优方案选择的方法，就叫差量分析法。

$$差量损益=差量收入-差量成本$$

其中，差量收入等于两方案相关收入之差，即 $\Delta R=R_a-R_b$。

差量成本等于两方案相关成本之差，即 $\Delta C=C_a-C_b$。

若差量损益 $\Delta P>0$，则A方案优于B方案；若 $\Delta P=0$，则两方案效益相同；若 $\Delta P<0$，则B方案优于A方案。

(3) 概率分析法。该方法需要首先确定与决策结果有关的变量，并确定每一变量的变化范围和概率，然后计算出各变量相应的联合概率，最后将不同联合概率条件下的结果加以汇总，得到预期值。

(4) 成本无差异分析法

成本无差别业务量是指能使两方案总成本相等的业务量，记作 $X_o$，计算出两种方案下的成本无差别点业务量 $(X_o)$。

若业务量大于成本分界点 $X_o$，则固定成本较高的A方案更优；若业务量小于成本分界点 $X_o$，则固定成本较低的B方案更优；若业务量等于 $X_o$，则两方案效益无差别。

# 第二节  本量利分析

## 【考点17-2】本量利分析概述★★★★★

1. 定义

本量利分析是对成本、产量和利润之间的相互关系进行分析的方法。

2. 基本假设

(1) 相关范围和线性关系假设

在相关范围(一定期间和一定业务量范围)之内，企业的总固定的成本保持不变，变动成本总额与产品的销售量成正比关系，销售收入随着销售量的变化而变化。 假设售价也在相关范围内保持不变，那么销售收入与销售量之间也呈线性关系。这样一来在相关范围内，成本与销售收入相对于销售量(或产量)的函数均分别表现为直线。

(2) 品种结构稳定假设

该假设是指在一个生产多种产品的企业中，每种产品的销售收入所占总收入的比重不发生改变，即结构稳定。

(3) 产销平衡假设

产销平衡是指企业生产的产品随时可以卖掉，可以使销售量等于企业的实际产量。 在这种假设下，本量利分析中的业务量指的便是销售量或产量。

3. 本量利分析的基本方程

利润=销售价格-变动成本-固定成本=(销售价格-单位变动成本)×销售数量-固定成本

即
$$R = SP \times Q - VC \times Q - FC = (SP - VC) \times Q - FC$$

其中：$R$——利润；

$SP$——销售价格；

$VC$——变动成本；

$FC$——固定成本；

$Q$——销售数量(或产量)。

## 【考点17-3】边际贡献★★★★★

1. 边际贡献及相关指标

边际贡献又称边际利润或贡献毛益，它是销售收入减去变动成本后的金额。与之相关的指标如下：

边际贡献=销售收入-变动成本

单位边际贡献=单价-单位变动成本

边际贡献率=边际贡献/销售收入

变动成本率=变动成本/销售收入

变动成本率+边际贡献率=1

2. 边际贡献方程式

利润=边际贡献-固定成本=销售收入×边际贡献率-固定成本

## 📖 【考点17-4】盈亏平衡分析★★★★★

1. 盈亏平衡点分析(保本点分析)

盈亏平衡点也称作保本点，是指产品既无利润也无亏损时的销售量或销售额，销售量(销售额)在此点时，企业利润为零。

由本量利分析的损益方程式可得：

盈亏平衡点的销售量= 固定成本/(单价-单位变动成本) = 固定成本/单位边际贡献

盈亏平衡点的销售额= 单价×盈亏平衡点的销售量=固定成本/边际贡献率

当企业的销售量或销售额高于盈亏平衡点时，企业盈利；当企业的销售量或销售额低于盈亏平衡点时，企业亏损。企业通过财务管理，找到产品盈亏平衡点为生产经营决策提供依据。

2. 保利分析(目标利润分析)

保利是企业生产的真正目的，也只有在盈利存在的条件下，才能充分揭示成本、业务量和利润之间的关系。通过目标利润分析，可以确定为了实现该利润而应该达到的目标销售量和目标销售额，从而以销定产，确定企业经营方向。

保利点是指在单价和成本水平确定的情况下，为了实现一定的目标利润而应达到的业务量。

保利点的销售量=(固定成本+目标利润)/(单价-单位变动成本)=(固定成本+目标利润)/单位边际贡献

保利点的销售额=单价×保利点的销售量=(固定成本+目标利润)×单价/单位边际贡献=(固定成本+目标利润)/边际贡献率

## 📖 【考点17-5】相关因素变动对盈亏临界点和保利点的影响★★★★★

1. 销售单价单独变动对盈亏临界点和保利点的影响

从盈亏临界点和保利点的计算公式来看，销售单价提高会使单位贡献毛益和贡献毛益率上升，也就是盈亏临界点和保利点的计算公式的分母增大，因此，销售单价提高会降低盈亏临界点和保利点；销售单价降低，则情况相反。

从传统式和贡献毛益式本量利关系图来看，销售单价提高表明销售收入线斜率增大，而总成本线不变，所以两线交点下降，即盈亏临界点和保利点降低；销售单价降低，则情况相反。

2. 单位变动成本单独变动对盈亏临界点和保利点的影响

从盈亏临界点和保利点的计算公式来看，单位变动成本上升会使单位贡献毛益和贡献毛益率下降，也就是盈亏临界点和保利点计算公式的分母变小，因此，单位变动成本上升会提高盈亏临界点和保利点；单位变动成本下降，则情况相反。

从传统式和贡献毛益式本量利关系图来看，单位变动成本提高表明销售成本线斜率增大，而总收入线不变，所以，两线交点上升，即盈亏临界点和保利点提高；单位变动成本降低，则情况相反。

3. 固定成本单独变动对盈亏临界点和保利点的影响

从盈亏临界点和保利点的计算公式来看，固定成本上升会使盈亏临界点和保利点的计算公式的分子增大，因此，固定成本上升会提高盈亏临界点和保利点；固定成本下降，则情况相反。

从传统式和贡献毛益式本量利关系图来看，固定成本提高表明销售成本线截距提高，而总成本线斜率不变，总收入线也不变，所以，两线交点上升，即盈亏临界点和保利点提高；固定成本降低，则情况相反。

4. 目标利润单独变动对保利点的影响

目标利润的变动只影响到保利点而不影响盈亏平衡点。企业预计达到的目标利润提高时，保利点提高，预计达到的目标利润降低时，保利点降低。

## 📖【考点17-6】敏感性分析★★★★★

1. 敏感性分析含义

敏感性分析主要研究当一个重要因素发生变化时，导致目标值发生怎样的变化，是敏感(变化大)还是不敏感(变化小)。本量利关系中的敏感性分析主要研究两点：一是有关因素发生多大变化时会使企业由盈利变为亏损；二是有关因素的变化对利润变化的影响程度。

2. 有关因素临界值的确定

销售量、销售价格、单位变动成本和固定成本的变化，都会对利润产生影响。若这种影响是消极的且达到一定程度时，企业利润会为零，从而进入盈亏临界状态；若这种变化超出上述程度，企业会转入亏损状态。敏感性分析的目的就是确定能引起这种质变的各因素变化的临界值。

由实现目标利润的模型$R=(SP-VC)\times Q-FC$可推导出当$R$为0时：

$$Q=FC/(SP-VC)$$
$$SP=FC/Q+VC$$
$$VC=SP-FC/Q$$
$$FC=Q\times(SP-VC)$$

3. 有关因素的变化对利润变化的影响程度

销售量、销售价格、单位变动成本和固定成本诸因素的变化，都会对利润产生影响，但在影响程度上存在差别。若利润对这些因素的变化十分敏感，则这些因素被称为敏感因素，反之则被称为非敏感因素。企业决策人员需要知道利润对哪些因素的变化比较敏感，对哪些因素的变化不太敏感，以便分清主次，抓住重点，确保目标利润的实现。

反映敏感程度的指标称为敏感系数，计算公式为

$$敏感系数=\frac{目标值变动百分比}{因素值变动百分比}$$

公式中敏感系数若为正数，表明它与利润为同向增减关系；若为负数，表明它与利润为反向增减关系。

# 第三节　定价决策

## 📖【考点17-7】定价决策★★★

1. 影响价格的基本因素

一般来讲，影响价格制定的基本因素包括如下几个方面：成本、需求、产品生命周期、竞争、科学技术、相关产品的销量。

2. 定价目标

企业要做好定价工作，必须按照定价程序做好以下三项工作：第一是确定定价目标；第二是研究和选择定价方法；第三是研究和制定定价策略、掌握定价技巧。确定定价目标是每一个企业制定产品价格的首要过程。所谓定价目标，就是每一个产品的价格在实现以后应达到的目的。企业的定价目标一般有以下几种：追求利润最大化，获得既定投资利润率，保持和提高市场占有率，稳定价格，应付和防止竞争。

3. 以成本为基础的定价决策

成本是构成产品价格的基本因素，也是价格的最低经济界限。以成本为基础制定产品价格，不仅能保证生产中的耗费得到补偿，而且能保证企业必要的利润。新产品的价格制定都可以采用以成本为基础的定价决策方法。

(1) 成本加成定价法。即以单位预计完全成本为基础，加上一定数额的利润和销售税金来确定产品的价格。

在计划成本定价法下，

$$产品价格 = \frac{单位预测成本 + 单位预测利润}{1 - 销售税率}$$

$$单位预测利润 = \frac{该产品预测利润总额}{该产品预测销售量}$$

在成本利润率定价法下，

$$产品价格 = \frac{单位预测成本 \times (1 + 成本利润率)}{1 - 销售税率}$$

$$成本利润率 = \frac{该产品预测利润总额}{该产品预测总成本} \times 100\%$$

在销售利润率定价法下，

$$产品价格 = \frac{单位预测成本}{1 - 销售利润率 - 销售税率}$$

$$销售利润率 = \frac{该产品预测利润总额}{该产品预测销售收入} \times 100\%$$

在这三种方法中，大多数工业企业采用成本利润率定价法，而商业企业一般采用销售利润率定价法。

(2) 损益平衡法。损益平衡点价格是产销量一定时产品价格的最低限度。该价格确定后，企业可以以此为基础，适当调整价格水平，确定企业有盈利的合理价格。

$$损益平衡点价格 \ P = \frac{F + Y + QV}{Q(1 - T_r)}$$

$F$：固定费用

$Y$：目标利润

$Q$：产品销售量

*V*：产品单位变动成本

$T_r$：销售税率

（3）边际成本定价法。边际成本是指每增加一个单位产品销售所增加的总成本，边际收入则指每增加一个单位产品销售所增加的总收入，当边际收入等于边际成本时，利润总额最大，这时的销售量和价格就是最优销售量和最优价格。利用边际成本等于边际收入时利润最大的原理制定产品价格的方法，称为边际成本定价法。

4. 以需求为基础的定价决策

有些产品的需求量和价格呈反方向的变动，当价格上升时需求量减少，价格下降时需求量则增加。这种反方向变动的关系往往表现为一种线性函数关系，常被称为线性需求函数。可以通过对线性需求函数的分析和计算来预测和制定产品最优价格。

假设需求量模型为：

$$Q=a+bP$$

式中，*Q*为产品需求量；*a*为需求函数的截距；*b*为需求曲线的斜率。

$$销售收入 R=PQ=P \times (a+bP)$$

$$成本=nQ+F=n \times (a+bP)+F$$

*n*为单位变动成本，则利润函数为：

$$A=R-C=bP^2+(a-nb) \times P-(na+F)$$

对利润函数求导并使其为零，利润最大时的最优价格为：

$$P=(nb-a)/2b$$

# 第四节　生产决策

## 📖 【考点17-8】生产决策分析★★★

生产决策是指如何利用现有的生产能力使之发挥最佳经济效益所做的决策，具体包括生产什么、生产多少以及如何生产三方面内容。

1. 生产什么的决策分析

若只有单一备选方案，则只要生产该种产品增加的收益大于零，该方案就是可行的。若存在多个备选方案，则增加收益大于零且最大的方案为优。

2. 生产多少的决策分析

生产数量决策的基本原则是：

（1）以销定产；

（2）合理利用现有资源，使之创造的边际贡献最大。

3. 如何生产的决策分析

原则：在收入相同的情况下，相关成本最低的方案为最优方案。

## 📖 【考点17-9】最优生产批量决策★★★

就产品生产而言，并不是生产批量越大越好。在全年产量已定的情况下，生产批量和生产批次成反比，生产批量越大，生产批次越少；生产批量越小，生产批次越多。生产批量和生产批次与生产准备成本、储存成本相关，最优的生产批量应该是生产准备成本和储存成本总和最低时的生产批量。

生产准备成本是指每批产品生产开始前因进行准备工作而发生的成本，如为调整机器、准备工卡模具、布置生产线、领取原材料等而发生的工资费用、材料费用等。在正常情况下，每次变更产品生产所发生的生产准备成本基本上相等，因此年准备成本总额与生产批次成正比。

储存成本是指为了储存零部件及产品而发生的仓库及其设备的折旧费、保险费、保管人员工资、维修费等费用的总和。储存成本和生产批量成正比，与生产批次成反比。

由上述生产准备成本、储存成本的特点可以看出，若要降低年准备成本，就应减少生产批次，但减少批次必然要增加批量，从而提高与批量成正比的年储存成本；若要降低年储存成本，就应减少生产批量，但又会增加批次，从而提高年准备成本。因此当年准备成本和年储存成本之和最低时，就是最优生产批量决策。

假设：全年产量为 $A$，生产批量为 $Q$，则 $A/Q$ 是生产批次；每批准备成本为 $S$，每日产量为 $X$，每日销售量为 $Y$，每单位产品的年储存成本为 $C$，总成本为 $T$。

年成本合计可计算如下：

$$每批生产终了时的最高储存量 = 生产批量 - 每批生产日数 \times 每日销售量 = Q - \frac{Q}{X} \times Y = Q \times (1 - \frac{Y}{X})$$

$$年平均储存量 = \frac{1}{2} \times Q \times (1 - \frac{Y}{X})$$

$$年储存成本 = \frac{1}{2} \times Q \times (1 - \frac{Y}{X}) \times C$$

$$年准备成本 = Q \times S$$

$$年成本合计 T = 年储存成本 + 年准备成本 = \frac{1}{2} \times Q \times (1 - \frac{Y}{X}) \times C + Q \times S$$

用微分法求出 $T$ 为极小值时，最优生产批量 $Q$。

## 真题演练

【2011对外经济贸易大学，单选】Cost-volume profit analysis assumes all of the following EXCEPT（     ）

A. All costs are variable or fixed

B. Units manufactured equal units sold

C. Total variable costs remain the same over the relevant range

D. Total fixed costs remain the same over the relevant range

E. None of these

【2010南开大学，单选】以下各手段中，不能降低企业的保本点的是（     ）。

A. 提高效率，降低产品的单位成本

B. 提高产量，使单位产品分担的固定成本数额下降

C. 提高单位销售价格

D. 提高产品组合当中边际贡献较高产品的比重

【2012中央财经大学，单选】内部转移定价方法无法保持子单元的自主权（     ）。

A. 市场价                                          B. 成本加成

C. 协商价 　　　　　　　　　　　　　　　　D. 以上均错

**【2013中央财经大学，单选】**下列公式正确的有(　　)。

A. 安全边际=安全边际/现有销售量　　　　B. 销售利润率=安全边际率×贡献毛益率

C. 销售利润=安全边际(实物量)×单位贡献毛益　　D. 销售利润=安全边际(金额)×贡献毛益率

E. 销售利润率=安全边际率/贡献毛益率

**【2011华南理工大学，单选】**在存货采购经济批量决策中，可以不考虑(　　)。

A. 采购价格成本　　　　　　　　　　　　　B. 固定订货成本

C. 变动订货成本　　　　　　　　　　　　　D. 变动储存成本

**【2011华南理工大学，单选】**短期经营决策是指不涉及新的固定资产的投资，一般只涉及一年以内的有关经济活动，以下项目中不属于短期经营决策的有(　　)。

A. 在生产多种产品品种的情况下，如何实现产品的最优组合

B. 在自制零件需要投入一定专属固定成本的情况下，对自制和外购方案进行择优

C. 寻找最佳的产品订价

D. 对联产品进一步加工所需的新设备做出是否投资的决策

**【2011华南理工大学，单选】**当利润实现最大化时，边际成本与边际收入的关系是(　　)。

A. 边际收入大于边际成本　　　　　　　　　B. 边际收入小于边际成本

C. 边际收入等于边际成本　　　　　　　　　D. 边际收入与边际成本无关

**【2011华南理工大学，单选】**当产品的单位变动成本上升而其他条件不变时，将使损益平衡点(　　)。

A. 上升　　　　　　　　　　　　　　　　　B. 下降

C. 不变　　　　　　　　　　　　　　　　　D. 难以确定

**【2010南开大学，单选】**以下各手段中，不能降低企业的保本点的是(　　)。

A. 提高效率，降低产品的单位成本

B. 提高产量，使单位产品分担的固定成本数额下降

C. 提高单位销售价格

D. 提高产品组合当中边际贡献较高产品的比重

答案：B

解析：由本量利分析的损益方程式可得保本点的销售量=固定成本/(单价-单位变动成本)，提高产量不能使固定成本的总额变化，所以不能降低保本点。

**【2010东北财经大学，单选】**下列有关贡献边际率与其他指标关系表达式中，正确的是(　　)。

A. 贡献边际率+保本作业率=1　　　　　　　B. 贡献边际率+变动成本率=1

C. 贡献边际率+安全边际率=1　　　　　　　D. 贡献边际率+危险率=1

**【2013上海财经大学，单选】**如特殊订单在售价大于以下(　　)时接受。

A. 平均成本　　　　　　　　　　　　　　　B. 固定成本

C. 直接人工加直接材料　　　　　　　　　　D. 总成本

**【2011浙江工商大学，单选】**NBM公司的Y生产线，生产Y产品(以销定产，没有库存)。目前国内生产量和销量均为8万件(最大生产能力为10万件)，销售单价为10元，公司生产成本总额为64万，其中：折旧10万；车间管理和其他费用10万；仓储费用4万；这三项费用比较固定，其

他的40万费用跟产量关系高度相关。仅从营业利润角度思考，应接受下列哪个方案？（　　　）

　　A. 若剩余生产能力对外出租，可获租金2万元

　　B. 海外订单：出口(代工)2万件，每件开价7.8元

　　C. 代其他企业加工，每件固定收加工费1元

　　D. 现行销售单价降低10%，闲置生产能力可全部消化

【2019中央财经大学，单选】某公司生产一种产品，每件售价100元，单位产品变动成本为40元，固定成本总额为72 000元。该公司的安全边际率为40%，则产品的实际销售数量为（　　　）件。

　　A. 1 680　　　　　　　　　　　　　　　　B. 2 000

　　C. 2 520　　　　　　　　　　　　　　　　D. 3 000

【2010东北财经大学，多选】下列各项中，可据以判定企业是否处于保本状态的标志有（　　　）。

　　A. 贡献边际率=变动成本率　　　　　　　　B. 贡献边际=固定成本

　　C. 保本作业率=1　　　　　　　　　　　　D. 安全边际率=1

【2011中央财经大学、2011山东大学，名词解释】安全边际

【2011华南理工大学，判断】

　　1. 站在本-量-利分析的立场上，由于利润只是收入与支出之间的一个量差，所以模型线性假设只涉及成本与业务量两个方面，业务量在此可以是生产数量，也可以是销售数量。（　　　）

　　2. 如果一项资产只能用来实现某一职能而不能用于实现其他职能时，就不会产生机会成本。（　　　）

　　3. 在采用贡献毛益分析法进行决策分析时，必须以产品提供的单位贡献毛益的大小来判断方案的优劣。（　　　）

【2010中山大学，判断】

　　1. 经营收益=安全边际量×边际贡献率。（　　　）

　　2. 项目投资中的税后利润的计算基数是息税前利润，息税前利润可以用本量利模型分析。（　　　）

【2011中央财经大学，简答】简述边际贡献定义及其实际应用。

【2011华南理工大学，简答】损益平衡点销售量将如何随着销售单价的变动而变动？

【2011浙江工商大学，简答】在其他因素不变的情况下，各因素变动对保本点、保利点的影响如何？

【2011对外经济贸易大学，计算】Mr. Davis operates retail stores of shoes in several shopping malls. The average selling price of an arrangement is RMB￥300 and the average cost of each sale is RMB￥180.A new mall is opening where Mr. Davis wants to locate a store, but the location manager is not sure about the rent method to accept. The mall operator offers the following three options for its retail store rentals：

paying a fixed rent of RMB￥150 000 a month, or

paying a base rent of RMB￥90 000 plus 10% of revenue received, or

paying a base rent of RMB￥48 000 plus 20% of revenue received.

Required：

For each option，compute the breakeven sales and the monthly rent paid at break-even.

【2013对外经济贸易大学，计算】罗曼公司生产和销售甲、乙、丙三种产品。预计2013年全国规定成本总额为864 000元，三种产品可以实现产销平衡。有关产销数量、销价、成本和利润预算等资料如表17-1所示。

表17-1 公司2013年预算资料

| 项目 | 甲产品 | 乙产品 | 丙产品 |
|---|---|---|---|
| 产销量 | 20 000件 | 40 000件 | 50 000件 |
| 销售单价 | 200元 | 60元 | 32元 |
| 单位变动成本 | 160元 | 36元 | 24元 |

要求：计算罗曼公司的盈亏平衡点综合销售额以及各种产品的盈亏平衡点销售量。

【2011中央财经大学，计算】资料：

某公司只生产一种产品，正常售价为165元/件，生产能力为年产20 000件。但目前生产能力尚剩余20%。现在一客户需要此种产品3 000件，定价为50元/件。该产品的单位产品成本资料如下：

直接材料 20元    直接人工 10元

变动性制造费用10元    固定性制造费用 15元

单位产品成本55元

要求：

判断公司是否接受该订货？如接受可获多少利润？

若追加订货需增加一台专用设备，价值4 000元，判断公司是否应接受该订货？

【2011山东大学，计算】某公司截至12月订单10 000件，是产能的80%。售价是60元。其中成本为：单位人工10元，原材料20，制造费用5元，固定成本5元，固定销售费用3元，共计43元。现在有两个订单需要决策。

(1) 订购价为40元，2 000件。

(2) 订购价40元，3 000件。

如果接单要压缩原生产的1 000件的计划。如何决策？

【2013天津财经大学，计算】本年的销售收入120 000元，固定成本50 000元，单位售价50元，变动成本30元。预计销售数量为6 000件。

计算：

(1) 本年的销售利润

(2) 保本量，保本额

(3) 安全边际，安全边际率

(4) 经营杠杆系数

(5) 如果追加1 000件商品的固定成本，固定成本上升10 000元，问可以接受的最低订货价格是多少？

【2011华南理工大学，计算】某厂生产A产品，其零件下年需要1 000个，如外购每个进价60元。如利用车间生产能力进行生产，每个零件的直接材料费30元，直接人工费为20元，变动制造费用为10元，固定制造总费用为6 000元。该车间的设备如不接受自制任务不作其他安排。要求：决定下年是自制还是外购。

【2010中山大学，计算】某公司固定成本为255 000，A、B、C产品的本量利数据如下：

|  | 单价 | 单位变动成本 | 销售量 |
|---|---|---|---|
| A. | 20 | 10 | 2 000 |
| B. | 20 | 16 | 1 000 |
| C. | 20 | 14 | 1 000 |

计算:

(1) 加权边际贡献率

(2) 保本点销售额

(3) 各产品保本点销售量

【2010东北财经大学,计算】已知:某企业只生产经营一种产品,单价为100元,单位变动成本为80元,固定成本为400 000元。计算:

(1) 单位边际贡献

(2) 贡献边际率

(3) 保本量(件)

(4) 实现20 000元目标利润的保利额

(5) 销售量为50 000件时的安全边际率

【2012上海财经大学,计算】特殊订货的决策:已知A公司正常生产能力为5 000件,平时的产销需要3 500件,售价为59元(这个数字不记得了,随便编了一个,不影响题目精髓),产品的单位变动成本为36元,单位固定成本6元,分别就如下情况进行决策:

(1) 特殊订货1 500件,给出的买价为39元,但A公司如果接受订货还要额外购置2 000元的专属固定资产;

(2) 特殊订货1 700件,给出的买价为39元。

# 第十八章 短期预算

## 备考建议

熟练记忆全面预算的概念及分类
掌握固定预算、弹性预算、滚动预算、零基预算等几种常见的预算编制方法
重点记忆各个预算的特征及优缺点
了解营业预算和财务预算的内容

## 第一节 全面预算概述

### 【考点18-1】全面预算的概念及作用★★★

1. 全面预算

全面预算是关于企业在一定的时期内(一般为一年或一个既定期间内)各项业务活动、财务表现等方面的总体预测。它包括经营预算(如开发预算、销售预算、销售费用预算、管理费用预算等)和财务预算(如投资预算、资金预算、预计利润表、预计资产负债表等)。

全面预算一般由经营预算、专门预算和财务预算三部分构成。

2. 全面预算的作用

全面预算作为企业管理层对未来生产经营活动的总体规划，其作用主要表现在：明确各部门的工作目标和任务；协调各部门的工作；控制各部门的经济活动；考核各部门的成绩。

## 第二节 全面预算的编制方法

### 【考点18-2】全面预算的几种编制方法★★★★★

预算可以根据不同的预算项目，分别采用相应方法进行编制，主要有以下几种方法。

1. 固定预算

概念：又称静态预算，是根据预算期内正常的、可实现的某一业务量水平为基础来编制的预算。

特点：用这个方法做出来的预算，算多少是多少，一般情况金额都不变，所以适用于固定费用或者数额比较稳定的预算项目。

2. 弹性预算

概念：弹性预算在按照成本(费用)习惯性分类的基础上，根据量、本、利之间的依存关系，

考虑到计划期间内业务量可能发生变动，编制出一套适应多种业务量的费用预算。

特点：反映的是不同的业务情况下所应支付的费用水平，为弥补固定预算的缺陷而产生的。

3. 增量预算

概念：这种预算是在上期成本费用的基础上根据预计的业务情况，再结合管理需求，调整有关费用项目。

4. 零基预算

概念：零基预算，简单地讲就是一切从零开始，不考虑以前发生的费用项目和其金额。从实际需要逐项审议预算期内各项费用的内容及开支标准是否合理，在综合平衡的基础上编制费用预算。

(1) 零基预算的优点

① 合理、有效地进行资源分配；

② 有助于企业内部的沟通、协调，激励各基层单位参与预算的积极性和主动性；

③ 目标明确，可区别方案的轻重缓急；

④ 有助于提高管理人员的投入产出意识；

⑤ 特别适用于产出较难辨认的服务性部门，克服资金浪费的缺点。

(2) 零基预算的缺点

① 业绩差的经理人员会认为零基预算是对他的一种威胁，因此拒绝接受；

② 工作量较大，费用较昂贵；

③ 评级和资源分配具有主观性，易于引起部门间的矛盾；

④ 易于引起人们注重短期利益而忽视企业长期利益。

5. 定期预算

定期预算是以不变的会计期间作为预算期。多数情况下该期间为一年，并与会计期间相对应。

6. 滚动预算

滚动预算是指在编制预算时，将预算期与会计期间脱离，随着预算的执行不断地补充预算，逐期向后滚动，使预算期间始终保持在一个固定的长度(一般为12个月)。

(1) 滚动预算的缺点

① 预算期较长，因而难于预测未来预算期的某些活动，从而给预算的执行带来种种困难；

② 事先预见到的某些活动，在预算执行过程中往往会有所变动，而原有预算却未能及时调整，从而使原有预算显得不相适应；

③ 受预算期的限制使管理人员的决策视野局限于剩余的预算期间的活动，缺乏长远的打算，不利于企业的长期稳定有序发展。

(2) 滚动预算的优点

能使企业管理当局对未来一年的经营活动进行持续不断的计划，并在预算中经常保持一个稳定的视野，而不至于等到原有预算执行快结束时，仓促编制新预算，从而有利于保证企业的经营管理工作稳定而有序地进行。

# 第三节　营业预算的编制

📖 **【考点18-3】经营预算★★**

企业经营预算通常是在销售预测的基础上，首先对企业的产品销售编制预算，然后通过"以销定产"的方法，逐步对生产、材料采购、存货和费用等方面编制预算。

**1. 销售预算**

销售预算是规划预算期内由于企业销售活动而产生的预计销售收入而编报的一种经营预算，其主要目的是计算预算期的预计销售量。

$$预计销售收入=预计销售量×预计销售单价$$

在销售预算中，通常还应包括预计的现金收入计算表，以便为以后编制财务预算做准备。预计的现金收入等于前期销售在本期收到的现金和本期销售在本期收到的现金之和。

**2. 生产预算**

生产预算是规划预算期内企业的预计产量水平而编报的一种经营预算，其主要目的是计算预算期的预计生产量。

$$预计生产量=(预计销售量+预计期末产品存货量)-预计期初产品存货量$$

**3. 直接材料预算**

$$预计直接材料采购量=预计生产量×直接材料单位标准用量+预计期末原材料存货量-预计期初原材料存货量$$

**4. 直接人工预算**

$$预计直接人工成本=预计生产量×\sum(单位工时工资率×单位产品工时定额)$$

**5. 制造费用预算**

制造费用按成本性态划分为变动性制造费用和固定制造费用。

预计变动制造费用的计算公式为：

$$预计变动性制造费用=预计生产量×变动制造费用预算分配率$$

**6. 产品成本预算**

产品成本预算是为了规划预算期内企业各种产品的单位成本、生产成本和销售成本等各项内容而编报的一种经营预算。

产品成本预算需要在生产预算、直接材料预算、直接人工预算和制造费用预算的基础上编制；同时，也为编制预计利润表和预计资产负债表提供数据。

**7. 期末存货成本预算**

期末存货成本预算是规划预算期期末企业原材料、产成品和在产品的预计成本水平而编报的一种经营预算。

**8. 销售费用预算**

销售费用预算是规划预算期内企业预计发生的销售费用而编报的一种经营预算。销售费用按其性态可以划分为变动性销售费用和固定销售费用。

$$预计变动性销售费用=预计销售量×变动销售费用预算分配率$$

9. 管理费用预算

管理费用预算是规划预算期内企业预计发生的管理费用而编报的一种经营预算。为了给现金预算提供现金支出资料，在管理费用预算的最后，还可预计预算期管理费用的现金支出数额。管理费用中的固定资产折旧费、低值易耗品摊销、计提坏账准备金、无形资产摊销和递延资产摊销均属不需要现金支出的项目，在预计管理费用现金支出时，应予以扣除。

# 第四节　财务预算的编制

## 【考点18-4】财务预算★★

财务预算是反映企业在预算期内有关现金收支、经营成果和财务状况的预算。财务预算是在经营预算和专门预算的基础上，按照一般会计原则和方法编制的。因此财务预算是各项经营业务和专门决策的整体计划，也称"总预算"。财务预算包括现金预算、预计资产负债表、预计利润表和预计现金流量表。

现金预算是所有有关现金收支预算的汇总，通常包括现金收入、现金支出、现金多余或现金不足，以及资金的筹集与应用等4个组成部分。现金预算是企业现金管理的重要工具，它有助于企业合理地安排和调动资金，降低资金的使用成本。

## 真题演练

【2019中央财经大学，多选】与编制零基预算相比，编制增量预算的主要缺点包括(　　　)。

A. 受过去基期预算的约束

B. 增加了预算的工作量

C. 不利于各级管理人员发挥积极性和主动性

D. 不利于各基层单位精打细算和节约资金

【2012中国人民大学、2012中国石油大学，名词解释】零基预算

【2011中央财经大学，名词解释】财务预算

【2012中国人民大学，简答】什么是预算松弛？如何避免？

# 第三篇 财务管理

# 第十九章 财务管理概论

## 备考建议

本章为财务管理概论，多以名词解释、简答题的形式在笔试和面试中出现，建议在理解的基础上准确记忆相关概念与知识点

## 第一节 财务管理概念

### 【考点19-1】财务管理基础概念

1. 财务管理的概念

财务管理是企业(特别是公司)的财务管理人员组织企业财务活动、处理财务关系，以实现企业财务管理目标的一项经济管理工作。

2. 财务管理的内容

财务管理包括以下4个方面的活动。

(1) 筹资：这是资金运动的起点，也是企业进行生产经营活动的前提。企业可通过外部资本市场和内部积累资金来解决。

(2) 投资：这是资金运动过程的重要环节，可分为对内投资(如兴建厂房、购买固定资产等)和对外投资(如购买其他公司的股票、债券等)。

(3) 营运资金管理：在企业经营过程中，企业资金不断转换占用形态，在资金的循环与周转中，实现资金价值的增值。

(4) 分配：这是资金运动的终点，也是未来资金运动的起点。

### 【考点19-2】财务管理环境 ★★

1. 经济环境：经济周期、经济发展水平、通货膨胀水平(重点关注通胀对财务活动的影响)、经济政策。

2. 法律环境：企业组织法规、财务会计法规、税法。

3. 金融市场环境

(1) 金融市场是资金的供应者和资金的需求者，双方借助于信用工具进行交易而融通资金的市场。

(2) 金融市场对公司理财的影响：

① 为公司筹资和投资提供场所；

② 使公司实现长短期资金的相互转化；

③ 为公司理财提供相关信息。

(3) 金融工具根据发行和流通场所，分为货币市场证券与资本市场证券。

(4) 资本市场效率，指资本市场有效配置资金的能力，或指资本市场调节和分配资金的效率，通常是指资本市场能否有效地利用各种信息来组织交易、确定金融资产价格。

其根据有效市场种类，可分为：

① 弱势效率；

② 半强势效率；

③ 强势效率。

(5) 利率=纯粹利率+通货膨胀附加率+风险附加率

① 纯粹利率：无通货膨胀、无风险情况下的平均利率。在没有通货膨胀时，国库券的利率可以视为纯粹利率。

② 通货膨胀附加利率：是为了弥补通货膨胀所造成的损失。

③ 风险附加率：确定风险附加率时应该考虑违约风险、变现风险和信用风险。

按照不同的分类方式，利率可分为：

① 官方利率和市场利率；

② 基准利率和套算利率；

③ 实际利率和名义利率；

④ 固定利率和浮动利率。

# 第二节　财务管理目标

## 📖【考点19-3】财务管理的目标★★★

### (一) 利润最大化
利润最大化强调的是企业当期净利润的最大化。

1. 利润最大化优点

(1) 一定程度上体现了企业经济效益的高低。

(2) 自由竞争的资本市场中资本的使用权最终属于获利最多的企业。

(3) 只有每个企业都最大限度地获利，整个社会的财富才能实现最大化。

2. 利润最大化缺点

(1) 利润概念模糊。

(2) 没有考虑利润的时间价值。

(3) 没有考虑获得利润与投入资本的关系。

(4) 没有考虑风险因素。

(5) 易导致决策的短期行为。

### (二) 股东财富最大化
在上市公司中，股东财富最大化演变成股票市价最大化。

1. 股东财富最大化优点

(1) 考虑了资金时间价值和风险价值。

(2) 反映了对企业资产保值增值的要求。

(3) 克服了短期行为。

(4) 有利于社会资源的合理配置。

2. 股东财富最大化缺点

(1) 股票价格难以控制。

(2) 强调股东利益,忽略其他利益主体的利益。

(3) 上市公司只占企业的少数,适用范围有限。

### (三) 企业价值最大化

企业价值最大化目标就是通过充分发挥财务管理的职能,促进企业长期稳定可持续发展,实现企业盈利与风险的最佳均衡。

1. 企业价值最大化优点

(1) 科学考虑了取得报酬的时间。

(2) 考虑了风险与报酬的均衡。

(3) 能克服企业追求利润的短期行为。

2. 企业价值最大化缺点

(1) 需考虑各相关者的利益,易使决策者左右为难。

(2) 非上市企业的价值确定难度大,可操作性不强。

# 第三节　财务管理环节

## 【考点19-4】财务管理环节

财务管理环节是指企业实施财务管理所运用的基本业务手段和方法,主要包括财务预测、财务决策、财务计划、财务控制和财务分析。

其中财务分析主要有比较分析法、比率分析法、趋势分析法和综合分析法。

1. 比率分析法

比率分析法是将企业同一时期的财务报表中的相关项目进行对比,得出一系列财务比率,以揭示企业财务状况的分析方法。

2. 比较分析法

比较分析法是将同一企业不同时期的财务状况或不同企业同期之间的财务状况进行比较,以揭示财务状况的差异。

前者称为纵向比较分析法,后者称为横向比较分析法。

3. 趋势分析法

趋势分析法是通过对财务报表中各类相关数字资料,将两期或多期连续的相同指标或比率进行定基对比和环比对比,得出它们的增减变动方向、数额和幅度,以揭示企业财务状况、经营情况和现金流量变化趋势的一种分析方法。

4. 综合分析法

全面评价企业各方面的财务状况，如财务比率综合评分法、杜邦分析法等。

## 真题演练

【2014北京交通大学、2014河南财经政法大学，简答】企业以"利润最大化"为目标的弊端？企业应该以什么为目标？

【2013北京国家会计学院，简答】简述金融市场的功能。

【2013中国矿业大学徐州校区、2010中山大学，简答】企业财务管理的目标有哪些？分别有什么优缺点？

【2011中国石油大学北京校区，简答】简述成本管理会计与财务管理会计的区别。

# 第二十章　财务估值基础

**备考建议**

本章为财务管理的基本理念，时间价值观念贯穿整个财务管理的过程，考试多结合财务管理学科的其他知识点，属于必须熟练掌握的章节

## 第一节　货币时间价值

### 【考点20-1】货币时间价值★★★★

1. 含义

时间价值是指资金在周转使用的过程中，由于时间因素而形成的差额价值，即同一数量的货币或资金在不同时点上的价值量的差额。它是扣除风险报酬和通货膨胀贴水后的真实报酬率。货币时间价值有两种表现形式：相对数(扣除风险报酬和通货膨胀贴水后的平均资金利润率或平均报酬率)和绝对数(资金与时间价值率的乘积)。

2. 货币时间价值的来源

其来源于货币作为资本投入生产经营过程中产生的价值，只有将货币进行投资才能获得时间价值。

### 【考点20-2】单利★

单利：只对本金计算利息，其所生利息不加入本金计算利息，每一计息期利息相等。

(1) 单利利息=$I=P \times i \times n$

(2) 单利终值=$F=P+P \times i \times n=P(1+i \times n)$

(3) 单利现值=$P=F/(1+i \times n)$

其中：$I$——利息；

$F$——终值；

$P$——现值，

$i$——利率；

$n$——期数。

### 【考点20-3】复利★★★★★

复利：在计算下一期利息时，不仅对本金计算利息，还要将上一期所生利息加入本金再计算利息。

1. 复利终值与现值

(1) 复利终值：是指一定量的资金(本金)按照复利计算的若干期后的本利和。

复利终值：$F=P \times (1+i)^n$

其中：$F$——复利终值；

$P$——现值；

$i$——利率；

$n$——期数。

$(1+i)^n$称为复利终值系数，可写成$(F/P, i, n)$。

【例20-1】将1 000元存入银行，年利息率8%，5年后的终值为：

$$F=1\,000 \times (1+8\%)^5=1\,000 \times (F/P, 8\%, 5)=1\,000 \times 1.470=1\,470元$$

(2) 复利现值：是指若干年后收入或付出资金的现在价值。计算复利现值的过程也可以叫做贴现。

复利现值：

$$P=F \times \frac{1}{(1+i)^n}$$

其中，$\frac{1}{(1+i)^n}$称之为复利现值系数，可写成$(P/F, i, n)$。

【例20-2】若4年后要获取3 000元，年利息率8%，现在应该存入多少钱？

$$P=3\,000 \times (P/F, 8\%, 4)=3\,000 \times 0.735=2\,205元$$

2. 年金终值和现值

(1) 普通年金终值和现值

普通年金：也称为后付年金，是指发生在每期期末的等额收付款项。

普通年金终值：

$$F=A \times \frac{(1+i)^n-1}{i}$$

其中：$A$表示每相同间隔期末收付的等额款项。

$\frac{(1+i)^n-1}{i}$称为年金终值系数，可以写成$(F/A, i, n)$。

【例20-3】某人在5年内于每年年末存入银行1 000元，年利率为10%，5年后的终值之和为：

$$F=A \times (F/A, i, n)=1\,000 \times (F/A, 10\%, 5)=1\,000 \times 6.105\,1=6\,105元$$

偿债基金：一年金终值问题的逆运算，是指为使年金终值达到既定金额每年应支付的年金数额。

因为公式$F=A \times (F/A, i, n)$，所以：

$$A=\frac{F}{(F/A, i, n)}$$

其中，普通年金终值系数的倒数叫做偿债基金系数。

普通年金现值：

$$P=A \times \frac{1-(1+i)^{-n}}{i}$$

其中，$\dfrac{1-(1+i)^{-n}}{i}$ 称为年金现值系数，可以写成$(P/A,\ i,\ n)$。

因为公式：$P=A\cdot(P/A,\ i,\ n)$，所以：

$$A=\dfrac{P}{(P/A,i,n)}$$

投资回收系数是普通年金现值系数的倒数。

(2) 预付年金终值和现值

预付年金，也称之为先付年金，是指发生在每期期初的等额收付款项。

① 预付年金终值

$$F=A\cdot(F/A,\ i,\ n)\cdot(1+i)$$

或 $\qquad\qquad\qquad F=A\cdot[(F/A,\ i,\ n+1)-1)]$

注：由于它和普通年金系数期数加1，而系数减1，可记作$[(F/A,\ i,\ n+1)-1]$，可利用"普通年金终值系数表"查得$(n+1)$期的值，减去1后得出1元预付年金终值系数。

② 预付年金现值

$$P=A\cdot(P/A,\ i,\ n)\cdot(1+i)$$

或 $\qquad\qquad\qquad P=A\cdot[(P/A,\ i,\ n-1)+1]$

它和普通年金现值系数期数要减1，而系数要加1，可记作$[(P/A,\ i,\ n-1)+1]$，可利用"普通年金现值系数表"查得$(n-1)$的值，然后加1，得出1元的预付年金现值。

(3) 递延年金

递延年金：第一次收付发生在第二期或第二期以后的年金。

递延年金终值公式：$F=A\times(F/A,\ i,\ n)$

方法一：把递延年金视为$n$期普通年金，求出递延期的现值，然后再将此现值调整到第一期初。

$$P=A\times(P/A,\ i,\ n)(P/F,\ i,\ m)$$

其中，$m$表示递延的期数。

方法二：是假设递延期中也进行支付，先求出$(m+n)$期的年金现值，然后扣除实际并未支付的递延期$(m)$的年金现值，即可得出最终结果。

$$P=A\times[(P/A,\ i,\ n+m)-(P/A,\ i,\ m)]$$

(4) 永续年金

永续年金，是指无期限的等额收付款项。例如优先股有固定的股息，而没有到期日，其股息可以视为永续年金。

$$P=A/i$$

## 第二节　投资风险报酬

### 📖【考点20-4】风险★

风险是指在一定条件下和一定时期内可能发生的各种结果的变动程度，是收益率的波动性。波动性越大，风险越大。

风险具有以下特点：

(1) 风险是事件本身的不确定性，具有客观性。特定投资风险的大小是客观的，而是否去冒风险是主观的。

(2) 风险的大小随时间的延续而变化，是"一定时期内"的风险。

(3) 风险可能给人们带来超出预期的收益，也可能带来超出预期的损失。

## 📖 【考点20-5】收益★

1. 含义：收益是指从投资中获得的利得(或损失)。

2. 收益的计量方法

$$收益额=投资所得-初始投资$$

$$收益率=收益额/初始投资$$

3. 收益的类型

实际收益率：投资完成后实际上获得的收益率。

预期收益率：投资如果实施，可能得到的收益率。

必要收益率：如果进行投资，投资者希望获得的最低收益率。

## 📖 【考点20-6】投资风险报酬的评估★★★★★

在不考虑通货膨胀的因素下，投资者的期望报酬率应该是无风险投资报酬率与风险投资报酬率之和。

$$预期投资报酬率=无风险投资报酬率+风险投资报酬率$$

1. 期望值

随机变量的各个取值以相应的概率为权数的加权平均数叫随机变量的期望值。

$$\overline{K} = \sum_{i=1}^{n} K_i P_i$$

其中：$\overline{K}$——未来收益的期望值；

$K_i$——第 $i$ 种可能结果的报酬率；

$P_i$——第 $i$ 种可能结果的概率；

$n$——可能结果的个数。

【注意】期望值反映的是随机变量取值的平均化，它不能衡量风险的大小。

2. 标准离差

标准离差是各种可能的报酬率偏离期望报酬率的程度。

$$\delta = \sqrt{\sum_{i=1}^{n} (K_i - \overline{K})^2 P_i}$$

若两个方案期望值相等，则标准离差越大，风险越大；反之，标准离差越小，风险越小。

【注意】只有在期望值相同的情况下，才能用标准离差来衡量风险的大小。

3. 标准离差率

标准离差率也称为变化系数，它是标准离差与期望值的比值，可以用以表示投资项目未来报酬与期望报酬率的离散程度。

$$Q = \frac{\delta}{K} \times 100\%$$

在投资项目期望值不同的情况下，标准离差率越大，风险越大；反之，标准离差率越小，投资风险越小。

4. 预期投资报酬

风险价值系数可以根据过去同类投资项目的报酬率、无风险投资报酬率以及标准离差率的历史资料计算求得，计算如下：

$$b = \frac{K - K_R}{Q}$$

因此，可得预期报酬率：

$$K = K_R + bQ$$

其中：$K$——预期报酬率；

$K_R$——无风险报酬率；

$b$——风险价值系数。

## 🎏 【考点20-7】投资风险的管理★★

1. 风险分类

(1) 静态风险和动态风险

① 静态风险是指在社会经济正常运行的情况下，由于自然力的不规则作用或人为的判断失误而导致的风险。

② 动态风险是指以社会经济变动为直接原因的风险，具体表现为经营风险和财务风险。

(2) 纯粹风险和投机风险

① 纯粹风险是一种只有损失没有获利可能的风险，例如地震、盗窃等给企业带来的损失。

② 投机风险是一种既可能损失又可能获利的风险，例如企业进行的证券交易、期权期货投资等。

(3) 系统风险和非系统风险(重要)

① 系统风险又称为市场风险、不可分散风险，是指由于政治、经济及社会环境等企业外部因素的不确定性而产生的风险，例如通货膨胀、基准利率波动等。

② 非系统风险又称为公司特有风险、可分散风险，是指由于企业经营失误等因素影响而产生的个别企业风险。

2. 风险管理的策略

(1) 风险规避策略：是指事先预测风险发生的可能性，分析和判断风险产生的条件和影响程度，对那些风险程度超过企业风险承受能力，而且很难掌握的活动给予回避。

(2) 风险预防策略：是指企业事先从制度、决策、组织和控制等方面来提高自身抵御风险的能力，并采取相应的措施，防止风险损失的发生。

(3) 风险分散策略："不要将鸡蛋放在同一个篮子里"。

(4) 风险转移策略：保险法、合同法、转包法。

(5) 风险自留策略：按照稳健型原则，平时在企业内部分期建立起各种风险基金，当特定风险发生并造成损失时，用这些风险基金给予补偿。对各种资产计提减值准备就是典型的风险自留策略。

## 真题演练

【2013中央财经大学，单选】以下各项中不符合货币时间价值概念及特点的解释是（    ）。

A. 货币时间价值是投资者推迟消费而得到的补偿

B. 货币时间价值的表现形式是价值增值

C. 货币时间价值产生于货币被当做资本使用时的资金运动过程

D. 货币时间价值的大小与时间长短呈反方向变化

【2010华南理工大学，单选】在利率和计息期数相同的条件下，复利现值系数与复利终值系数（    ）。

A. 没有关系                          B. 互为倒数

C. 成正比                            D. 系数加一，期数减一

【2019中央财经大学，单选】某公司拟购置一处房产，付款条件是：从第7年开始，每年年初支付10万元，连续支付10次，共100万元，假设该公司的资本成本率为10%，则相当于该公司现在一次付款的金额为（    ）万元。

A. 10 (P/A,10%,10) × (P/F,10%,6)

B. 10 ((P/A,10%,15) - (P/A,10%,5))

C. 10 ((P/A,10%,16) - (P/A,10%,6))

D. 10 ((P/A,10%,15) - (P/A,10%,6))

【2011中央财经大学，名词解释】递延年金。

【2012北京交通大学，简答】简述非系统风险和系统风险的含义。

# 第二十一章　投资决策

**备考建议**

本章为计算题出题的高频章节，建议在理解的基础上熟练掌握相关概念及计算方法。

## 第一节　投资概述

### 【考点21-1】投资的含义与类型★

投资是企业为了在将来获取收益而向一定对象进行的资金投放行为。

按投资对象可分为生产性资产投资和有价证券投资。

按投资回收期分为长期投资和短期投资。

按投资方向可分对内投资和对外投资。

按投资项目风险分为确定性投资和风险性投资。

按影响程度分为战术性投资和战略性投资。

## 第二节　投资中的现金流量分析

### 【考点21-2】本章的相关概念★

相关现金流量，是指投资决策中与投资项目相关的现金流量，是企业投资该项目的现金流量与不投资该项目的现金流量之差。

沉没成本，是指过去已经发生的，并不因投资方案的接受或放弃而改变，因此不属于在投资决策中给予考虑的内容，是决策的无关成本。

机会成本，是指在投资决策中选择一种方案而放弃其他方案所丧失的潜在的最大收益，机会成本虽然没有发生实际的现金支付，但作为投资方案相关的潜在成本必须加以考虑。

经营期每年现金净流量=年营业收入-年付现成本-年所得税

=年营业收入×(1-T)-年付现成本×(1-T)+年折旧×T=年净利润+年折旧

### 【考点21-3】现金流的估算★★

现金流量的估算方案一般有现金流量的全额法和现金流量的差额法两种。全额法是计算各个投资方案项目寿命期内每期现金净流量的方法；差额法是计算两个互斥投资项目投资期各期的差量现金净流量的方法，显然，运用该方法的条件之一是互斥投资项目的投资期要相同。

# 第三节　投资决策的评价方法

## 【考点21-4】非折现法★★★

非折现法是指不考虑货币时间价值的财务评价方法，主要有会计投资收益率和投资回收期两种方法。

1. 投资收益率

按照会计报表上的利润数据来计算项目的利润率，并以此作为评价投资项目优劣的方法。

投资利润率=平均年现金流量/初始投资额

当备选方案的投资利润率等于或高于目标投资利润率时，方案可行。如果有几个互斥的投资方案同时可以满足基本要求时，选择投资利润率高的投资方案。但这种方法忽略了货币的时间价值，并不是真正的报酬率，而且使用人为的标准作为比较标准。

2. 投资回收期

投资回收期是指企业收回全部初始投资所需要的时间，通常以年为单位表示。投资回收期越短，方案越好。就单一项目而言(独立选择)，如果一项投资的回收期低于某一事先设定的年数即标准回收期，就接受。但是投资回收期也存在一定的缺陷：(1)标准回收期的选择带有任意性；(2)没有考虑回收期后的现金流量；(3)没有考虑风险的差异。

【注意】投资收益率和投资回收期均没有考虑货币的时间价值。

(1) 经营期每年现金净流量相等时

投资回收期=初始投资额/经营期现金净流量

(2) 每年的现金净流量不相等时

投资回收期=n+初始投资额/第n期经营现金流

其中，$n$是至第$n$年末累计收回的投资总额与初始投资总额的差第一次出现正数时所对应的年序数。

## 【考点21-5】折现法★★★★★

折现法是指考虑货币时间价值的财务评价方法，主要包括净现值、获利指数和内涵报酬率三种基本决策方法。

1. 净现值

净现值(NPV)是投资项目投入使用后流入的现金流量，按资本成本率或企业要求的必要报酬率折现为现值，减去初始投资以后的余额，是对一项投资所创造价值进行计量的指标。

$$NPV = \left[ \frac{NCF_1}{(1+K)^1} + \frac{NCF_2}{(1+K)^2} + \cdots + \frac{NCF_n}{(1+K)^n} - C \right] = \sum_{i=1}^{n} \frac{NCF_t}{(1+K)^t} - C$$

其中：$NPV$为净现值，$NCF'$为第$t$年的净现金流量，$n$为固定资产使用年限，$k$为折现率(一般是与投资项目相关的资本成本或目标投资报酬率)，$C$为初始投资额。

决策原则：$NPV>0$，可行；$NPV<0$，不可行。

当在多个互斥方案间进行选择时，应选择NPV最大的投资方案。

2. 获利指数

获利指数(PI)是指投资项目在投产后的经营期和终结点所产生的净现金流量的现值与初始投资的现值之比，表明单位投资的获利能力。

决策依据：当 $PI \geq 1$ 时，该方案可行；$PI < 1$ 时，不可行。

当在多个互斥投资方案选择时，选择获利指数最大的投资方案。

3. 内含报酬率

内含报酬率(IRR)是指投资项目实际可望达到的报酬率水平。通过计算投资项目现金流入量现值与现金流出量相等时的折现率可得到其数值，也就是说，内含报酬率是使投资方案净现值为零的折现率。内含报酬率是项目的真实报酬率。

令 $NPV = 0$，从中解出 $i$ 即为内含报酬率。

决策原则：方案的内含报酬率＝项目的资本成本或目标投资报酬率，该方案可行。方案的内含报酬率＜项目的资本成本或目标投资报酬率，该方案不可行。在多个可行但互斥的方案间进行选择时，选择内含报酬率最大的投资方案。

计算内含报酬率时并不需要预先知道贴现率，而且其经济含义很明确、直观。

【注意】当遇到互斥项目的情况时，内含报酬率和净现值有时会发生矛盾。在资本无限量的情况下，以净现值为决策依据。

## 真题演练

【2019中央财经大学，多选】下列关于投资项目评估方法的表述中，正确的有( )。

A. 获利指数法克服了净现值法不能直接比较投资额不同的项目的局限性，它在数值上等于投资项目的净现值除以初始投资额。

B. 动态回收期法克服了静态回收期法不考虑货币时间价值的缺点，但是仍然不能衡量项目的盈利性。

C. 内含报酬率是项目本身的投资报酬率，不随投资项目预期现金流的变化而变化。

D. 内含报酬率法不能直接评价两个投资规模不同的互斥项目的优劣。

【2011华南理工大学，单选】短期经营决策是指不涉及新的固定资产的投资，一般只涉及一年以内的有关经济活动，以下项目中不属于短期经营决策的有( )。

A. 在生产多种产品品种的情况下，如何实现产品的最优组合

B. 在自制零件需要投入一定专属固定成本的情况下，对自制和外购方案进行择优

C. 寻找最佳的产品订价

D. 对联产品进一步加工所需的新设备做出是否投资的决策

【2010中国财政科学研究院，名词解释】净现值。

【2011中央财经大学，名词解释】投资收益率。

【2012中央财经大学，名词解释】获利指数。

【2011山东大学，名词解释】内涵报酬率。

【2013对外经济贸易大学、2011中国财政科学研究院、2012暨南大学、2013深圳大学，简答】简述投资回收期法、净现值法和内涵报酬率法，并比较它们的优缺点。

【2010中国财政科学研究院，简答】如何用内涵报酬率进行决策？

【2013中国人民大学，简答】比较内涵收益率与净现值法。

【2012对外经济贸易大学，简答】请列举三个投资项目评估的指标，静态一个，动态两个，并说明各指标什么特点？IRR和回收期法的使用比较普遍，对于重要项目，企业经常使用IRR，对于一般项目使用回收期，为什么？对于两个互斥项目，该如何处理？

【2011对外经济贸易大学，计算】远景书店正在考虑两个可行的投资方案，方案A打算增加一项在线订书和信息服务，这项服务会将更多的焦点集中在帮助读者阅览图书和寻找他们所需的图书方面，而不是侧重于价格。为了这项业务的开展，书店进行了市场调研，花去了2万。如果远景书店决定增加这项服务，它除了要对服务所需的电脑设备和宽带网进行投资外，还需要雇用并培训两个富有经验的工作人员来回答顾客的查询。同时为了保证在线订书系统正常运营，最初需要保存额外图书存货，其价值为10万元，此后第一年、第二年、第三年和第四年有图书存货和应收账款的增量价值分别为3万元、2万元、1万元和0.5万元。方案B直接投资另一个项目。两个投资项目的净现金流量(单位：万元)如下：

| 方案 | 0 | 1 | 2 | 3 | 4 | 5 |
|------|------|--------|--------|--------|--------|--------|
| A | -500 | 156.25 | 156.25 | 156.25 | 156.25 | 156.25 |
| B | -500 | 0 | 0 | 0 | 0 | 995 |

目前公司只有500万元，若项目的要求收益率为10%。

10%，5年的年金现值系数=3.790 8；　　　10%，5年的年金终值系数=6.105 1

10%，5年的复利现值系数=0.620 9；　　　10%，5年的复利终值系数=1.610 5

请回答以下问题：

(1) 方案A调研费2万元是否包括在500万元中？请解释。

(2) 方案A在第5年底回收总的净营运资本投入是多少？

(3) 如果方案A的IRR是17%，方案B的IRR是15%，是否应该选择投资方案A，为什么(请给出依据)？

【2013对外经济贸易大学，计算】A公司经过市场调研，计划购买一台新设备，调研成本10万元。该设备的购置成本为150万元，安装运输费10万元。该设备预计残值为10万元，可使用3年，折旧按直线法计算(会计政策与税法一致)。设备投产后每年销售收入增加额分别为100万元、200万元、150万元，除折旧外的费用增加额分别为40万元、120万元、50万元。A公司的贝塔系数(Beta)为1.5，无风险收益率为4%，市场平均收益率为8%。公司适用的所得税税率为40%。公司目前年税后利润为300万元。

要求：

(1) 假设企业经营无其他变化，预测未来3年每年的税后利润。

(2) 计算该投资方案的净现值。

复利现值系数：PV(8%, 1) =0.925 9, PV(8%, 2) =0.857 3, PV(8%, 3) =0.793 8;

PV(10%, 1) =0.909 1, PV(10%, 2) =0.826 4, PV(10%, 3) =0.7513。

年金现值系数：PV(8%, 1) =0.925 9, PV(8%, 2) =1.783 3, PV(8%, 3) =2.577 1;

PV(10%, 1) =0.909 1, PV(10%, 2) =1.735 5, PV(10%, 3) =2.486 9。

　　【**2014北京交通大学、2011中国财政科学研究院、2013中国地质大学、2014中国石油大学北京校区，计算**】有关计算投资项目的净现值，并选出最优投资项目，或考虑是否进行投资。

　　【**2011北京交通大学、2011中国石油大学北京校区、2012中国海洋大学，计算**】有关某企业的投资回收期、投资收益率、净现值、内涵报酬率的计算。

　　【**2010天津财经大学，计算**】有关固定资产更新的计算。

　　【**2011中央财经大学，计算**】计算某个项目各期现金流量，计算该项目的静态投资回收期、净现值、获利指数等。

　　【**2011华南理工大学，计算**】某项目初始投资为5 000元，项目寿命期3年，每年均出现现金流入3 000元。

　　要求：

　　(1) 计算该项目的投资报酬率。

　　(2) 如果资金成本为10%，该项目净现值是多少？获利指数是多少？[已知$(P/A，10\%，3) = 2.5$]

# 第二十二章　证券投资

## 备考建议

本章为考试的重点章节，建议重点复习

## 第一节　证券投资概述

### 📖 【考点22-1】证券投资的种类

证券是指发行人为筹集资金而发行的、表示其持有人对发行人直接或间接享有股权或债权并可以转让的书面凭证，包括债券、股票、股票认购(或认沽)权利证书、投资基金证券以及期货、期权等衍生品。证券投资是指投资者将资金投放于股票、债券、基金和衍生证券等资产，从而获取收益的一种投资行为。证券投资按照不同的标准可以分为不同的种类。

(1) 按证券发行主体分类，可分为政府证券投资、金融证券投资和公司证券投资。

(2) 按准备持有证券时间的长短分类，可分为短期证券投资和长期证券投资。

(3) 按证券所体现的权益关系分类，可分为所有权证券投资和债权证券投资。

(4) 按证券投资的收益稳定性分类，可分为固定收益证券投资和变动收益证券投资。

(5) 按证券收益的因素分类，可分为原生证券投资和衍生证券投资。

### 📖 【考点22-2】证券投资的风险

(1) 违约风险，又称信用风险，是指证券发行人由于不诚实或者没有还款能力未能按照约定还本付息，而使投资者遭受损失的风险。

(2) 利率风险，是市场利率变动而使投资者遭受损失的风险。市场利率上升，证券价格会相应降低，使投资者遭受损失；反之，当市场利率下降时，证券价格会相应地上升，投资者会从中受益。

(3) 购买力风险，是指由于证券投资期内的通货膨胀使到期回收资金的实际购买力下降的风险。

(4) 变现能力风险，又称为流动性风险，是指投资者无法在短期内按照合理的价格出售证券的风险。

(5) 期限风险，是指证券投资到期日长短给投资人带来的风险。

# 第二节 债券投资

## 📖 【考点22-3】债券价值的评估★★★★★

1. 债券价值评估的基本模型

债券价值是指债券投资未来现金净流量的现值，即：

$$V = \sum_{i=1}^{n} \frac{CF_t}{(1+r)^t}$$

其中：$V$——债券价值；

$r$——债券投资的贴现率；

$CF_t$——债券投资第$t$期末的现金净流量；

$n$——债券投资期限。

在其他条件不变的情况下，贴现率越大，债券价值就越小；现金净流量越大，债券的价值越大。

2. 平息债券的估值模型

平息债券是指到期偿还面值、利息在到期期限内平均支付的债券，支付的频率通常是每年一次，但也可以是每半年一次。

$$V = \sum_{t=1}^{mn} \frac{P \times i / m}{(1+r/m)^t} + \frac{P}{(1+r/m)^{mn}}$$

其中：$V$——债券价值；

$r$——债券投资的年贴现率；

$P$——债券面值；

$i$——债券投资票面年利率；

$n$——债券投资期限(年数)；

$m$——债券投资年付息次数。

3. 贴现债券评估模型

贴现债券是指在到期期限内不用支付利息而在到期时一次性还本付息或仅偿还面值的债券，又被称为"零息债券"或者"纯贴现债券"。

$$V = \frac{CF^n}{(1+r)^n}$$

其中：$V$——债券价值；

$r$——债券投资的年贴现率；

$n$——债券投资期限(年数)；

$CF_n$——债券投资在到期时收回的现金流量。

## 📖 【考点22-4】债券投资的评价★★

1. 债券投资的优点

① 债券投资的收益稳定；

② 债券投资的违约风险小(优先求偿权)。

2. 债券投资的缺点

① 债券投资的购买力风险大。由于债券的利息率是固定不变的，一旦投资期间通货膨胀率较高，而债券名义利率又无法予以合理的补偿，就会极大地损害债券投资本息的实际购买力水平。

② 债券投资无经营管理权。

# 第三节　股票投资

## 📖 【考点22-5】股票价值的评估★★★★★

1. 准备未来出售的股票股价模型

$$V = \sum_{i=1}^{n} \frac{d_t}{(1+k)^t} + \frac{V_n}{(1+k)^n}$$

其中：$V$——股票的内在价值；

$d_t$——第$t$期的预测股利；

$k$——股票投资的折现率；

$V_n$——第$n$期末出售股票的预期股价；

$n$——持有股票的期数。

2. 永久持有、股利固定的股票股价模型

$$V = \frac{d}{k}$$

其中：$d$——每期现金股利；

$K$——股票投资折现率。

3. 永久持有、股利固定增长的股票估值模型

$$V = \frac{D_0(1+g)}{k-g} = \frac{D_1}{k-g}$$

其中：$D_0$——基期的现金股利；

$D_1$——第1期的预期现金股利；

$k$——股票投资折现率。

## 📖 【考点22-6】股票投资的评价★★

1. 股票投资优点

① 期望收益高。由于股利收益的波动性大，股票投资的风险较高，根据风险和收益对称原则，股票投资的期望投资率也要远高于债券投资。

② 有权参与被投资单位的经营决策。

③ 购买力风险较低。随着通货膨胀率的提高，企业的利润和对股东的股利发放都会相应提高，从而维持股票投资的实际购买力水平。

2. 股票投资缺点

① 违约风险高。当企业破产时，股票的求偿权居后。

② 收益稳定性差。

③ 股票价格波动大。

# 第四节　证券组合投资

## 📖【考点22-7】证券投资风险★★

证券投资组合的风险由系统风险和非系统风险组成。

(1) 系统风险：是指由于市场整体收益率的变化而引起的证券组合收益的变化性风险。例如宏观经济状态的变化、国家政策和税收政策的变化、金融政策的调整、政治事件的发生等。

(2) 非系统风险：是指证券组合中个别证券收益率的变动性风险，取决于特定企业的日常经营活动和行业因素。例如某企业生产经营的停顿、企业经营决策的失误等。

证券组合的风险不仅取决于构成该组合的各单项证券的风险，还取决于各证券之间的关系。两者的变化关系可应用$r$来表示。当一种证券的收益率随着另一种证券收益率的变动而按照同样的比例同方向变动时，这两种证券的收益率就具有完全正相关关系，此时$r=1$。当一种证券的收益率随着另一种证券收益率的变动而按着同样的比例向相反方向变动时，这两种证券的收益率就具有完全负相关关系，此时$r=-1$。

$\beta$用来反应个别资产(或投资组合)收益率与市场组合收益率之间的相关性。如果某种股票的风险程度与证券市场风险情况相一致，则该股票的$\beta=1$；若某股票的$\beta>1$，则说明该股票的系统风险大于市场的平均风向；若某股票的$\beta<1$，则说明该股票的系统风险小于市场的平均风险。

证券组合的$\beta$系数可以由权威的投资服务机构定期提供，也可以通过组合内各单项资产的$\beta$系数的加权平均来确定。

$$\beta_P = \sum_{i=1}^{n} \beta_i w_i$$

其中：$\beta_P$——证券组合的$\beta$系数；

$\beta_i$——第$i$种股票的$\beta$系数；

$w_i$——第$i$种股票的投资比重；

$n$——构成证券组合的股票数量。

## 📖【考点22-8】资本资产定价模型★★★★★

资本资产定价模型揭示了证券的投资风险和期望报酬率之间的对应关系，即证券的系统风险越大，投资者期望从中获得的报酬率也越高。

$$R_j = R_f + \beta_j (R_m - R_f)$$

其中：$R_j$——投资组合或股票$j$的必要报酬率；

$\beta_j$——投资组合或股票$j$的$\beta$系数；

$R_m$——预期的股票市场平均报酬率；

$R_f$——无风险投资报酬率。

# 第五节　投资基金和衍生金融资产投资

### 【考点22-9】投资基金的分类

投资基金是一种利益共享、风险共担的集合投资方式，即通过发行基金股份或者收益凭证等有价证券聚集众多的不确定投资者的出现，交由专门投资机构经营运作，以规避投资风险并谋取投资收益的证券投资工具。

按组织形态可分为契约型基金和公司型基金。

按变现方式可分为封闭式基金和开放式基金。

#### (一) 期权

1. 期权的概念

期权也称选择权，是期货合约买卖选择权的简称，是一种赋予购买人(持有人)在某一特定日期或该日之前的任何时间以固定价格购进或售出一种资产权利的合约，售出人负有按约定价格售出或购进该资产的义务。购买人(持有人)、售出人的权利和义务并不对等。

2. 期权的类别

(1) 看涨期权和看跌期权。看涨期权指期权买入方按照一定的价格，在规定的期权卖方购入某种商品或期货合约的权利，但不负担必须买进的业务。看跌期权指期权买方按照一定的价格，在规定的期限内享有向期权卖亏出售商品或期货的权利。

(2) 欧式期权和美式期权。欧式期权是必须在到期日才能行使的期权。美式期权是在到期日及之前的任一天均可行权的期权。

#### (二) 认股权证

认股权证是由股份公司发行的，能够按照特定的价格，在特定的时间内购买一定数量该公司股票的选择权凭证。

#### (三) 优先认股权

优先认股权是指当股份公司为增加公司资本而决定增加发行新的股票时，原普通股股东享有的按其持股比例，以低于市价的某一特定价格优先认购一定数量新发行股票的权利。

#### (四) 可转换债券

可转换债券，又称为可转换公司债券，是指可以转换为普通股的证券，赋予持有者按事先约定在一定时间内将其转换为公司股票的选择权。

## 真题演练

【2013中央财经大学，单选】以下各项中对风险条件下长期投资决策中使用的风险调整贴现率法解读不正确的是(　　)。

A. 企业对投资项目要求的风险调整贴现率，其随项目风险程度的增加而提高

B. 风险报酬斜率可以参照历史资料计算得出

C. 风险回避者往往把风险报酬斜率定的较低

D. 风险报酬率不同的企业对于同样风险的项目要求的风险调整贴现率不同

【2013中央财经大学，计算】某公司拟通过发行普通股筹资，发行价格为20元/股，筹资费率为8%。

假设该公司预定每年派发现金股利0.552元/股，利用股利折现模型计算普通股(资本)成本(率)。

假设该公司设定的股利年增长率，普通股成本为3%，计算该公司第一年应发放的股利。

【2013中国人民大学，计算】有关股票的投资报酬率的估算CAMP和求证券组合贝塔系数。

【2011中国人民大学，计算】某债券1 000万，利息5%，市场利率4%，第一年发放股利后第二天市场价买入，然后第四年发放股利后第二天卖出。卖出的时候市场利率升到了6%，问平均收益是否能达到4%。

【2014北京工商大学、2014河南财经政法大学，计算】有关资本资产定价模型的计算。

【2014北京工商大学，简答】企业有价证券投资都有哪几种形式？请列出这几种形式，并描述特征。

【2012北京交通大学，简答】简述资本资产定价模型的含义和其对财务政策的意义。

【2014南开大学，简答】很多企业存在"过度投资"问题，请分析企业管理者过度投资的可能原因。你认为如何能抑制企业的"过度投资"问题？

【2014华南理工大学，简答】普通股股东的权利有哪些？

【2013深圳大学，简答】简述认股权证的成本和收益。

# 第二十三章 筹资决策

## 备考建议

本章主要以简答题及计算题为主，属于重点章节，应熟练掌握

## 第一节 融资概论

### 【考点23-1】企业融资方式 ★★

目前，我国企业的融资方式主要有：吸收直接投资、发行股票、长期借款、发行债券、融资租赁等。

1. 吸收直接投资

吸收直接投资可以是货币形式，也可以是非货币形式。有限责任公司全体股东的首次出资额不得低于注册资本的20%。全体股东的货币资金出资额不得低于有限责任公司注册资金的30%。一人有限责任公司的股东应当一次足额缴纳公司章程规定的出资额。

(1) 吸收直接投资的优点

① 有利于提高企业的信誉。由于吸收直接投资筹集的是企业的权益资本，而权益资本的增加能够提高企业的资本实力，因此吸收直接投资可以增强企业的再融资能力。

② 有利于企业尽快形成生产力。吸收直接投资不仅可以筹集到货币资金，增强企业支付能力，还可以获得投资者的先进设备和技术，有利于尽快形成生产能力，增强企业的市场竞争力。

③ 有利于降低财务风险。对于直接投资，企业可以长期占用，且企业可以根据经营状况决定是否向投资者支付股息红利，有一定的灵活性，因而财务风险较小。

(2) 吸收直接投资的缺点

① 资金成本较高。在企业盈利丰厚时，投资者要求分配的红利就会相应提高，且红利是在税后利润中列支的，因而资金成本较高。

② 容易分散企业的控制权。投资者不仅要获得盈利的分配权，还要获得与投资额相适应的经营管理权。

2. 发行股票

股票有以下特点：不可偿还性、权责对等性、收益风险性、市场流通性、价格波动性。

(1) 股票的分类

① 按照股东权利和承担义务的不同可分为普通股和优先股。优先股是股份有限公司在筹集权益资金时发行的、给予投资者一定优先权(股利分配优先权、剩余财产分配优先权)的股票。

② 按照票面有无记名可分记名股票和无记名股票。

③ 按股票上市地点和面向的投资者可分A股、B股、H股、L股、N股和S股。

④ 按照投资主体可分为国有股、法人股、社会公众股和外资股。

⑤ 按照公司业绩划可分为绩优股和垃圾股。

(2) 股票发行价格

① 平价发行：发行价等于面额。

② 溢价发行：发行价大于面额。

③ 折价发行：发行价低于面额。

3. 股票融资优点

① 筹资风险小。股票筹资没有到期期限，除非公司清算才需要偿还，因此筹资的风险较小。

② 普通股没有固定的股利负担。(优先股则是有固定的股息)

③ 有利于增强公司的信誉。股票筹资属于权益筹资，有利于提高企业的信用价值，为公司吸收更多的债务资金提供有力的支持。

4. 股票筹资的缺点

① 资金成本较高。普通股的投资风险较大，投资者相应期望的报酬率也越高，且股利股息的支付是税后净利，没有抵税的作用。

② 容易分散公司的控制权。

5. 长期借款

(1) 长期借款的优点

① 筹资速度快。

② 资金成本较低，价款利息在税前扣除。

③ 借款弹性大。借款利率、借款期限、还款安排等企业都可以与银行进行协商。

④ 具有财务杠杆效应。企业通过银行借款方式可提高股东的收益。

⑤ 有利于企业保守财务秘密。与公开发行股票和企业债券相比，向银行申请借款可以避免向社会公众披露财务信息。

(2) 长期借款的缺点

① 财务风险较大。还本付息有固定的义务，企业偿债压力较大。

② 限制条件较多。

③ 筹资数量有限。

6. 发行债券

债券是企业为了筹集资金而发行的、承诺在一定期限内按照一定的利息率向债权人支付利息，并到期还本的一种有价证券。其基本要素有：债券的面值、债券的利率、债券的期限、利息支付的方式、债券发行者名称等。

(1) 债券融资的优点

① 资金成本较低。公司债券的利息费用计入财务费用，在税前支付。

② 可以获得财务杠杆利益。通常情况下，债权人只能得到固定的利息，且利息是在税前列支，具有抵税作用，在盈利(EBIT)增加时，股东能够获得更多的收益，公司能增加留存资金用于扩大经营。

③ 不分散股东控制权。

④ 有利于公司调整资本结构。公司可以发行可转换债券或可赎回债券，从而能够灵活主动地调整公司的资本结构。

(2) 债券融资的缺点

① 财务风险较高。需要支付固定的利息，还有到期还本的压力。

② 限制条件较多。

③ 筹资数量有限。

(3) 债券与股票的比较

共同点：都是虚拟资本，本身无价值；价格与面值一般不等；可以流通。

区别：股票是所有权证书，债券是债权证书；偿还期限不同；收益与风险不同。

(4) 债券的发行价格

$$P = \sum_{t=1}^{n} \frac{i \times F}{(1+K)^t} + \frac{F}{(1+K)^n}$$

$$P = \sum_{t=1}^{n} \frac{I}{(1+K)^t} + \frac{F}{(1+K)^n} = I \times PVIFA_{k,n} + F \times PVIF_{k,n}$$

式中：$P$——债券价格；

$i$——债券票面利息率；

$F$——债券面值；

$I$——每年利息；

$K$——同类债券的市场利率或投资人要求的必要报酬率；

$n$——付息总期数；

$t$——付息期数。

7. 租赁

经营租赁：是指由出租人向承租人提供设备以及其他固定资产、负责提供相关的维修保养服务并收取租金的业务。

融资租赁：是由出租人按照承租人要求融资购买设备，在契约或合同规定的较长期限内提供给承租人使用，并以分期收取租金的形式收回资产价值的一种信用行为。

(1) 融资租赁的优点

① 有效提高资金的流动性。企业可以用较少的资金投入获得设备或技术的使用权，避免了一次性将大量资金沉淀到固定资产投资中，从而可使企业资金保持流动状态。

② 融资速度快，集融资及融物于一体。

③ 避免无形损耗风险。承租企业可以避免因技术升级带来的风险，保证所用技术的先进性，增加企业的生产竞争力。

④ 租金计算灵活。

⑤ 保持企业的再融资能力。融资租赁方式获得的资金并不占用企业的银行信贷额度，因此不会降低企业的贷款筹资能力。

⑥ 可以享受减免税收的好处。租金和折旧都能在税前扣除。

(2) 融资租赁的缺点

融资租赁的主要缺点是资金成本较高，融资租赁的成本要比银行贷款利率高出很多，另一方面，在企业财务陷入困境时，固定的租金支出也会给企业带来财务压力。

### 📖 【考点23-2】企业融资的类型

1. 短期融资和长期融资。一年以内为短期，一年以上为长期。
2. 内部融资和外部融资。内部融资包括留存收益。
3. 直接融资和间接融资。直接融资包括发行股票、发行债券，间接融资包括长期借款、融资租赁、票据贴现等。
4. 权益融资和债务融资。

## 第二节　资本成本

### 📖 【考点23-3】资金成本★★★★★

资本成本是指企业为筹集和使用资金而支付的各种费用，包括筹集费用和用资费用。它是企业为筹集和使用长期资金而付出的代价。

(1) 资本成本是资本所有权与使用权分离的结果。

(2) 资本成本从筹资者角度看属于代价，从投资者角度看属于投资者要求的报酬率，其高低取决于投资者要求的报酬率的高低。

(3) 资本成本的实质是机会成本。

(4) 资本成本属于资金使用费，也需要通过收益来补偿，但并非生产经营费用。

(5) 资本成本是货币时间价值与风险价值的统一。时间价值是资本成本的基础，但不是全部。

资本成本可以表示为：

$$K = \frac{D}{P-F} = \frac{D}{P(1-f_i)}$$

其中：$K$——资本成本(以百分率表示)；

$D$——用资费用；

$P$——筹资总额；

$F$——筹资费用；

$f_i$——筹资费用率(即筹资费用占筹资总额的比例)。

**(一) 债务的资本成本**

1. 银行借款成本

$$K_i = \frac{I_i(1-T)}{L_i(1-f_i)}$$

其中：$K_i$——银行借款资本成本；

$I_i$——银行借款年利息；

$T$——企业所得税税率；

$L_i$——银行借款融资总额；

$f_i$——银行借款筹资费用率。

2. 债券资本成本

$$K_B = \frac{I_b \times (1-T)}{B \times (1-f_b)}$$

其中：$K_B$——企业债券资本成本；

$I_b$——企业债券每期利息；

$T$——企业所得税税率；

$B$——企业债券筹资总额；

$f_b$——企业债券筹资费用率。

## (二) 权益资本成本

1. 优先股资本成本

$$K_P = \frac{D_P}{P_P(1-f)}$$

其中：$K_P$——优先股资本成本；

$D_P$——优先股年股利；

$P_P$——优先股筹资额；

$f$——优先股筹资费用率。

2. 普通股资本成本

(1) 固定股利分配政策时

$$K_S = \frac{D_P}{P \times (1-f)}$$

(2) 公司采取稳步增长的股利政策时

$$K_S = \frac{D_1}{P \times (1-f)} + G$$

其中，$K_S$——普通股资本成本；

$D_1$——普通股第1年的股利；

$P$——普通股筹资总额；

$f$——普通股筹资费用率；

$G$——普通股股利年增长率。

3. 留存收益资本成本

留存收益的资本成本可以按照普通股的资本成本确定，只是不需要考虑筹资费用。

## (三) 综合资本成本

综合资本成本(WACC)是指各种融资方式的个别资本成本按照融资比例为权重所计算的平均资本成本，综合资本成本也叫作加权资本成本。权重的选择：账面价值权重、市场价值权重、目标价值权重。

$$K_W = \sum_{i=1}^{n} K_i W_i$$

其中：$K_W$——加权平均资本成本；

$K_i$——个别融资方式资本成本；

$W_i$——个别融资方式占筹资总额的比重；

$n$——资金种类。

**(四) 边际资本成本**

边际资本成本是指企业每增加一个单位的资本而增加的成本，边际资本成本可通过资本成本率或资本成本额来计量。

边际资本成本与加权资本成本有区别也有联系，边际资本成本就是企业追加筹资的加权资本成本。

# 第三节　杠杆与风险

## 【考点23-4】杠杆★★★★★

**(一) 经营杠杆**

**1. 经营杠杆和经营风险**

经营杠杆又称营业杠杆，是指企业利用经营固定成本以达到息税前利润(EBIT)变动率大于销售额(或业务量)变动率的现象。

经营风险是指与企业经营活动有关的风险，其结果导致经营收益(常用EBIT衡量)的不确定性。

**2. 经营杠杆系数**

经营杠杆系数(DOL)是用来测量经营杠杆作用的程度。在计算经营杠杆时，通常假定产品的边际贡献不变，即维持原有的产品售价及单位变动成本，而仅考虑销售量及固定成本等因素的变化。

经营杠杆系数：

$$DOL = \frac{\Delta EBIT / EBIT}{\Delta Q / Q}$$

其中：$DOL$——销售量确定的经营杠杆系数；

$EBIT$——息税前利润；

$\Delta EBIT$——息税前利润变动额；

$Q$——销售量；

$\Delta Q$——销售量的变动量。

由于$EBIT = Q(P-V) - F$，$\Delta EBIT = \Delta Q(P-V)$，

因此经营杠杆系数也可以写成

$$DOL = \frac{Q \times (P-V)}{Q \times (P-V) - F}$$

其中：$P$——售价；

$V$——单位变动成本；

$F$——经营固定成本。

又因为

$$S=P \times Q$$

其中$S$为销售总额，经营杠杆系数可以表示为：

$$DOL = \frac{S-VC}{S-VC-F}$$

其中，$VC$为变动成本总额，又因为

$$S-VC=EBIT+F$$

因此，经营杠杆系数也可以表示为

$$DOL = \frac{EBIT+F}{EBIT}$$

在固定成本不变的情况下，随着企业销售额的增大，经营杠杆系数将会因此而降低，表明企业的经营风险也降低；反之，如果企业销售额下降，则经营杠杆系数越大，经营风险也趋于越大。因此，企业可以通过扩大销售、降低变动成本、降低固定成本总额等措施，使经营杠杆系数下降，从而降低经营风险。

**(二) 财务杠杆**

1. 财务杠杆及财务风险

财务杠杆是指由于固定财务费用的存在，使净资产收益率ROE(或每股盈余EPS)的变动率大于息税前利润$EBIT$变动率的现象。

财务风险是指与企业融资活动相关的风险，其结果可能导致企业的破产清算，或利用财务杠杆导致权益资本收益率下降的风险。

2. 财务杠杆系数

财务杠杆系数(DFL)是指普通股每股盈余的变动率(或称净资产报酬率的变动率)，相当于息税前利润变动率的倍数。

其中：$DFL$——财务杠杆系数；

$EPS$——普通股每股盈余；

$\Delta EPS$——普通股每股盈余变动额；

$EBIT$——息税前利润；

$\Delta EBIT$——息税前利润变动额。

由于

$$EPS= \frac{(EBIT-I)(1-T)-PD}{N}$$

$$DFL= \frac{EBIT}{EBIT-I-PD(1-T)}$$

因此，

其中：$I$——债务利息

$T$——所得税税率

$N$——流通在外的普通股股数

$PD$——优先股股利

当企业发行优先股时，优先股的股息也属于固定性的财务成本。

在财务成本固定的前提下，息税前利润越大，则财务杠杆系数越小，财务风险越小；反之，息税前利润下降，导致财务杠杆系数和财务风险也趋于增大。

企业可以通过提高投资回报率，以及合理安排企业资本结构，在有效控制财务风险的同时，为企业带来稳健的财务杠杆利率。

### (三) 联合杠杆

**1. 联合杠杆**

联合杠杆，也称总杠杆，是指企业利用融资和经营中的固定成本，来提高股东权益资本报酬率的现象，是经营杠杆和财务杠杆的综合。

**2. 联合杠杆系数**

联合杠杆系数(DTL)是指普通股每股盈余EPS的变动率(或净资产报酬率的变动率)，相当于销售额变动率的倍数，它是经营杠杆系数和财务杠杆系数的乘积。

联合杠杆系数实际上是边际贡献总额与息税前利润的比值。联合杠杆系数也可以用销售额表示。

# 第四节　资本结构决策

## 📖【考点23-5】资本结构决策办法★★★★★

资本结构是指企业各种资本的构成比例关系。影响资本结构的因素有企业经营者与所有者的态度、企业信用等级、企业盈利能力、企业资产结构、理财水平、国别差异、利率水平及变动趋势等。

资本结构是企业筹资决策的核心，就是通过定性分析或定量测算，确定企业最佳资本结构。最佳资本结构，是指在一定条件下时企业加权平均资金成本最低、企业价值最大的结构。确定最佳资本结构的方法通常有以下几种。

### (一) 比较资本成本法

比较资本成本是指在分别计算不同融资方案的加权平均资本成本基础上，以加权资本成本最低为判断相对最佳资本结构的决策方法。运用比较资本成本法时，往往假设不同融资方式和融资结构下的投资报酬率是不变的，因为在收益相同的情况下，比较成本大小才有意义。

1. 初始筹资的资本结构决策

2. 追加筹资的资本结构决策。在追加筹资的情况下，需要重新计算追加筹资的加权平均资本成本，有两种方法。

① 依据追加融资的边际资本成本进行决策。边际资本成本低的方案即为最佳资本结构。

② 依据企业总资本的加权资本成本进行决策。加权资本成本低的方案即为追加筹资后的最佳资本结构。

比较资本成本法简单易懂，选择负债比率较高的追加筹资方案可以降低加权平均资本成本，但企业财务风险也随之加大，给企业价值带来负面影响。

### (二) 每股盈余分析法

每股盈余分析法(EPS)是根据比较各种筹资方式下的每股盈余来进行资本结构决策的方法，由于该方法是利用每股盈余无差别点进行决策的，因此也称为筹资无差别点分析法。

每股盈余无差别点是指求出能使两个筹资方案每股盈余相等时的息税前收益。即当息税前收益为无差别点时，无论是债务筹资还是股权筹资，公司的每股盈余是相同的。当预计息税前收益大于每股盈余无差别点时，由于财务杠杆效应的作用，采用债务筹资的每股盈余高于股权筹资下的每股盈余，增加债务筹资可以优化资本结构。

每股盈余无差别点可以用销售额表示，也可以用息税前利润(EBIT)来表示。每股盈余计算公式如下：

$$EPS = \frac{(\overline{EBIT} - I_1)(1-T) - D_1}{N_1} = \frac{(\overline{EBIT} - I_2)(1-T) - D_2}{N_2}$$

其中：$EBIT$——每股盈余无差别点；

$I$——负债利息；

$I_1$、$I_2$——两种筹资方式下的年负债利息；

$N$——流通在外的普通股股数；

$N_1$、$N_2$——两种筹资方式下流通在外的普通股股数；

$D_1$、$D_2$——两种筹资方式下的年优先股股利。

在每股盈余无差别点的基础上，预计追加筹资，只要预计的EBIT大于每股收益无差别点的EBIT，选择债务资金的追加筹资方式可以提高每股盈余，相应的资本结构为最佳资本结构；反之，则股权资本追加筹资方式更为有利。

决策标准：若企业预计EBIT等于每股收益无差别点的EBIT，则债务筹资和普通股筹资没有差别；若企业预计EBIT小于每股收益无差别点的EBIT，则普通股筹资优于债务筹资；若企业预计EBIT大于每股收益无差别点的EBIT，则债务筹资优于普通股筹资。

# 第五节　资本结构理论

### 📖 【考点23-6】资本结构理论★★★★

资本结构理论主要研究企业如何安排资本成本，使企业价值达到最大化，从其发展过程来看，可以分为早期资本结构理论和现代资本结构理论。

#### (一) 西方早期资本结构理论

1. 净收入理论

由于债务资金成本低于权益资金成本，运营债务筹资可以降低企业的综合资本成本，负债程度越高，企业加权平均的资本成本就越低，企业价值越大。因此，公司采用负债筹资对提高企业价值总是有利的。按照这种理论，公司应最大限度地利用债务成本，不断降低其资本成本，提高其价值。当企业债务资本占到100%时，企业价值最大。

2. 净营运收入理论

综合资本成本不会因负债比率的提高而降低，而是维持不变，所有者是以固定的综合资本成本来估价企业的营业净收入。因而，不论企业的资本结构如何安排，企业的总价值都不变。

3. 传统折中理论

传统折中理论是介于净收入理论和净营运收入理论两者之间的一种折中理论。每个公司均存在着一个最佳的资本结构。综合资本成本从下降转变为上升的转折点的负债比率就是最佳资本结构。一般来讲，在最佳资本结构这一点上，负债资本的边际成本与权益资本的边际成本相同。

(二) 现代西方资本结构理论

1. MM理论(无税的MM理论)

公司股权资本成本率随着公司使用债务资本的增加而增加，不管公司用来筹资的债务资本和股权资本如何组合，公司的综合资本成本都一样，公司价值与筹资方式无关。故企业不会存在最佳的资本结构。(与传统净营运收入理论结论相同)

2. 权衡理论

该理论认为，由于免税优惠的政策，企业虽然可以通过适度的负债抵税来增加公司的价值，但随着负债规模增加，会加大财务风险，产生代理成本、财务危机成本和破产成本，结果反而导致公司价值降低。

因而，企业应当在负债带来的节税作用与破产成本之间进行权衡，选择最佳的资本结构。在较低的债务水平下，破产和财务困境的概率低，债务的抵税作用高于它的破产成本；在债务非常高的水平下，公司面临财务困境和破产的概率高，破产成本高于债务抵税所带来的好处。

3. 代理成本理论

该理论认为公司债务的违约风险是财务杠杆系数的增函数；随着公司债务资本的增加，债务人的监督成本随之提升，债务人要求更高的利率。这种代理成本最终要由股东承担，公司资本结构中债务比率过高会导致股东价值的降低。根据这种理论，债务资本适度的资本结构会增加股东的价值。

4. 信号传递理论

该理论认为可以通过调整资本结构来传递有关获利能力和风险方面的信息，以及公司如何看待股票市价的信息。公司价值被低估时会增加债务资本；反之，会增加股权资本。

5. 融资啄序理论

公司筹资时应首先采用内部筹资；如果需要外部筹资，应先选择债务筹资，再选择股权筹资。

## 真题演练

【2016中央财经大学，单选】根据风险收益对等观念，在一般情况下，各筹资方式资本成本由小到大依次为(　　)。

A. 银行借款、企业债券、普通股

B. 普通股、银行借款、企业债券

C. 企业债券、银行借款、普通股

D. 普通股、企业债券、银行借款

【2012中国人民大学，名词解释】综合资本成本。

【2011中国人民大学、2011西安交通大学，名词解释】经营杠杆。

【2011中国人民大学，名词解释】资本结构。

【2010中国财政科学研究院，名词解释】资金成本。

【2011山东大学，名词解释】财务杠杆系数。

【2014北京交通大学，简答】普通股筹资和债券筹资相比，两者的优缺点有哪些？上市企业股权筹资方式？

【2012中国人民大学，简答】简述股票上市对上市公司的利弊。

【2013中国人民大学，简答】资本成本对于筹资决策、投资决策和评价经营业绩都有重要作用，请进一步回答其三个作用。

【2014暨南大学，简答】影响企业资本结构的因素有哪些？

【2014深圳大学，简答】简述MM理论。

【2012中国人民大学、2013中国矿业大学徐州校区，计算】有关营业杠杆、财务杠杆、综合杠杆的计算。

【2011中国人民大学，计算】为什么债务资本成本要低于股权资本成本？

【2012中国石油大学北京校区，计算】有关股票和债券资本成本的计算。

【2013中央财经大学，计算】某公司拟通过发行普通股筹资，发行价格为20元/股，筹资费率为8%。

假设该公司预定每年派发现金股利0.552元/股，利用股利折现模型计算普通股(资本)成本(率)。

假设该公司设定的股利年增长率，普通股成本为3%，计算该公司第一年应发放的股利。

# 第二十四章　利润分配

## 备考建议

本章在考试中主要以简答题的形式在笔试和面试中出现，建议在理解的基础之上加强记忆

## 第一节　利润分配程序

### 【考点24-1】利润分配程序★★★

我国现行的财务制度规定，企业发生的年度亏损，可以用下一年度的税前利润弥补，下一年税前利润不足弥补的，可以用以后年度的税前利润继续弥补，但最长连续期限不能超过5年；5年内不足弥补的，必须用税后利润弥补。

企业利润分配程序：

(1) 计算可供分配的利润；

(2) 弥补以前年度亏损；

(3) 提取法定盈余公积金；

(4) 提取任意盈余公积金；

(5) 向投资者分配利润；

(6) 形成未分配利润。

## 第二节　股利理论

### 【考点24-2】股利理论★★★

股利理论主要研究企业股利支付和股利政策对企业价值的影响，其大致可以分为股利无关论和股利相关论两大类。

**(一) 股利无关论**

股利无关论又称为MM理论，该理论认为，在一定的假设条件限定下，股利政策不会对公司的价值或股票的价格产生任何影响投资者不关心公司股利分配。因此，如何发放股利不重要。

**(二) 股利相关论**

1. 一鸟在手理论

该理论认为，公司的股利政策与公司的股票价格或公司的价值是密切相关的。投资者认为：预期较远的未来才收到的股利，比现在收到的股利具有更高的不确定性。因而，当公司支

付较高的股利时公司的价值会随之增加，所以公司应保持较高的股利支付率政策。

2. 信息效应理论

该理论认为，支付股利是在向投资者传递企业的某种信息。稳定和增长的股利会向投资者发出未来收益良好的信号，该股票会受到投资者的青睐，股票价格就会上涨。

3. 代理理论

该理论认为，通过提高现金股利可以减少管理层或控股股东可支配的资金，保护股东或中小股东的利益。因而，企业应保持较高的股利支付率政策。

4. 假设排除理论

该理论认为，MM理论的立论假设是不存在的，因而股利无关论是站不住脚的，反过来从另一侧面证明了股利的相关性。

# 第三节　股利政策

## 🕮 【考点24-3】股利政策★★

股利政策是指为指导企业股利分配活动而制定的一系列制度和策略，内容涉及股利支付水平及股利分配方式等。

**(一) 影响股利政策的因素**

(1) 法律因素

(2) 企业内部因素

(3) 股东因素

(4) 债务约束因素

**(二) 股利政策的类型**

1. 剩余股利政策

(1) 剩余股利政策是指在企业确定的目标资本结构前提下，企业净利润优先满足新增投资对资金的需要，只将利润的剩余部分用于分配股利。

(2) 决策步骤

① 确定投资所需的投资额；

② 按照企业的最佳资本结构，确定投资需要增加的股东权益的数额；

③ 净利润首先用于满足投资需要；

④ 满足投资需要后的余额用于发放股利。

2. 固定股利政策

固定股利政策是指企业将当期可供分配的利润数额按固定的比率向股东支付股利的政策。一般认为其比较符合股东的利益，比较普遍，但会给公司造成较大的财务压力。

3. 固定或稳定增长的股利政策

固定或稳定的股利政策是指企业的股利发放在一定时期内保持稳定，并稳中有增的一种股利分配政策。该种股利政策可以降低投资者对公司风险的担心，有利于股票价格上升，其适合成长或成熟期的公司，也适合公用事业行业的公司。

4. 正常股利加额外股利政策

在正常股利加额外的股利政策下，企业将股利分为正常股利和额外股利两部分，正常股利基本上是固定的，往往定位在一个较低的水平，不管企业的经营状况如何，该部分股利都能够发放。额外股利根据企业经营期间的盈利状况而定，盈利较好时，额外股利也相应较多。该种股利政策有利于维持股利的一贯稳定性，使公司的资本结构达到目标资本结构。

# 第四节　股票股利、股票分割与股票回购

## 【考点24-4】股票股利、股票分割与回购★★

### (一) 股票股利

1. 含义

股票股利是指用公司股票作为股利发放。

2. 对公司及股东的影响

股票股利增加了每个股东所拥有的股份额，但降低了每股股票的价格，对股东财富没有影响。股票股利并不是真的股利，它所派发的并不是现金，不会导致现金流出公司。股票股利只是改变了资产负债表中股东权益的构成。

### (二) 股票分割

股票分割是指企业通过降低目前流通股票的面值而相应扩大市场流通股票数量的行为。股票分割出于以下动机：

① 股票分割有利于提高企业股票的市场流通性；

② 股票分割的信息效应有利于股价的提高；

③ 股票分割有利于新股的发行。

### (三) 股票回购

股票回购是指企业出资购回本企业发行在外的流通股票的行为。股票回购的动机主要有：

① 股票回购有利于企业形式认股权计划；

② 股票回购可以满足企业兼并或收购的需要；

③ 股票回购出于改善企业资本结构的需要；

④ 股票回购可满足企业分配超额现金的财务需要。

## 真题演练

【2013中央财经大学，多选】股票回购的财务动机包括(　　)。

A. 进行有利的信号传递　　　　　　　　B. 防御敌意收购

C. 提升公司股价　　　　　　　　　　　D. 降低公司的财务杠杆水平

【2018中央财经大学，多选】下列关于发放股票股利和股票分割的说法正确的是(　　)。

A. 都不会对公司股东权益总额产生影响　　B. 都会导致股数增加

C. 都会导致每股面额降低　　　　　　　　D. 都可以达到降低股价的目的

【2012北京工商大学、2012中国石油大学北京校区，名词解释】剩余股利政策。

【2013中国地质大学，名词解释】股票分割。

【2013中国人民大学，名词解释】股票股利。

【2012中央财经大学，简答】简述企业进行股票回购的动因。

【2012北京工商大学、2014暨南大学，简答】什么是剩余股利政策？其利弊有哪些？

【2012北京交通大学，简答】简述公司股利政策的类型和含义，并说明公司在不同的发展阶段适用于哪种股利政策。

【2013中国矿业大学徐州校区、2014河南财经政法大学，简答】企业股利分配政策有哪些？

【2013山东大学，简答】影响企业股利分配决策的因素有哪些？

【2013深圳大学，简答】简述股票股利对于公司的优缺点。

# 第二十五章　营运资金、短期融资与流动资产

## 备考建议

本章主要以简答题及计算题为主，属于重点章节

## 第一节　营运资金和短期融资

### 【考点25-1】营运资金的作用

(1) 营运资金是企业生产经营活动的保证条件。

(2) 营运资金投入有利于保持一定的偿债能力。

(3) 营运资金政策影响企业的风险与收益。

### 【考点25-2】短期借款的种类★

短期银行借款通常分为信用借款、担保借款和票据贴现三类。

1. 信用借款

信用借款也称为无担保借款，无担保借款的信用条件主要有以下几种。

(1) 信用额度，是银行与企业之间达成的在未来一定期限内向企业提供无担保贷款的最高限额。

(2) 周转信贷协定，是银行与企业之间签订的向企业贷款的最高限额，具有法律效用。

(3) 补偿性余额，是指企业贷款时，银行要求企业在银行按贷款限额或实际借款额保留一定比例的存款额。

2. 担保借款

担保借款是指有一定的担保人作保证或利用一定的财产作抵押或质押而取得的借款。

3. 票据贴现

票据体现是指企业将持有的未到期的承兑汇票交付贴现银行兑取现金的一种融资行为。

### 【考点25-3】商业信用★★★

商业信用主要有应付账款、应付票据和预收货款三种。

企业在使用商业信用时，需要考虑是否享受现金折扣，企业放弃现金折扣的机会成本计算公式如下：

$$资金成本=CD\times360/[(1-CD)\times N]$$

其中：$CD$——现金折扣的百分比；

$N$——失去现金折扣后延期付款的天数。

# 第二节　现金和应收账款

## 📖 【考点25-4】最佳现金持有量的确定★★★★★

1. 成本分析模式

$$持有成本=现金持有量×有价证券报酬率$$

管理成本，与持有量无明显线性关系。

短缺成本，因缺乏必要的现金，无法应付日常支付可能蒙受的损失。

2. 现金周转模式

$$现金周转期=存货周转期+应收账款周转期-应付账款周转期$$

$$最佳现金持有量=日平均现金需要量×现金周转期$$

其中：日平均现金需要量=年现金需要量/360。

3. 存货模型

$$N = \sqrt{2Tb/i}$$

其中：$N$——最佳现金余额；

$T$——特定时间内的现金需求总额；

$b$——现金与有价证券的每次转换成本；

$i$——短期有价证券的年利息率。

$$现金持有成本：(N/2)×i$$

$$现金转换成本：(T/N)×b$$

$$总成本：TC=(N/2)×i+(T/N)×b$$

# 第三节　存货

## 📖 【考点25-5】存货资金需要量计算★★★

计算存货资金需要量主要有周转期计算法、比例计算法和因素分析法。其中，周转期计算法使用较为方便和频繁。计算公式如下：

$$存货周转天数 = \frac{360}{存货周转次数}$$

$$存货周转次数 = \frac{销售成本}{存货平均余额}$$

$$存货资金需要量=计划产值总额×预计产$$

## 📖 【考点25-6】存货规划与控制★★★★★

1. 订货批量控制

在经济批量模型下，由于存货的购置成本和缺货成本均为决策的非相关成本，因此存货决策的相关成本即为订货成本与储存成本之和，用公式表示为：

$$Q^* = \sqrt{2AF/C}$$

其中，$Q^*$——存货的经济定购批量；

$A$——每年需要的存货量；

$F$——每批的订购成本；

$C$——单位存货的年储存成本。

$$储存成本：(Q^*/2) \times C$$
$$订货成本：F \times (A/Q^*)$$
$$总成本：TC = (Q^*/2) \times C + F \times (A/Q^*)$$

2. 订货点的控制

$$订货点 = 交货期 \times 每日存货耗用量 + 保险储备量$$

3. 存货ABC分类管理

该方法是按照存货的价值大小将其分为A、B、C三类，存货分类管理的标准是该类存货所占用的资金数量，同时品种数量也是存货分类的参考标准。将金额大，品种数量较少的存货品种列为A类，将价值一般的存货品种划为B类，将品种数量繁多，但金额较小的存货品种列为C类。

## 真题演练

【2011华南理工大学，单选】在存货采购经济批量决策中，可以不考虑哪项因素(　　)。

A. 采购价格成本　　　　　　　　B. 固定订货成本

C. 变动订货成本　　　　　　　　D. 变动储存成本

【2018中央财经大学，单选】某企业拟以"1/10，n/30"信用条件购进材料，其丧失现金折扣的机会成本率为(　　)。

A. 10%　　　　　　　　　　　　B. 18%

C. 20%　　　　　　　　　　　　D. 28%

【2014华南理工大学，简答】企业想做好现金管理要注意哪些因素？

【2013深圳大学，简答】企业持有现金的动因有哪些？

【2012中央财经大学，计算】某公司考虑将其信用政策由"2/15，N/30"改为"3/10，N/30"以加速回收资金。目前，有60%的顾客享受折扣，改变信用政策后，预计享受折扣的客户会增至70%；公司的年销售额预计由目前的100万元上升到120万元；坏账损失率维持在2%不变。根据经验，在所有未享受折扣的客户中，有一半会在信用期内付款，另一半在信用期限后的第10天付款。若该公司的变动成本率为75%，资金成本率为12%。

请通过分析计算该公司是否应改变其信用政策？

【2013中央财经大学，计算】某企业全年需耗用甲材料4 000公斤，该材料的单位成本为20元，平均每次订货成本150元，单位年存储成本为存货单位成本的30%，假设该材料日均正常用量为11公斤，订货提前期为30天。

(1) 计算每年最佳订货次数

(2) 计算再订货点

【2011中国人民大学，计算】去年应收账款的回收期是90天，收入1 000万元，今年应收账款收账期60天，收入900万元，剩余资金偿还银行借款，借款利率5%，可以节约多少资金？

【2014北京交通大学，计算】有关是否应该改变信用政策的计算。

# 第二十六章　财务报表分析

## 备考建议

本章重点掌握企业的偿债能力、盈利能力及营运能力分析，理解各个指标的含义及计算方法，以及杜邦分析的内容

## 第一节　偿债能力分析

### 📖【考点26-1】短期偿债能力★★★★★

短期偿债能力分析的指标主要包括流动比率、速动比率和现金流量比率。

1. 流动比率

$$流动比率=流动资产/流动负债$$

表明企业每一元流动负债有多少流动资产做支持保障。该比率越高，说明企业的短期偿债能力越强。

2. 速动比率

$$速动比率=速动资产/流动负债=(流动资产-存货)/流动负债$$

其中，速动资产=流动资产-存货。速动比率相当于将流动比率中流动性相对不强的存货因素剔除，该比率越高，说明企业的短期偿债能力越强。

3. 现金流量比率

$$现金流量比率=经营活动现金流量净额/流动负债$$

其中，年经营活动现金净流量是指一定时期内由经营活动产生的现金及其等价物流入量与流出量的差额。该比率越高，说明企业的短期偿债能力越强。

### 📖【考点26-2】长期偿债能力★★★★★

长期偿债能力分析的指标主要包括资产负债率、所有者权益比率与权益乘数、利息保障倍数。

1. 资产负债率

$$资产负债率=负债总额/资产总额$$

资产负债率又称为负债比率，表明企业资产总额中，债权人提供资金所占的比重，以及资产对债权人权益的保障程度。该指标越高，表明企业的长期偿债能力越差。

2. 所有者权益比率与权益乘数

$$所有者权益比率=股东权益总额/资产总额$$

$$权益乘数=资产总额/股东权益总额$$

所有者权益比率用来衡量所有者投入资本在全部资本中的比重，该比率越高，表明企业的长期偿债能力越强。

**【注意】**

权益乘数与所有者权益比率互为倒数，该比率越高，表明企业的债务比率越高，长期偿债能力越差。

3. 利息保障倍数

$$利息保障倍数=(税前利润+利息费用)/利息费用$$

其中，息税前利润包括利息支出和所得税前正常业务经营利润，不包括非正常项目；利息支出包括企业在生产经营过程中实际支出的借款利息、债券利息等。利息保障倍数反映企业获利能力对债务偿付的保障程度。该指标越高，表明企业的长期偿债能力越强。

## 📖 【考点26-3】影响企业偿债能力的其他因素★★★

(1) 或有负债。

(2) 担保责任。

(3) 租赁活动，经营租赁费用没有列入企业负债中。

(4) 可用银行贷款额度。

# 第二节  营运能力分析

## 📖 【考点26-4】营运能力分析★★★★★

**(一) 存货周转率**

$$存货周转率=销售成本/存货平均余额$$

其中，

$$存货平均余额=(年初存货+年末存货)/2$$

**(二) 应收账款周转率**

$$应收账款周转率=赊销收入净额(或销售收入)/应收账款平均余额$$

**(三) 流动资产周转率**

$$流动资产周转率=销售收入/流动资产平均余额$$

**(四) 固定资产周转率**

$$固定资产周转率=销售收入/固定资产平均净值$$

**(五) 总资产周转率**

$$总资产周转率=销售收入/资产平均总额$$

规律：周转率表示相应的资产一年周转的次数，周转率越大，说明一年周转次数越快，相应的企业营运能力就越强。资产的周转天数=360/相应资产周转率，周转天数越多，说明企业的营运能力就越差。在周转率中，只有存货周转率的分子是销售成本，其余的均为销售收入净额，分母均是相应资产的年初年末平均数。

# 第三节 盈利能力分析

## 📖【考点26-5】盈利能力分析★★★★★

### (一) 总资产报酬率

$$资产报酬率(ROA)=利润/资产平均总额$$

总资产报酬率是报酬总额与平均资产总额的比，是反映企业资产综合利用效果的指标，也是衡量企业利用债权人和所有者权益总额所取得利润的重要指标。

### (二) 股东权益报酬率

$$股东权益报酬率(ROE)=净利润/股东权益平均总额$$

股东权益报酬率又称为净资产报酬率，净资产收益率是净利润与平均资产之比，反映企业自有资本获取净收益的能力。

### (三) 销售利润率

$$销售毛利率=销售毛利/营业收入净额=(营业收入净额-营业成本)/营业收入净额$$

$$销售净利率=净利润/营业收入净额$$

### (四) 每股收益

$$每股收益(EPS)=净利润/发行在外的普通股平均股数$$

### (五) 每股净资产

$$每股净资产(每股账面价值)=股东权益总额/发行在外的普通股股数$$

### (六) 市盈率

$$市盈率(PE)=每股市价/每股利润$$

市盈率反映公司的获利能力，反映投资者对每一元净利润所愿意支付的价格，用来估计股票报酬与风险。

### (七) 市净率

$$市净率=每股市价/每股净资产$$

### (八) 股利支付率

$$股利支付率=每股股利/每股利润=现金股利总额/净利润$$

股利支付率反映了公司的股利分配政策和支付股利的能力。

### (九) 股利保障倍数

$$股利保障倍数=每股利润/每股股利=净利润/现金股利总额$$

股利保障倍数是股利支付率的倒数，是一种安全性指标，可以看出净利润减少到什么程度仍能按照目前水平支付股利。

### (十) 收益留存率

$$收益留存率(留存比率)=(净利润-现金股利额)/净利润$$

【注意】

$$收益留存率+股利支付率=1$$

留存盈利比率反映了企业的财务理财方针。

# 第四节  发展能力分析

## 🕮【考点26-6】发展能力分析★

### (一) 销售(营业) 增长率

$$销售增长率 = 本年营业收入增长额/上年营业收入总额$$

### (二) 资本累积率(股权资本增长率)

$$股权资本增长率 = 本年股东权益增长额/年初股东权益总额$$

资本累积率反映企业当年资本的累积能力，是评价企业发展潜力的重要指标。

### (三) 总资产增长率

$$资产增长率 = 本年总资产增长额/年初资产总额$$

总资产增长率是衡量企业本期资产规模的增长情况的指标，该指标可以用来评价企业经营规模总量上的扩张程度。

### (四) 可持续增长率

$$可持续增长率 = \frac{权益净利率 \times 本期利润留存率}{1-权益净利率 \times 本期利润留存率}$$

所谓可持续增长率，即不发行新股、不改变经营效率和财务政策时，其销售所能达到的最大增长率，这种状态下也可以称为平衡增长，是一种理想的增长状态。

### (五) 内含增长率

所谓内含增长率，即外部融资为0时，企业依靠自身税后利润形成的留存收益维持的销售最大增长率。

$$0 = 经营资产销售百分比 - 经营负债销售百分比 - [(1+增长率)/增长率] \times 预计销售净利率 \times (1-股利支付率)$$

将各数据代入公式，求出的增长率即为内含增长率。

# 第五节  杜邦分析法

## 🕮【考点26-7】杜邦分析★★★★

### (一) 杜邦分析法概念

杜邦分析法是利用几种主要的财务比率之间的关系来综合地分析企业的财务状况。具体来说，它是一种用来评价公司盈利能力和股东权益回报水平，从财务角度评价企业绩效的一种经典方法。其基本思想是将企业净资产收益率逐级分解为多项财务比率的乘积，这样有助于深入分析比较企业经营业绩。由于这种分析方法最早由美国杜邦公司使用，故名杜邦分析法。

杜邦模型最显著的特点是将若干个用以评价企业经营效率和财务状况的比率按其内在联系有机地结合起来，形成一个完整的指标体系，并最终通过权益收益率来综合反映。

### (二) 杜邦分析法的财务指标关系

$$股东权益报酬率 = 资产净利率 \times 权益乘数$$
$$资产净利率 = 销售净利率 \times 总资产周转率$$
$$销售净利率 = 净利润/销售收入$$

$$总资产周转率=销售收入/资产平均总额$$

### (三) 杜邦分析的局限性

从企业绩效评价的角度来看，杜邦分析法只包括财务方面的信息，不能全面反映企业的实力，有很大的局限性，在实际运用中需要加以注意，必须结合企业的其他信息加以分析。其主要表现在以下几个方面：

(1) 对短期财务结果过分重视，有可能助长公司管理层的短期行为，忽略企业长期的价值创造。

(2) 财务指标反映的是企业过去的经营业绩，衡量工业时代的企业能够满足要求。但在信息时代，顾客、供应商、雇员、技术创新等因素对企业经营业绩的影响越来越大，而杜邦分析法在这些方面是无能为力的。

(3) 在市场环境中，企业的无形资产对提高企业长期竞争力至关重要，杜邦分析法却不能解决无形资产的估值问题。

### (四) 杜邦分析

杜邦分析图如图26.1所示。

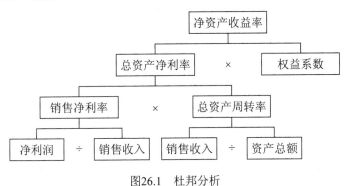

图26.1　杜邦分析

## 真题演练

**【2011华南理工大学，单选】** 流动比率等于流动资产除以(　　)。

A. 流动负债　　　　　　　　　　B. 总负债

C. 所有者权益　　　　　　　　　D. 总资产

**【2011华南理工大学，单选】** 总资产周转率等于(　　)除以总资产平均余额。

A. 产品销售成本　　　　　　　　B. 总负债

C. 产品销售收入　　　　　　　　D. 净利润

**【2013中国地质大学、2011西安交通大学、2010中国财政科学研究院，名词解释】** 市盈率。

**【2012中央财经大学，名词解释】** 盈利指数。

**【2012中央财经大学，名词解释】** 利息保障倍数。

**【2011中央财经大学，名词解释】** 速动比率。

**【2011中国人民大学、2012中央财经大学，名词解释】** 利息保障倍数。

**【2011中国人民大学，简答】** 分析影响净资产收益率的因素。

**【2011中国石油大学北京校区、2012北京交通大学、2013中国矿业大学徐州校区，简答】**

简述杜邦财务分析体系中的核心公式，并对其中的财务因素进行分析。

【2011山东大学，简答】简述杜邦分析的定义及局限性。

【2011对外经济贸易大学，简答】流动比率大于1，小于1分别说明了什么？当流动比率小于1时如何防范财务风险？

【2011华南理工大学，简答】反映企业偿债能力的财务比率指标有哪些？并简要说明其计算公式。

【2012暨南大学，简答】企业的盈利能力、偿债能力、营运能力各指什么？分别有哪些评价指标？三种能力之间的联系是怎样的？

【2011中国人民大学、2011中国财政科学研究院、2011北京交通大学、2011对外经济贸易大学，计算】给出某企业相关数据，计算流动比率、速动比率、资产负债率、股东权益报酬率、利息保障倍数、应收账款周转率等，要求进行对比并回答问题。

【2014北京国家会计学院，计算】有关财务比率的计算。

【2014北京交通大学、2010清华大学，计算】计算某公司的应收账款周转率、存货周转率、流动比率、速动比率等。

【2014北京交通大学，计算】有关杜邦财务分析体系的核心公式计算。

【2012对外经济贸易大学，计算】给出利润表与资产负债表，要求计算资产收益率、总资产报酬率、权益乘数、总资产周转率、营业利润等，并分析上述因素对于总资产报酬率的影响情况。

【2014清华大学，计算】有关营运能力的计算。

【2011华南理工大学，计算】请根据下列会计报表数据计算相关比率：

A公司2008年末资产总额10 000 000元，负债总额6 000 000元，流动资产3 000 000元，应收账款平均余额800 000元，存货平均余额500 000元，流动负债4 000 000元，主营业务收入5 000 000元，赊销净额4 000 000元，主营业务成本4 000 000元。

请计算下列指标：负债比率、流动比率、存货周转率、应收账款周转率。

# 第四篇 审 计

# 第二十七章 审计总论及核心概念

## 备考建议

熟练掌握审计的定义、职能以及目标。

掌握理解重要性和审计风险

了解审计职业道德要素与审计基本程序

## 第一节 审计主体与审计目标

### 📖 【考点27-1】审计的定义★★★★★

财务报表审计是指注册会计师对财务报表是否存在重大错报提供合理保证，以积极方式提出意见，增强除管理层之外的预期使用者对财务报表信赖的程度。

【注意】区分合理保证与有限保证。

合理保证提供高水平的保证，审计属于合理保证的鉴证业务；有限保证提供有意义水平的保证，审阅属于有限保证的鉴证业务。

### 📖 【考点27-2】审计目标★★★★

(一) 审计的总体目标

(1) 对财务报表整体是否不存在由于舞弊或错误导致的重大错报获取合理保证，使得注册会计师能够对财务报表是否在所有重大方面按照适用的财务报告编制基础编制发表审计意见。

(2) 按照审计准则的规定，根据审计结果对财务报表出具审计报告，并与管理层和治理层沟通。

(二) 具体审计目标

1. 与所审计期间各类交易和事项相关的认定与具体审计目标

| 认定分类 | 认定的含义 | 具体审计目标<br>(需要注册会计师确认) |
|---|---|---|
| 发生 | 记录的交易或事项已发生，且与被审计单位有关 | 已记录的交易是真实的 |
| 完整性 | 所有应当记录的交易和事项均已记录 | 已发生的交易确实已经记录 |
| 准确性 | 与交易和事项有关的金额及其他数据已恰当记录 | 已记录的交易是按正确金额反映的 |
| 截止 | 交易和事项已记录于正确的会计期间 | 接近于资产负债表日的交易记录于恰当的期间 |
| 分类 | 交易和事项已记录于恰当的账户 | 被审计单位记录的交易经过适当分类 |

2. 与期末账户余额相关的认定与具体审计目标

| 认定分类 | 认定的含义 | 具体审计目标<br>(需要注册会计师确认) |
|---|---|---|
| 存在 | 记录的资产、负债和所有者权益是存在的 | 记录的金额确实存在 |
| 权利和义务 | 记录的资产由被审计单位拥有或控制，记录的负债是被审计单位应当履行的偿还义务 | 资产归属于被审计单位，负债属于被审计单位的义务 |
| 完整性 | 所有应当记录的资产、负债和所有者权益均已记录 | 已存在的金额均已记录 |
| 计价和分摊 | 资产、负债和所有者权益以恰当的金额包括在财务报表中，与之相关的计价或分摊调整已恰当记录 | 资产、负债和所有者权益以恰当的金额包括在财务报表中，与之相关的计价或分摊调整已恰当记录 |

3. 与列报和披露相关的认定与具体审计目标

| 认定分类 | 认定的含义 | 具体审计目标<br>(需要注册会计师确认) |
|---|---|---|
| 发生以及权利和义务 | 披露的交易、事项和其他情况已发生，且与被审计单位有关 | 披露的交易、事项和其他情况已发生，且与被审计单位有关 |
| 完整性 | 所有应当包括在财务报表中的披露均已包括 | 所有应当包括在财务报表中的披露均已包括 |
| 分类和可理解性 | 财务信息已被恰当地列报和描述，且披露内容表述清楚 | 财务信息已被恰当地列报和描述，且披露内容表述清楚 |
| 准确性和计价 | 财务信息和其他信息已公允披露，且金额恰当 | 财务信息和其他信息已公允披露，且金额恰当 |

# 第二节　注册会计师审计目标的实现

## 📖【考点27-3】重要性★★★★★

### (一) 重要性概念

重要性是指被审计单位财务报表中错报或漏报的严重程度，这一程度在特定环境下可能影响会计报表使用者的判断或决策。

重要性概念可从下列三个方面理解：

(1) 如果合理预期错报(包括漏报)单独或汇总起来可能影响财务报表使用者依据财务报表做出的经济决策，则通常认为错报是重大的；

(2) 对重要性的判断是根据具体环境作出的，并受错报的金额或性质的影响，或受两者共同作用的影响；

(3) 判断某事项对财务报表使用者是否重大，是在考虑财务报表使用者整体共同的财务信息需求的基础上作出的。

### (二) 重要性水平的确定

(1) 财务报表整体的重要性

注册会计师在制定总体审计策略时，应当确定财务报表整体的重要性以便能够评价财务报表整体是否公允反映。确定重要性需要运用职业判断。通常先选定一个基准，再乘以某一经验百分比作为财务报表整体的重要性。

(2) 特定类别交易、账户余额或披露的重要性水平

(3) 实际执行的重要性

实际执行的重要性，是指注册会计师确定的低于财务报表整体重要性的一个或多个金额，旨在将未更正和未发现错报的汇总数超过财务报表整体重要性的可能性降至适当的低水平。实际执行的重要性低于财务报表整体重要性，通常为财务报表整体重要性的50%～75%。

## 【考点27-4】审计风险★★★★★

### (一) 重大错报风险

重大错报风险是指财务报表在审计前存在重大错报的可能性。重大错报风险与被审计单位的风险相关，且独立于财务报表审计而存在。重大错报风险分为两个层次：财务报表层次重大错报风险与认定层次重大错报风险。

认定层次的重大错报风险又可以进一步细分为固有风险和控制风险。

固有风险是指在考虑相关的内部控制之前，某类交易、账户余额或披露的某一认定易于发生错报(该错报单独或连同其他错报可能是重大的)的可能性。

控制风险是指某类交易、账户余额或披露的某一认定发生错报，该错报单独或连同其他错报是重大的，但没有被内部控制及时防止或发现并纠正的可能性。

### (二) 检查风险

检查风险是指如果存在某一错报，该错报单独或连同其他错报可能是重大的，注册会计师为将审计风险降至可接受的低水平而实施程序后没有发现这种错报的风险。

【提示】检查风险与重大错报风险的反向关系

$$所要求的审计风险水平=检查风险×重大错报风险$$

## 【考点27-5】审计职业道德★★

注册会计师为实现执业目标，必须遵守一系列基本原则。这些基本原则包括独立、客观、公正，专业胜任能力和应有的关注，保密，职业行为，技术准则。

## 【考点27-6】审计基本程序★★★

(1) 接受业务委托

(2) 计划审计工作

(3) 识别和评估重大错报风险

(4) 应对重大错报风险

(5) 编制审计报告

## 真题演练

【2019中央财经大学，多选】下列关于重大错报风险的说法中，正确的有(　　　)。

A. 重大错报风险包括固有风险和检查风险

B. 注册会计师应当将重大错报风险与特定的交易、账户余额和披露的认定相联系

C. 在评估一项重大错报风险是否为特别风险时，注册会计师不应考虑控制对风险的抵消作用

D. 注册会计师对重大错报风险的评估，可能随着审计过程中不断获取审计证据而作出相应的变化

【2014厦门大学，简答】审计与公司治理在风险管控中的作用？

【2014南京审计学院，简答】总体审计策略的目的及内容。

【2015中国财政科学研究院，简答】简述审计程序。

【2015吉林财经大学，简答】叙述一下注册会计师的职业道德规范。

【2013暨南大学，简答】审计证据充分性。

【2013西南财经大学，简答】你是如何理解风险导向审计的？

【2013中国人民大学，简答】谈谈对注册会计师审计的理解。

【2013西南财经大学，简答】重要性与审计风险的关系，重要性水平和审计风险的关系。

【2013西南财经大学，简答】什么是审计重要性？审计重要性在判断审计过失的过程中有什么作用？

# 第二十八章 财务报表审计程序

## 备考建议

熟练掌握内部控制的概念及其五要素风险导向审计的基本思路和步骤
掌握理解内部控制的目标风险评估、控制测试和实质性程序的内涵
了解几项主要业务的循环审计

## 【考点28-1】风险导向审计的基本思路★★★

风险导向审计是以对审计风险的评价作为一切审计工作的出发点并贯穿于审计全过程的现代审计模式，其根本目标是将审计风险降低至可接受水平。

风险导向审计的核心是对财务报表重大错报风险的"识别、评估和应对"。路径是依据审计风险模型进行分析：

(1) 根据审计风险模型，审计风险=重大错报风险×检查风险，注册会计师通过了解被审计单位及其环境识别和评估重大错报风险。

(2) 注册会计师为了控制检查风险，需要合理设计和有效实施进一步审计程序以确保最终将审计风险控制在可接受的低水平。

(3) 注册会计师在对财务报表重大错报风险的"识别、评估和应对"过程中必须考虑舞弊等特别风险。

## 【考点28-2】控制测试★★★★

### (一) 控制测试的含义

控制测试是指用于评价内部控制在防止或发现并纠正认定层次重大错报方面的运行有效性的审计程序。这一概念需要与"了解内部控制"进行区分。"了解内部控制"包含两层含义：一是评价控制的设计；二是确定控制是否得到执行。

### (二) 控制测试的要求

作为进一步审计程序的类型之一，控制测试并非在任何情况下都需要实施。当存在下列情形之一时，注册会计师应当实施控制测试：

(1) 在评估认定层次重大错报风险时，预期控制的运行是有效的；

(2) 仅通过实施实质性程序并不能够提供认定层次充分、适当的审计证据。

### (三) 控制测试的性质

控制测试的性质是指控制测试所使用的审计程序的类型及其组合。控制测试采用的审计程序有询问、观察、检查和重新执行。

其中，询问本身并不足以测试控制运行的有效性。因此，注册会计师需要将询问与其他审计程序结合使用。

## 【考点28-3】实质性程序★★★

1. 实质性程序的含义

实质性程序是指用于发现认定层次重大错报的审计程序。实质性程序包括下列两类程序：

(1) 对各类交易、账户余额和披露的细节测试；

(2) 实质性分析程序。

2. 实质性程序的要求

(1) 实施实质性程序的原则要求

无论评估的重大错报风险结果如何，注册会计师都应当针对所有重大类别的交易、账户余额和披露实施实质性程序。

(2) 特别风险实施的实质性程序需要考虑的因素

① 如果认为评估的认定层次重大错报风险是特别风险，注册会计师应当专门针对该风险实施实质性程序。

② 如果针对特别风险仅实施实质性程序，注册会计师应当使用细节测试，或将细节测试和实质性分析程序结合使用，以获取充分、适当的审计证据。

## 【考点28-4】主要业务的循环审计★★★★

(一) 销售与收款循环

| 内部控制目标 | 关键内部控制 | 常用的控制测试 | 常用的交易实质性程序 |
|---|---|---|---|
| 登记入账的销售交易确系已经发货给真实的客户<br>(营业收入/发生应收账款/存在) | (1) 销售交易是以经过审核的发货凭证及经过批准的客户订购单为依据登记入账的<br>(2) 在发货前，客户的赊购已经被授权批准<br>(3) 每月向客户寄送对账单，对客户提出的意见做专门追查 | (1) 检查销售发票副联是否附有发运凭证(或提货单)及销售单(客户订购单)<br>(2) 检查客户的赊购是否经授权批准<br>(3) 观察是否寄发对账单，并检查客户回函档案 | (1) 复核主营业务收入总账、明细账以及应收账款明细账中的大额或异常项目<br>(2) 追查主营业务收入明细账中的分录至销售单、销售发票副联及发运凭证<br>(3) 将发运凭证与存货永续记录中的发运分录进行核对 |
| 所有销售交易均已登记入账<br>(营业收入/完整性应收账款/完整性) | (1) 发运凭证(或提货单)均经事先编号并已经登记入账<br>(2) 销售发票均经事先编号，并已登记入账 | (1) 检查发运凭证连续编号的完整性<br>(2) 检查销售发票连续编号的完整性 | 将发运凭证与相关的销售发票和主营业务收入明细账及应收账款明细账中的分录进行核对 |
| 登记入账的销售数量确系已发货的数量，已正确开具账单并登记入账<br>(营业收入/准确性应收账款/计价和分摊) | (1) 销售有经批准的装运凭证和客户订购单支持，将装运数量与开具账单的数量相比对<br>(2) 从价格清单主文档获取销售单价 | (1) 检查销售发票有无支持凭证<br>(2) 检查比对留下的证据<br>(3) 检查价格清单的准确性是否经过恰当批准 | (1) 复算销售发票上的数据<br>(2) 追查主营业务收入明细账中的分录至销售发票<br>(3) 追查销售发票上的详细信息至发运凭证、经批准的商品价目表和客户订购单 |
| 销售交易的分类恰当<br>(营业收入/分类) | (1) 采用适当的会计科目表<br>(2) 内部复核和核查 | (1) 检查会计科目表是否适当<br>(2) 检查有关凭证上内部复核和核查的标记 | 检查证明销售交易分类正确的原始证据，如销售合同等 |

(续)

| 内部控制目标 | 关键内部控制 | 常用的控制测试 | 常用的交易实质性程序 |
|---|---|---|---|
| 销售交易的记录及时<br>(营业收入/截止) | (1) 采用尽量能在销售发生时开具收款账单和登记入账的控制方法<br>(2) 每月末由独立人员对销售部门的销售记录、发运部门的发运记录和财务部门的销售交易入账情况做内部核查 | (1) 检查尚未开具收款账单的发货和尚未登记入账的销售交易<br>(2) 检查有关凭证上内部核查的标记 | 比较核对销售交易登记入账的日期与发运凭证的日期 |
| 销售交易已经正确地记入明细账，并经正确汇总<br>(营业收入/准确性应收账款/计价和分摊) | (1) 每月定期给客户寄送对账单<br>(2) 由独立人员对应收账款明细账做内部核查<br>(3) 将应收款明细账余额合计数与其总账余额进行比较 | (1) 观察对账单是否已经寄出<br>(2) 检查内部核查标记<br>(3) 检查将应收账款明细账余额合计数与其总账余额进行比较的标记 | 将主营业务收入明细账加总，追查其至总账的过账 |

## (二) 采购与付款循环

| 内部控制目标 | 关键内部控制 | 常用的控制测试 | 常用的交易实质性程序 |
|---|---|---|---|
| 所记录的采购都确已收到物品或已接受劳务<br>(存货/存在、固定资产/存在、应付账款/存在) | (1) 请购单、订购单、验收单和供应商发票一应俱全，并附在付款凭单后<br>(2) 采购经适当级别批准<br>(3) 注销凭证以防止重复使用<br>(4) 对供应商发票、验收单、订购单和请购单作内部核查 | (1) 查验付款凭单后是否附有完整的相关单据<br>(2) 检查批准采购的标记<br>(3) 检查注销凭证的标记<br>(4) 检查内部核查的标记 | (1) 复核采购明细账、总账及应付账款明细账，注意是否有大额或异常的金额<br>(2) 检查供应商发票、验收单、订购单和请购单的合理性和真实性<br>(3) 追查存货的采购至存货永续盘存记录<br>(4) 检查取得的固定资产采购合同、发票 |
| 已发生的采购交易均已记录<br>(存货/完整性、固定资产/完整性、应付账款/完整性) | (1) 订购单均经事先连续编号并将已完成的采购登记入账<br>(2) 验收单均经事先连续编号并已登记入账<br>(3) 应付凭单均经事先连续编号并已登记入账 | (1) 检查订购单连续编号的完整性<br>(2) 检查验收单连续编号的完整性<br>(3) 检查应付凭单连续编号的完整性 | (1) 从验收单追查至采购明细账<br>(2) 如能获取供应商发票，从供应商发票追查至采购明细账 |
| 所记录的采购交易估价正确<br>(存货/计价和分摊、固定资产/计价和分摊、应付账款/计价和分摊) | (1) 对计算准确性进行内部核查<br>(2) 采购价格和折扣的批准 | (1) 检查内部核查的标记<br>(2) 检查批准采购价格和折扣的标记 | (1) 将采购明细账中记录的交易同供应商发票、验收单和其他证明文件比较<br>(2) 复算包括折扣和运费在内的供应商发票填写金额的准确性 |
| 采购交易的分类正确<br>(分类) | (1) 采用适当的会计科目表<br>(2) 分类的内部核查 | (1) 检查工作手册和会计科目表<br>(2) 检查有关凭证上内部核查的标记 | 参照供应商发票，比较会计科目表上的分类 |

(续)

| 内部控制目标 | 关键内部控制 | 常用的控制测试 | 常用的交易实质性程序 |
|---|---|---|---|
| 采购交易按正确的日期记录(截止) | (1) 要求收到商品或接受劳务后及时记录采购交易<br>(2) 内部核查 | (1) 检查工作手册并观察有无未记录的供应商发票存在<br>(2) 检查内部核查的标记 | 将验收单和供应商发票上的日期与采购明细账中的日期进行比较 |
| 采购交易被正确记入应付账款和存货等明细账中,并被正确汇总(存货/计价和分摊、固定资产/计价和分摊、应付账款/计价和分摊) | 应付账款明细账内容的内部核查 | 检查内部核查的标记 | 通过加计采购明细账,追查过入采购总账和应付账款、存货明细账的数额是否正确,用以测试过账和汇总的正确性 |

### (三) 生产与存货循环

1. 存货监盘的主要环节

在存货盘点现场实施监盘时,注册会计师应当实施下列审计程序:

(1) 评价管理层用以记录和控制存货盘点结果的指令和程序;

(2) 观察管理层制定的盘点程序的执行情况;

(3) 检查存货;

(4) 执行抽盘。

2. 因不可预见的情况导致无法在存货盘点现场实施监盘时的处理

(1) 典型的情形

注册会计师无法亲临现场,即由于不可抗力导致其无法到达存货存放地实施存货监盘;气候因素,即由于恶劣的天气导致注册会计师无法实施存货监盘程序,或由于恶劣的天气无法观察存货,如木材被积雪覆盖。

(2) 如果由于不可预见的情况,无法在存货盘点现场实施监盘,注册会计师应当另择日期实施监盘,并对间隔期内发生的交易实施审计程序。

### (四) 货币资金循环

监盘库存现金的要点如下。

1. 监盘范围

各部门经管的现金,一般包括被审计单位各部门经管的现金,已收到但未存入银行的现金、零用金、找换金等。

2. 监盘方式

监盘库存现金方式最好是实施突击式检查。

3. 监盘过程

(1) 制定库存现金监盘计划,确定监盘时间

在进行现金盘点前,应由出纳员将现金集中起来存放入保险柜,必要时可以封存,然后由出纳员把已办妥现金收付手续的收付款凭证登入库存现金日记账。如被审计单位库存现金存放部门有两处或两处以上的,应同时进行盘点。

(2) 审阅库存现金日记账并同时与现金收付凭证相核对。

(3) 由出纳员根据库存现金日记账加计累计数额，结出现金结余额。

(4) 盘点保险柜内的现金实存数，同时由注册会计师编制"库存现金监盘表"，分币种、面值列示盘点金额。

(5) 将盘点金额与现金日记账余额进行核对，如有差异，应要求被审计单位查明原因，必要时应提请被审计单位做出调整；如无法查明原因，应要求被审计单位按管理权限批准后做出调整。

(6) 若有冲抵库存现金的借条、未提现支票、未作报销的原始凭证，应在"库存现金监盘表"中注明，必要时应提请被审计单位做出调整。

## 真题演练

【2019中央财经大学，单选】下列有关存货监盘的说法中，正确的是(　　　)。

A. 注册会计师在实施存货监盘过程中不应协助被审计单位的盘点工作

B. 注册会计师主要用采取观察程序实施存货监盘

C. 由于不可预见的情况而导致无法在预定日期实施存货监盘，注册会计师可以实施替代

D. 注册会计师实施存货监盘通常可以确定存货的所有权

【2018中央财经大学，多选】下列做法中，可以提高审计程序的不可预见性的有(　　　)。

A. 改变函证的日期

B. 向以前没有询问过的被审计单位员工询问

C. 对以前通常不测试的金额较小的项目实施实质性程序

D. 不预先通知存货监盘地点

# 第二十九章　审计报告

## 备考建议

熟练掌握审计意见的类型及其确定方法

掌握审计报告的含义和分类

了解审计报告的基本要素

### 【考点29-1】审计报告的含义 ★★★

审计报告，是指注册会计师根据中国注册会计师审计准则的规定，在实施审计工作的基础上对被审计单位财务报表发表审计意见的书面文件。

审计报告是注册会计师在完成审计工作后向委托人提交的最终产品，具有以下特征：

(1) 注册会计师应当按照审计准则的规定执行审计工作；

(2) 注册会计师在实施审计工作的基础上才能出具审计报告；

(3) 注册会计师通过对财务报表发表意见履行业务约定书约定的责任；

(4) 注册会计师应当以书面形式出具审计报告。

### 【考点29-2】审计报告分类 ★★★★

审计报告分为标准审计报告和非标准审计报告。

标准审计报告，是指不含有说明段、强调事项段、其他事项段或其他任何修饰性用语的无保留意见的审计报告。

非标准审计报告，是指带强调事项段或其他事项段的无保留意见的审计报告和非无保留意见的审计报告。非无保留意见的审计报告包括保留意见的审计报告、否定意见的审计报告和无法表示意见的审计报告。

### 【考点29-3】确定审计意见的类型 ★★★★★

| 导致发表非无保留意见的事项的性质 | 这些事项对财务报表产生或可能产生影响的广泛性 | |
|---|---|---|
| | 重大但不具有广泛性 | 重大且具有广泛性 |
| 财务报表存在重大错报 | 保留意见 | 否定意见 |
| 无法获取充分、适当的审计证据 | 保留意见 | 无法表示意见 |

## 📖 【考点29-4】审计报告的要素★★

标准审计报告的9个基本要素:

1. 标题;

2. 收件人;

3. 引言段;

4. 管理层对财务报表的责任段;

5. 注册会计师的责任段;

6. 审计意见段;

7. 注册会计师的签名和盖章;

8. 会计师事务所的名称、地址和盖章;

9. 报告日期。

## 真题演练

【2014南京审计学院,简答】注册会计师发表非无保留审计意见的情形。

【2015中国财政科学研究院,名词解释】审计意见。

# 第六部分
## 名校复试数据与规则

说明：以下内容针对2021年入学的会计硕士数据搜集整理。

# 北方工业大学

| 1. 概况 | | | |
|---|---|---|---|
| 计划招生人数 | 全日制：32(不含推免) | | 非全日制：—— |
| 实际录取人数 | 全日制：29 | | 非全日制：—— |
| 分数线 | 全日制：193/50/100 | | 非全日制：—— |
| 复试分数计算办法 | 复试成绩=专业综合面试成绩(含工商管理硕士、会计硕士的思想政治理论考试成绩)×(0.8～0.9)+英语听说测试成绩×(0.1～0.2) | | |
| 差额比例 | 复试人数为35人，拟录取29人，差额比例为1∶1.21 | | |
| 时间节点 | 2022年3月28日 | | |
| 2. 笔试 | | | |
| 专业课考查科目 | 会计、财务管理、政治 | | |
| 非专业课考查科目 | 无 | | |
| 参考书目 | (1)《中级会计实务》，财政部会计资格评价中心编，经济科学出版社，2016年<br>(2)《财务管理学》(第七版)，荆新、王化成、刘俊彦编，中国人民大学出版社，2015年 | | |
| 试卷信息 | 无 | | |
| 试题题型 | 无 | | |
| 3. 面试 | | | |
| 面试内容构成 | 英语听力、口语测试、思想政治理论、专业课 | | |
| 考官人数 | 5～6人 | | |
| 面试时长 | 20分钟 | | |
| 口语考查方式 | 自我介绍、专业问题、翻译一个英文段落 | | |
| 题目举例 | 介绍家庭、学校和工作 | | |
| 是否有小组面试 | 否 | 是否有抽题 | 是 |
| 4. 其他信息 | | | |
| | | | |

# 北京大学

## 1. 概况

| | | | |
|---|---|---|---|
| 计划招生人数 | 全日制：23 | 非全日制：—— | |
| 实际录取人数 | 全日制：23 | 非全日制：—— | |
| 分数线 | 全日制：250/150/60 | 非全日制：—— | |
| 复试分数计算办法 | 复试成绩：总分100分<br>总成绩＝初试成绩×70%＋复试成绩×30% | | |
| 差额比例 | 复试人数为34人，拟录取23人，差额比例为1∶1.48 | | |
| 时间节点 | 2022年3月26日—28日 | | |

## 2. 笔试

| | |
|---|---|
| 专业课考查科目 | 会计、财务管理、管理与成本会计、审计 |
| 非专业课考查科目 | 思想政治理论考试 |
| 参考书目 | (1)马克思主义基本原理；(2)毛泽东思想和中国特色社会主义理论体系概论；(3)习近平新时代中国特色社会主义思想；(4)《初级会计学》，朱小平，中国人民大学出版社；(5)《财务会计学》，戴德明，中国人民大学出版社；(6)《财务管理学》，荆新，中国人民大学出版社；(7)《管理会计学》，孙茂竹，中国人民大学出版社 |
| 试卷信息 | 闭卷、笔试 |
| 试题题型 | 论述题 |

## 3. 面试

| | | | |
|---|---|---|---|
| 面试内容构成 | 专业课、综合素质 | | |
| 考官人数 | 不少于5人 | | |
| 面试时长 | 20分钟 | | |
| 口语考查方式 | 自我介绍、抽题问答 | | |
| 题目举例 | 中国会计准则和国际会计准则的区别 | | |
| 是否有小组面试 | 是 | 是否有抽题 | 是 |

## 4. 其他信息

| |
|---|
| |

# 北京工商大学

## 1. 概况

| 计划招生人数 | 全日制：10 | 非全日制：70 |
|---|---|---|
| 实际录取人数 | 全日制：10 | 非全日制：34 |
| 分数线 | 全日制：未公布 | 非全日制：193/100/50 |
| 复试分数计算办法 | 复试成绩：总分100分<br>总成绩 = 初试成绩/3×70% + 复试成绩×30% | |
| 差额比例 | 全日制：1∶1；非全日制：1∶2.1 | |
| 时间节点 | 2022年3月 | |

## 2. 笔试

| 专业课考查科目 | 会计、财务管理、成本管理会计、审计 |
|---|---|
| 非专业课考查科目 | 无 |
| 参考书目 | (1)《中级财务会计》(第二版)，北京大学出版社，杨有红、欧阳爱平<br>(2)《财务管理2007》(第一版)，高等教育出版社，王斌<br>(3)《管理会计学》(第三版)，经济科学出版社，潘爱香<br>(4)《审计学》(第三版)，经济科学出版社，赵保卿 |
| 试卷信息 | 无 |
| 试题题型 | 无 |

## 3. 面试

| 面试内容构成 | 专业课、综合素质、英语面试、时事政治面试 | | |
|---|---|---|---|
| 考官人数 | 3～5人 | | |
| 面试时长 | 20分钟 | | |
| 口语考查方式 | 自我介绍、阅读，并翻译一段英文 | | |
| 题目举例 | (1) 资产的定义<br>(2) 交易性金融资产和可供出售金融资产的区别<br>(3) 你能从马克思身上学到什么 | | |
| 是否有小组面试 | 否 | 是否有抽题 | 否 |

## 4. 其他信息

# 北京国家会计学院

| 1. 概况 | | |
|---|---|---|
| 计划招生人数 | 全日制：25(不含推免) | 非全日制：15(不含推免) |
| 实际录取人数 | 全日制：38 | 非全日制：第一轮调剂21 |
| 分数线 | 全日制：225/100/50 | 非全日制：225/50/10 |
| 复试分数计算办法 | 会计、审计专业复试包括专业能力笔试和个人综合面试，满分各为100分，复试成绩满分为200分，考生总成绩 = 初试总成绩/3×50% + 复试成绩/2×50% | |
| 差额比例 | 全日制进入复试人数为81人，拟录取38人，复试差额比例为1：2.2 | |
| 时间节点 | 2022年3月22日—28日 | |

| 2. 笔试 | | |
|---|---|---|
| 专业课考查科目 | 会计、财务管理 | |
| 非专业课考查科目 | 无 | |
| 参考书目 | (1)《会计》(2021年度注册会计师全国统一考试辅导教材)<br>(2)《财务成本管理》(2021年度注册会计师全国统一考试 辅导教材)<br>(3)《审计》(2021年度注册会计师全国统一考试辅导教材)<br>(4)《审计学》(第十版)，秦荣生、卢春泉，中国人民大学出版社 | |
| 试卷信息 | 无 | |
| 试题题型 | 无 | |

| 3. 面试 | | |
|---|---|---|
| 面试内容构成 | 专业课、综合素质、英语面试、时事政治面试 | |
| 考官人数 | 5人 | |
| 面试时长 | 20分钟 | |
| 口语考查方式 | 阅读并翻译一段话 | |
| 题目举例 | 大数据和人工智能时代对财务行业的影响 | |
| 是否有小组面试 | 否 | 是否有抽题 | 是 |

| 4. 其他信息 | |
|---|---|
| | |

# 北京航空航天大学

| 1. 概况 | | |
|---|---|---|
| 计划招生人数 | 全日制：—— | 非全日制：100 |
| 实际录取人数 | 全日制：—— | 非全日制：91 |
| 初试分数线 | 全日制：—— | 非全日制：195/100/50 |
| 复试分数计算办法 | 复试满分为130分，总成绩＝管理类联考成绩70%＋复试成绩30% | |
| 差额比例 | 差额比例为1：1.1 | |
| 时间节点 | 2022年3月下旬至3月底 | |
| **2. 笔试** | | |
| 专业课考查科目 | 会计、财务成本管理、审计 | |
| 非专业课考查科目 | 无 | |
| 参考书目 | (1)《注册会计师全国统一考试辅导教材——会计》中国注册会计师协会，中国财政经济出版社<br>(2)《注册会计师全国统一考试辅导教材——财务成本管理》中国注册会计师协会，中国财政经济出版社<br>(3)《注册会计师全国统一考试辅导教材——审计》中国注册会计师协会，中国财政经济出版社<br>另须看《财务会计》《财务管理》《审计类案例分析》 | |
| 试卷信息 | 无 | |
| 试题题型 | 政治：选择题(单选、多选) | |
| **3. 面试** | | |
| 面试内容构成 | 综合素质、专业素质、英语口语面试、时事政治面试、思想品德 | |
| 考官人数 | 6人 | |
| 面试时长 | 20分钟 | |
| 口语考查方式 | 随机提问 | |
| 题目举例 | 请说明长期股权投资、权益法、成本法的概念、使用范围和优缺点 | |
| 是否有小组面试 | 否 | 是否有抽题　　　否 |
| **4. 其他信息** | | |
| | | |

# 北京交通大学

## 1. 概况

| | | |
|---|---|---|
| 计划招生人数 | 全日制：—— | 非全日制：50 |
| 实际录取人数 | 全日制：—— | 非全日制：59 |
| 分数线 | 全日制：—— | 非全日制：194/100/50 |
| 复试分数计算办法 | 总成绩＝初试成绩×60%＋复试成绩×40% | |
| 差额比例 | 进入复试24人，拟录取23人，差额比例为1：1 | |
| 时间节点 | 2022年3月24日—27日 | |

## 2. 笔试

| | |
|---|---|
| 专业课考查科目 | 会计与财务 |
| 非专业课考查科目 | 政治理论、听力考试 |
| 参考书目 | 无 |
| 试卷信息 | 采用远程网络方式线上复试 |
| 试题题型 | 笔试、口答 |

## 3. 面试

| | | | |
|---|---|---|---|
| 面试内容构成 | 专业课、综合素质、英语口语、思想政治理论考试 | | |
| 考官人数 | 3～4人 | | |
| 面试时长 | 20分钟 | | |
| 口语考查方式 | 抽题 | | |
| 题目举例 | 请分别说明合并财务报表和长期股权投资控制的定义、各自的系统性风险与非系统性风险，以及如何进行分散风险 | | |
| 是否有小组面试 | 否 | 是否有抽题 | 是 |

## 4. 其他信息

| |
|---|
| |

# 北京印刷学院

| 1. 概况 | | | |
|---|---|---|---|
| 计划招生人数 | 全日制：86 | 非全日制：—— | |
| 实际录取人数 | 全日制：104(含少干计划2人) | 非全日制：—— | |
| 分数线 | 全日制：193/100/50 | 非全日制：—— | |
| 复试分数计算办法 | 会计专业学位复试成绩总分为100分，其中面试成绩占70%，英语听力和英语口语占20%，思想政治理论成绩占10%<br>综合成绩=(初试总成绩／本校本专业初试总成绩最高分)×100×70%+复试总成绩×30% | | |
| 差额比例 | 进入复试122人，拟录取102人，差额比例为1：1.2 | | |
| 时间节点 | 2022年4月 | | |
| 2. 笔试 | | | |
| 专业课考查科目 | 会计、财务管理、管理与成本会计、审计 | | |
| 非专业课考查科目 | 无 | | |
| 参考书目 | (1)《财务会计学》，中国人民大学出版社，戴德明、林钢等主编，第9版<br>(2)《财务管理学》，中国人民大学出版社，荆新、王化成等主编，第8版<br>(3)《管理会计学》，中国人民大学出版社，孙茂竹、文光伟等主编，第8版<br>(4)《审计学》，高等教育出版社，朱荣恩等主编，第4版 | | |
| 试卷信息 | 线上问答 | | |
| 试题题型 | 概念题、简答题 | | |
| 3. 面试 | | | |
| 面试内容构成 | 英语听力和口语测试、综合专业素质和能力、思想政治理论考试 | | |
| 考官人数 | 5人 | | |
| 面试时长 | 20分钟 | | |
| 口语考查方式 | 考官提问、翻译、听力内容复述 | | |
| 题目举例 | (1) 关于资本性支出和费用化支出的相关问题和比较<br>(2) 公司发行债券的分录、可转换债券的会计方法、债券资本成本的测算，以及发行债券对公司价值的影响<br>(3) 吸收合并和购买的区别；企业合并的范围和方式 | | |
| 是否有小组面试 | 否 | 是否有抽题 | 否 |
| 4. 其他信息 | | | |
| | | | |

# 北京林业大学

| 1. 概况 | | |
|---|---|---|
| 计划招生人数 | 全日制：15 | 非全日制：25 |
| 实际录取人数 | 全日制：16 | 非全日制：1(不含调剂) |
| 分数线 | 全日制：212/100/50 | 非全日制：212/100/50 |
| 复试分数计算办法 | 入学总成绩＝初试成绩×(450/300)×60%＋复试总成绩×40% | |
| 差额比例 | 全日制一志愿进入复试人数为108人，拟录取16人，复试差额比例为1：6.5 非全日制1人，拟录取1人，复试差额比例为1：1 | |
| 时间节点 | 2022年4月 | |

| 2. 笔试 | | |
|---|---|---|
| 专业课考查科目 | 会计、财务管理 | |
| 非专业课考查科目 | 政治 | |
| 参考书目 | (1)《中级财务会计》(东北财大版)，刘永泽 (2)《财务管理》(中国人大版)，荆新 | |
| 试卷信息 | 线上进行网络复试 | |
| 试题题型 | 问答、抽题 | |

| 3. 面试 | | |
|---|---|---|
| 面试内容构成 | 专业课、英语口语、综合素质、政治素养 | |
| 考官人数 | 5人 | |
| 面试时长 | 30分钟 | |
| 口语考查方式 | 抽题 | |
| 题目举例 | 企业估值的方法；长期股权投资的后续计量；资本成本；审计风险 | |
| 是否有小组面试 | 否 | 是否有抽题 | 是 |

| 4. 其他信息 | |
|---|---|
| | |

# 北京语言大学

## 1. 概况

| 计划招生人数 | 全日制：15 | 非全日制：10 |
|---|---|---|
| 实际录取人数 | 全日制：未公布 | 非全日制：未公布 |
| 分数线 | 全日制：205/100/50 | 非全日制：205/100/50 |
| 复试分数计算办法 | 总成绩=初试成绩×60% + 复试成绩×40% | |
| 差额比例 | 进复试46人，拟录取29人，复试差额比例为1：1.59 | |
| 时间节点 | 2022年3月21日—23日 | |

## 2. 笔试

| 专业课考查科目 | 会计、财务管理、管理与成本会计、审计 |
|---|---|
| 非专业课考查科目 | 无 |
| 参考书目 | (1)《注册会计师全国统一考试辅导教材——会计》(中国注册会计师协会编，中国财政经济出版社)；(2)《注册会计师全国统一考试辅导教材——财务成本管理》(中国注册会计师协会编，中国财政经济出版社)；(3)《注册会计师全国统一考试辅导教材——审计》(中国注册会计师协会编，中国财政经济出版社)；(4)《成本与管理会计》(查尔斯·T.亨格瑞等著，王立彦等译，中国人民大学出版社，第15版，中文版)；(5)《会计学：企业决策的基础(财务会计分册)》(简·R.威廉姆斯等著，赵银德译注，机械工业出版社，第17版，英文版)(复试考题含专业英文试题，本教材为参考书目) |
| 试卷信息 | 采用线上远程复试 |
| 试题题型 | 问答模式 |

## 3. 面试

| 面试内容构成 | 综合素质(包括专业课)、英语口语测试 | | |
|---|---|---|---|
| 考官人数 | 5人 | | |
| 面试时长 | 25分钟 | | |
| 口语考查方式 | 抽题、翻译、故事听力 | | |
| 题目举例 | 请说明投资性房地产概念的计量方法 | | |
| 是否有小组面试 | 否 | 是否有抽题 | 是 |

## 4. 其他信息

| |
|---|
| |

# 北京化工大学

## 1. 概况

| 计划招生人数 | 全日制：48 | 非全日制：8 |
|---|---|---|
| 实际录取人数 | 全日制：29 | 非全日制：8 |
| 分数线 | 全日制：216/135/65 | 非全日制：216/135/65 |
| 复试分数计算办法 | 复试成绩在总成绩中的占比一般为50%；复试成绩合计500分，复试不合格者(低于60%)不予录取 | |
| 差额比例 | 全日制进入复试35人，拟录取29人，复试差额比例为1∶1.21 | |
| 时间节点 | 2022年3月25日 | |

## 2. 笔试

| 专业课考查科目 | 会计、财务管理、管理与成本会计、审计 |
|---|---|
| 非专业课考查科目 | 政治 |
| 参考书目 | 无指定参考书目 |
| 试卷信息 | 采用线上远程复试 |
| 试题题型 | 问答 |

## 3. 面试

| 面试内容构成 | 综合素质、专业课、口语、政治 | | |
|---|---|---|---|
| 考官人数 | 不少于5人 | | |
| 面试时长 | 20～25分钟 | | |
| 口语考查方式 | 线上面试，内容主要是问答题型 | | |
| 题目举例 | 请说明企业合并的范围和方式 | | |
| 是否有小组面试 | 否 | 是否有抽题 | 否 |

## 4. 其他信息

# 北京联合大学

## 1. 概况

| 计划招生人数 | 全日制：21 | 非全日制：—— |
|---|---|---|
| 实际录取人数 | 全日制：46(含士兵计划2人) | 非全日制：—— |
| 分数线 | 全日制：201/100/50 | 非全日制：—— |
| 复试分数计算办法 | 复试成绩满分为100分<br>会计专业在线上复试中加试思想政治理论考试，占复试成绩的比例不得低于30%<br>入学考试总成绩 = 初试成绩/3×60% + 复试成绩×40% | |
| 差额比例 | 进入复试65人，拟录取44人，复试差额比例为1：1.45 | |
| 时间节点 | 2022年3月底 | |

## 2. 笔试

| 专业课考查科目 | 会计、财务管理 |
|---|---|
| 非专业课考查科目 | 思想政治理论 |
| 参考书目 | 初级会计学(第8版)，朱小平等主编，中国人民大学出版社；财务管理(第5版)，王化成主编 |
| 试卷信息 | 采取线上网络远程复试 |
| 试题题型 | 问答、抽题 |

## 3. 面试

| 面试内容构成 | 综合素质、专业课、口语、政治 | | |
|---|---|---|---|
| 考官人数 | 不少于5人 | | |
| 面试时长 | 20～25分钟(含英语测试) | | |
| 口语考查方式 | 自我介绍、提问英语题目 | | |
| 题目举例 | 如何对资产减值准备审计；净现值和公允价值的评价 | | |
| 是否有小组面试 | 否 | 是否有抽题 | 否 |

## 4. 其他信息

| |
|---|
| |

# 北京外国语大学

## 1. 概况

| 计划招生人数 | 全日制：28 | 非全日制：—— |
|---|---|---|
| 实际录取人数 | 全日制：70 | 非全日制：—— |
| 分数线 | 全日制：227/50/100 | 非全日制：—— |
| 复试分数计算办法 | 总成绩计算：初试总分/3×50% + 复试成绩×50% | |
| 差额比例 | 复试96人，录取70人，复试差额比例为1：1.37 | |
| 时间节点 | 2022年3月23日—29日 | |

## 2. 笔试

| 专业课考查科目 | 会计学综合 |
|---|---|
| 非专业课考查科目 | 无 |
| 参考书目 | 专业笔试：内容参见教指委《全国会计硕士专业学位研究生入学考试复试阶段专业课指导性大纲》；综合面试：政治理论、专业综合、英语听说能力，专业综合参见《全国会计硕士专业学位研究生入学考试复试阶段专业课指导性大纲》；《会计学原理》英文版，第21版，怀尔德等，北京：中国人民大学出版社，2013年11月 |
| 试卷信息 | 网络远程复试 |
| 试题题型 | 笔试、口答 |

## 3. 面试

| 面试内容构成 | (1) 中英文相结合面试，学生需选择1～2道与专业相关的命题(英文命题)进行回答<br>(2) 内容：英语、会计专硕教指委指定专业内容、政治理论(毛泽东思想和中国特色社会主义理论体系概论、党的十九大报告、国内外重大时事) | | |
|---|---|---|---|
| 考官人数 | 5～6人 | | |
| 面试时长 | 20分钟 | | |
| 口语考查方式 | 考官提问 | | |
| 题目举例 | 请谈谈你对青少年上网的看法 | | |
| 是否有小组面试 | 否 | 是否有抽题 | 是 |

## 4. 其他信息

| |
|---|
| |

# 对外经济贸易大学

| 1. 概况 | | |
|---|---|---|
| 计划招生人数 | 全日制：65 | 非全日制：—— |
| 实际录取人数 | 全日制：73(包含少干计划4人) | 非全日制：—— |
| 分数线 | 全日制：50/100/239 | 非全日制：—— |
| 复试分数计算办法 | 复试总成绩(满分100分)=基础知识点考核×50%+专业综合能力考核×30%+英语水平考核×20%<br>最终总成绩=初试成绩百分制×70%+复试成绩百分制×30% | |
| 差额比例 | 全日制：进入复试86人，拟录取69人，复试比例为1：1.24 | |
| 时间节点 | 2022年3月27日 | |
| 2. 笔试 | | |
| 专业课考查科目 | 财务会计、财务管理、管理会计、审计 | |
| 非专业课考查科目 | 政治理论闭卷考试 | |
| 参考书目 | 无指定参考书目 | |
| 试卷信息 | 线上远程复试 | |
| 试题题型 | 6道简答、4道论述 | |
| 3. 面试 | | |
| 面试内容构成 | 专业课、英语、综合素质 | |
| 考官人数 | 6人 | |
| 面试时长 | 不少于25分钟 | |
| 口语考查方式 | 抽题 | |
| 题目举例 | 请简述金银杠杆、财务会计信息、管理会计、财务报表分析法 | |
| 是否有小组面试 | 否 | 是否有抽题 | 是 |
| 4. 其他信息 | | |
| 对外经济贸易大学会计硕士2022年是线上复试，仅面试，无笔试，政治合格即可 | | |

# 华北电力大学

## 1. 概况

| 计划招生人数 | 全日制：21 | 非全日制：75 |
|---|---|---|
| 实际录取人数 | 全日制：39(包含少干9人，士兵2人) | 非全日制：36 |
| 分数线 | 全日制：226/100/50 | 非全日制：226/100/50 |
| 复试分数计算办法 | 复试满分为250分，内容包括：专业笔试，满分为120分；综合面试，满分为100分；外语听力及口语测试，满分为30分<br>总成绩=初试总成绩 + 复试总成绩 | |
| 差额比例 | 全日制进入复试34人，拟录取28人，复试比例为1：1.2<br>非全日制进入复试37人，拟录取36人，复试比例为1：1.02 | |
| 时间节点 | 2022年3月下旬至4月上旬 | |

## 2. 笔试

| 专业课考查科目 | 会计、成本会计 |
|---|---|
| 非专业课考查科目 | 思想政治理论考试(开卷) |
| 参考书目 | (1) 马克思主义基本原理；毛泽东思想和中国特色社会主义理论体系概论；习近平新时代中国特色社会主义思想<br>(2) 中国人民大学会计系列教材第七版：《初级会计学》，朱小平等编；《财务会计学》，戴德明等编；《成本会计学》，于富生等编 |
| 试卷信息 | 专业课时长为2小时，总分为100分<br>政治时长为2小时，总分为100分 |
| 试题题型 | 名词解释、简答、业务题、综合题、论述 |

## 3. 面试

| 面试内容构成 | 专业课、综合素质 | | |
|---|---|---|---|
| 考官人数 | 6~7人 | | |
| 面试时长 | 15分钟 | | |
| 口语考查方式 | 抽题、考官提问 | | |
| 题目举例 | 什么是直接费用和间接费用 | | |
| 是否有小组面试 | 否 | 是否有抽题 | 是 |

## 4. 其他信息

# 首都经济贸易大学

| 1. 概况 | | |
|---|---|---|
| 计划招生人数 | 全日制：57 | 非全日制：—— |
| 实际录取人数 | 全日制：93 | 非全日制：—— |
| 分数线 | 全日制：227/100/50 | 非全日制：—— |
| 复试分数计算办法 | 考生总成绩 = 初试成绩平均分(折合为百分制)×初试成绩权重+复试成绩×复试成绩权重，初试权重为70%，复试权重为30% | |
| 差额比例 | 进入复试125人，拟录取93人，复试比例为1：1.34 | |
| 时间节点 | 2022年3月27日上午8时 | |
| **2. 笔试** | | |
| 专业课考查科目 | 财务会计、财务管理学、审计 | |
| 非专业课考查科目 | 政治 | |
| 参考书目 | (1)《财务会计》，首都经济贸易大学出版社，陈迈，2011年第三版<br>(2)《财务管理学》，首都经济贸易大学出版社，张家伦，2007年 | |
| 试卷信息 | 线上进行远程复试 | |
| 试题题型 | 问答模式 | |
| **3. 面试** | | |
| 面试内容构成 | 英语、政治、专业素质和能力测试 | |
| 考官人数 | 5人 | |
| 面试时长 | 20分钟 | |
| 口语考查方式 | 朗读关于会计专业的长难句、进行翻译(英译汉)、考官提问 | |
| 题目举例 | 债权融资和股权融资的优缺点 | |
| 是否有小组面试 | 否 | 是否有抽题 | 是 |

| 4. 其他信息 |
|---|
| 专业课大概有三四道题，时事政治的问题是新发展格局，政治考试的范围通常以当年的政府工作报告为主，可能会涉及当年的重大会议 |

# 中国矿业大学(北京)

| 1. 概况 | | |
| --- | --- | --- |
| 计划招生人数 | 全日制：40 | 非全日制：10 |
| 实际录取人数 | 全日制：21(包含少干计划2人) | 非全日制：5 |
| 初试分数线 | 全日制：193/100/50 | 非全日制：193/100/50 |
| 复试分数计算办法 | 总成绩＝初试成绩/3×70%＋复试成绩×30% | |
| 差额比例 | 全日制进入复试82人，拟录取19人，复试比例为1：4.3<br>非全日制进入复试5人，拟录取5人，复试比例为1：1 | |
| 时间节点 | 2022年3月19日—25日 | |
| **2. 笔试** | | |
| 专业课考查科目 | 会计、财务管理、成本管理会计、审计 | |
| 非专业课考查科目 | 无 | |
| 参考书目 | (1)《中级财务会计》(第五版)，朱学义，机械工业出版社，2016；(2)《财务管理学》，黄国良，中国矿业大学，2013；(3)《成本会计学》(第三版)，侯晓红，机械工业出版社，2015；(4)《管理会计》，郑爱华，机械工业出版社，2007；(5)《审计学》，李秀枝、陈韶军、刘建军，机械工业出版社，2013 | |
| 试卷信息 | 线上进行远程网络复试 | |
| 试题题型 | 问答模式 | |
| **3. 面试** | | |
| 面试内容构成 | 自我介绍、政治、专业课、外语 | |
| 考官人数 | 5人 | |
| 面试时长 | 约20分钟 | |
| 口语考查方式 | 英语提问、翻译 | |
| 题目举例 | 投资性房地产的概念及计量方法 | |
| 是否有小组面试 | 否 | 是否有抽题　　　　　　　是 |
| **4. 其他信息** | | |

# 中国农业大学

| 1. 概况 | | |
|---|---|---|
| 计划招生人数 | 全日制：20 | 非全日制：—— |
| 实际录取人数 | 全日制：16 | 非全日制：—— |
| 分数线 | 全日制：240/130/70 | 非全日制：—— |
| 复试分数计算办法 | 录取成绩由初试成绩(占50%)和复试成绩(占50%)综合排名确定 | |
| 差额比例 | 进入复试26人，拟录取16人，复试比例为1∶1.6 | |
| 时间节点 | 2022年3月24日—25日 | |
| **2. 笔试** | | |
| 专业课考查科目 | 会计、财务管理、成本管理会计、审计 | |
| 非专业课考查科目 | 政治素养考核 | |
| 参考书目 | (1)《财务会计学(第九版)》，戴德明，中国人民大学出版社<br>(2)《审计学(第九版)》，秦荣生，中国人民大学出版社<br>(3)《财务管理学(第七版)》，荆新，中国人民大学出版社<br>(4)《管理会计(第15版)》(英文版)，加里森，东北财经大学出版社 | |
| 试卷信息 | 网络远程线上复试 | |
| 试题题型 | 问答和抽题 | |
| **3. 面试** | | |
| 面试内容构成 | 专业课、英语听力、口语、政治 | |
| 考官人数 | 5人 | |
| 面试时长 | 15分钟 | |
| 口语考查方式 | 自我介绍、提问 | |
| 题目举例 | 请谈谈自己的家乡；三孩政策；医疗美容 | |
| 是否有小组面试 | 否 | 是否有抽题 | 是 |
| **4. 其他信息** | | |
| 专业课笔试和面试(包含专业课面试和英语面试)都是在线上进行，政治题目是结合时政的开放性题目，建议多看看时政，关心国家大事及国家领导的指导思想；专业课面试应该多看看时政，以及关于会计方面的方针政策 | | |

# 中国人民大学

| 1. 概况 | | |
|---|---|---|
| 计划招生人数 | 全日制：45 | 非全日制：41 |
| 实际录取人数 | 全日制：未公开 | 非全日制：未公开 |
| 分数线 | 全日制：248/120/60 | 非全日制：248/120/60 |
| 复试分数计算办法 | 总成绩＝初试成绩×0.6＋复试成绩×0.4<br>政治成绩计入复试成绩总分 | |
| 差额比例 | 实际拟录取人数和名单未公开，差额比例未知 | |
| 时间节点 | 2022年4月2日—3日 | |
| **2. 笔试** | | |
| 专业课考查科目 | 会计、财务管理、管理与成本会计、审计 | |
| 非专业课考查科目 | 外语、政治 | |
| 参考书目 | 中国人民大学出版社：《财务会计(第12版)》《财务管理(第8版)》《成本与管理会计(第2版)》《审计学(第10版)》 | |
| 试卷信息 | 线上远程网络复试<br>专业课开卷：就研发费用展开论述<br>政治开卷：就高质量发展展开论述 | |
| 试题题型 | 问答 | |
| **3. 面试** | | |
| 面试内容构成 | 外语听力与口语测试、专业课和综合素质面试 | |
| 考官人数 | 5人 | |
| 面试时长 | 30分钟 | |
| 口语考查方式 | 抽题、英文阅读翻译 | |
| 题目举例 | 什么是金融资产 | |
| 是否有小组面试 | 是 | 是否有抽题 | 是 |
| **4. 其他信息** | | |
| | | |

# 中国石油大学

## 1. 概况

| 计划招生人数 | 全日制：20 | 非全日制：30 |
|---|---|---|
| 实际录取人数 | 全日制：18 | 非全日制：5 |
| 分数线 | 全日制：219/50/100 | 非全日制：219/50/100 |
| 复试分数计算办法 | 总成绩 = 初试成绩(折合为百分制)×70% + 复试成绩×30%<br>复试成绩 = 专业知识考核成绩(100分)×5% + 政治理论考核成绩(100分)×5% + 综合素质和专业能力考核成绩(100分)×70% + 外语听说能力考核成绩(100分)×20% | |
| 差额比例 | 全日制进入复试69人，拟录取18人，差额比例为1∶3.83<br>非全日制进入复试1人，拟录取1人，差额比例为1∶1 | |
| 时间节点 | 2022年3月末 | |

## 2. 笔试

| 专业课考查科目 | 会计学综合 | |
|---|---|---|
| 非专业课考查科目 | 无 | |
| 参考书目 | 参考全国会计硕士专业学位研究生入学考试复试阶段专业课指导性大纲(最新版) | |
| 试卷信息 | 网络远程复试 | |
| 试题题型 | 笔试、口答 | |

## 3. 面试

| 面试内容构成 | 专业课、政治、综合素质、外语 | | |
|---|---|---|---|
| 考官人数 | 5～6人 | | |
| 面试时长 | 20分钟 | | |
| 口语考查方式 | 个人自述、在若干题卡中抽题并回答、现场提问并回答；满分为100分 | | |
| 题目举例 | 现金流量、债权投资后的股票价格和加权成本、研发无形资产的确认，跌价、减值、长期股权投资的成本法和权益法主要区别等知识点；资产负债表日后事项，筹资组合，相关性，可靠性，政策变更和估计变更，营运指标，会计要素的分类，融资方式，成本中心和利润中心的区别 | | |
| 是否有小组面试 | 否 | 是否有抽题 | 是 |

## 4. 其他信息

| |
|---|
| |

# 中央财经大学

| 1. 概况 | | | |
|---|---|---|---|
| 计划招生人数 | 全日制：167 | 非全日制：10 | |
| 实际录取人数 | 全日制+非全日制：79(包含少干10人、士兵1人) | 全日制+非全日制：79(包含少干10人、士兵1人) | |
| 初试分数线 | 全日制：238/100/50 | 非全日制：188/46/92 | |
| 复试分数计算办法 | 总成绩 = 初试总分×1.5 + 复试总分×2 | | |
| 差额比例 | 全日制与非全日制共进入复试96人，拟录取68人，差额比例为1：1.4 | | |
| 时间节点 | 2022年4月1日—2日 | | |

| 2. 笔试 | | |
|---|---|---|
| 专业课考查科目 | 会计、财务管理、管理与成本会计、审计 | |
| 非专业课考查科目 | 政治 | |
| 参考书目 | (1)《中级财务会计》，王君彩，经济科学出版社，2015年，第六版<br>(2)《成本管理会计》，孟焰、刘俊勇，高等教育出版社，2016年，第二版<br>(3)《审计学》，丁瑞玲、吴溪，经济科学出版社，2015年，第五版<br>(4)《财务管理学》，荆新、王化成、刘俊彦，中国人民大学出版社，2015年，第七版 | |
| 试卷信息 | 线上远程复试 | |
| 试题题型 | 问答 | |

| 3. 面试 | | | |
|---|---|---|---|
| 面试内容构成 | 专业素质、综合素质、英语口语 | | |
| 考官人数 | 5人 | | |
| 面试时长 | 30分钟 | | |
| 口语考查方式 | 英文自我介绍、阅读并翻译 | | |
| 题目举例 | (1) 存货可变现净值计算<br>(2) 股票回购的动机和方式<br>(3) 如何看待会计造假<br>(4) 普通股的优缺点<br>(5) 资产负债表、资产、负债、债券等 | | |
| 是否有小组面试 | 否 | 是否有抽题 | 是 |

| 4. 其他信息 | |
|---|---|
| | |

# 中国财政科学研究院

| 1. 概况 | | | |
|---|---|---|---|
| 计划招生人数 | 全日制：17 | | 非全日制：37 |
| 实际录取人数 | 全日制：27 | | 非全日制：22(调剂录取17人) |
| 分数线 | 全日制：228/100/50 | | 非全日制：228/100/50 |
| 复试分数计算办法 | 总成绩 = (初试成绩 + 复试"专业基础和专业知识"笔试成绩 + 复试"思想政治理论"笔试成绩×0.3)×0.7 + 复试面试总成绩×0.3 | | |
| 差额比例 | 全日制进入复试59人，拟录取27人，复试比例为1：2.2<br>非全日制一志愿进入复试5人，拟录取5人，调剂拟录取17人，复试比例为1：1 | | |
| 时间节点 | 2022年4月上旬 | | |
| **2. 笔试** | | | |
| 专业课考查科目 | 会计、财务管理、审计 | | |
| 非专业课考查科目 | 思想政治理论 | | |
| 参考书目 | (1)《会计》(注册会计师全国统一考试辅导教材)<br>(2)《财务成本管理》(注册会计师全国统一考试辅导教材)<br>(3)《审计》(注册会计师全国统一考试辅导教材) | | |
| 试卷信息 | 名词解释30分，简答题30分，2道大题40分，共100分 | | |
| 试题题型 | 名词解释、简答题 | | |
| **3. 面试** | | | |
| 面试内容构成 | 专业课、英语口语、时事政治 | | |
| 考官人数 | 5人 | | |
| 面试时长 | 20分钟 | | |
| 口语考查方式 | 一小段自由对话、一个句子翻译、一段故事听力 | | |
| 题目举例 | 你的大学生活怎么样；你从工作中学到了什么；你喜欢你的大学吗，为什么；你喜欢北京吗，为什么；你的家乡是哪里，家乡的主要特色是什么，你的大学在哪，你的专业是什么，你的性格怎样，你为什么选择会计，你为什么选择财科所，你为什么想考研之类等问题 | | |
| 是否有小组面试 | 否 | 是否有抽题 | 是 |
| **4.其他信息** | | | |
| (1) 财科所复试包括面试和笔试，面试有三个部分，分别为英语、专业、综合；笔试有两个部分，分别为专业课和政治<br>(2) 故事听力部分：翻译句子后，考官会放一段听力并要求复述 | | | |

# 中国地质大学

| 1. 概况 | | |
|---|---|---|
| 计划招生人数 | 全日制：5 | 非全日制：25 |
| 实际录取人数 | 全日制：9 | 非全日制：27 |
| 分数线 | 全日制：210/50/100 | 非全日制：210/50/100 |
| 复试分数计算办法 | 总成绩由初试成绩(加权) + 复试成绩(加权)组成，初试成绩占总成绩的70%，复试成绩占总成绩的30% | |
| 差额比例 | 复试20人，录取9人，差额比例为1∶2.22 | |
| 时间节点 | 2022年3月下旬 | |
| **2. 笔试** | | |
| 专业课考查科目 | 会计学综合 | |
| 非专业课考查科目 | 政治 | |
| 参考书目 | (1)《中级财务会计》第二版，刘永泽、陈立军，东北财大出版社<br>(2)《财务管理》，财政部会计资格评价中心编，中国财政经济出版社，最新版<br>(3)《审计学》第二版，张雪梅，中国市场出版社<br>(4)《管理会计》，谢达理，高等教育出版社，2014 | |
| 试卷信息 | 网络远程复试 | |
| 试题题型 | 在线测试 | |
| **3. 面试** | | |
| 面试内容构成 | 思想政治素质和品德、专业知识笔试、综合素质面试、外语测试 | |
| 考官人数 | 5人 | |
| 面试时长 | 20分钟 | |
| 口语考查方式 | 中文介绍和英文介绍各两分钟、提问、案例分析 | |
| 题目举例 | 你认为会计是什么；会计活动有哪些；你认为会计和你本专业的区别是什么 | |
| 是否有小组面试 | 否 | 是否有抽题 | 是 |
| **4. 其他信息** | | |
| | | |

# 中央民族大学

| 1. 概况 | | | |
|---|---|---|---|
| 计划招生人数 | 全日制：68 | 非全日制：—— | |
| 实际录取人数 | 全日制：68 | 非全日制：—— | |
| 分数线 | 全日制：232/100/50 | 非全日制：—— | |
| 复试分数计算办法 | 初试满分为300分的专业：总成绩 = 初试总分/3×50% + 复试成绩×50% | | |
| 差额比例 | 全日制进入复试94人，拟录取68人，差额比例为1：1.4 | | |
| 时间节点 | 2022年3月24日—4月6日 | | |
| **2. 笔试** | | | |
| 专业课考查科目 | 专业课程综合笔试(财务会计学、财务管理、管理会计和企业内部控制) | | |
| 非专业课考查科目 | 思想政治理论、专业英语 | | |
| 参考书目 | 《管理学》，王凤彬，中国人民大学出版社 | | |
| 试卷信息 | 100分 | | |
| 试题题型 | 线上进行远程复试 | | |
| **3. 面试** | | | |
| 面试内容构成 | 中英文自我介绍、英语口语、专业课、综合能力 | | |
| 考官人数 | 不少于5人 | | |
| 面试时长 | 20分钟 | | |
| 口语考查方式 | 自我介绍、抽题、翻译专有名词、考官提问 | | |
| 题目举例 | (1) 请说明IPO的定义、融资渠道、最新税法改革<br>(2) 简述我国会计准则中的计量属性<br>(3) 请解释什么是非货币性交易，并简述非货币性交易的确认条件<br>(4) 简述会计分录，考点涉及计提折旧、营业外收支等<br>(5) 解释审计重要性的概念，实务中如何确定审计重要性 | | |
| 是否有小组面试 | 否 | 是否有抽题 | 否 |
| **4. 其他信息** | | | |
| | | | |

# 东北财经大学(会计学院)

| 1. 概况 | | | |
| --- | --- | --- | --- |
| 计划招生人数 | 全日制：55 | | 非全日制：87 |
| 实际录取人数 | 全日制：71 | | 非全日制：44 |
| 分数线 | 全日制：243/50/100 | | 非全日制：193/50/100 |
| 复试分数计算办法 | 复试成绩 = 专业课笔试成绩×55% + 外语听力水平测试成绩×25% + 综合情况面试成绩×20% | | |
| 差额比例 | 会计学院：全日制进入复试86人，拟录取71人，差额比例为1：1.2；非全日制进入复试46人，拟录取44人，差额比例为1：1.04 | | |
| 时间节点 | 2022年4月上旬 | | |
| **2. 笔试** | | | |
| 专业课考查科目 | 中级财务会计和财务管理 | | |
| 非专业课考查科目 | 政治 | | |
| 参考书目 | 政治：(1)习近平总书记在经济社会领域专家座谈会上的讲话《正确认识和把握中长期经济社会发展重大问题》(2020年8月24日)；(2)《中共中央关于制定国民经济和社会发展第十四个五年规划和二〇三五年远景目标的建议》(2020年10月29日中国共产党第十九届中央委员会第五次全体会议通过)；(3)习近平总书记在全国脱贫攻坚总结表彰大会上的讲话(2021年2月25日)<br>专业课：(1)《中级财务会计》，刘永泽、陈立军，东北财经大学出版社，2021 年第 7 版；(2)《财务管理》，刘淑莲，东北财经大学出版社，2019 年第 5 版 | | |
| 试卷信息 | 政治考试时长1.5小时，满分为100分；会计综合试卷满分为100分，考试时间为2小时 | | |
| 试题题型 | 政治：开卷；会计综合答题方式为闭卷、笔试 | | |
| **3. 面试** | | | |
| 面试内容构成 | 英语口语、专业课、综合素质 | | |
| 考官人数 | 5人 | | |
| 面试时长 | 20分钟 | | |
| 口语考查方式 | 自我介绍、互动回答 | | |
| 题目举例 | 英语口语、专业课、综合素质 | | |
| 是否有小组面试 | 否 | 是否有抽题 | 是 |
| **4. 其他信息** | | | |
| 秘书会提前讲解注意事项，部分考生也可能无须英文自我介绍，中文介绍只说自己的名字、生源地、毕业学校、专业、毕业时间 | | | |

# 东北石油大学

## 1. 概况

| 计划招生人数 | 全日制：45 | 非全日制：41 |
|---|---|---|
| 实际录取人数 | 全日制：90 | 非全日制：3 |
| 分数线 | 全日制：199/50/100 | 非全日制：199/50/100 |
| 复试分数计算办法 | 总成绩 = 初试成绩/3×初试权重(70%) + 复试成绩×复试权重(30%) | |
| 差额比例 | 全日制进入复试人数119人，拟录取90人，复试比例为1：1.3；非全日制进入复试人数3人，拟录取3人，复试比例为1：1 | |
| 时间节点 | 2022年4月 | |

## 2. 笔试

| 专业课考查科目 | 财务会计、成本与管理会计、财务管理、审计 |
|---|---|
| 非专业课考查科目 | 政治 |
| 参考书目 | 专业课：(1)《中级会计实务》，财政部会计资格评价中心主编，经济科学出版社，2021年；(2)《管理会计学》(第8版)，孙茂竹等，中国人民大学出版社，2018年；(3)《财务管理》，财政部会计资格评价中心主编，经济科学出版社，2021年；(4)《审计学》(第一版)，薛大维等，中国石化出版社，2017年<br>政治：(1)《习近平谈治国理政》(1～3卷)；(2)《习近平在庆祝建党100周年大会上的讲话》；(3)习近平《论中国共产党历史》；(4)《中共中央关于党的百年奋斗重大历史成就和历史经验的决议》 |
| 试卷信息 | 政治100分；专业课100分 |
| 试题题型 | 线上远程复试；问答模式 |

## 3. 面试

| 面试内容构成 | 专业能力考核、综合素质考核、英语口语、思想政治理论 | | |
|---|---|---|---|
| 考官人数 | 5人 | | |
| 面试时长 | 30分钟 | | |
| 口语考查方式 | 自我介绍、考官提问 | | |
| 题目举例 | 借贷问题 | | |
| 是否有小组面试 | 否 | 是否有抽题 | 是 |

## 4. 其他信息

政治在线上进行口头作答，多为时政热点问题，无笔试

# 广东财经大学(会计学院)

| 1. 概况 | | |
|---|---|---|
| 计划招生人数 | 全日制：122 | 非全日制：—— |
| 实际录取人数 | 全日制：125 | 非全日制：—— |
| 分数线 | 全日制：225/50/100 | 非全日制：—— |
| 复试分数计算办法 | 总成绩 = 初试成绩/3×5 + 复试成绩 | |
| 差额比例 | 共165人参加复试，录取125人，复试比例为1∶1.3 | |
| 时间节点 | 2022年3月27日 | |

| 2. 笔试 | |
|---|---|
| 专业课考查科目 | 会计综合知识(100分)本科目考试内容包括财务会计、管理会计、财务管理、审计四大部分 |
| 非专业课考查科目 | 政治：100分(不计入总分，但要求及格) |
| 参考书目 | 会计教指委制定的全国会计硕士专业学位研究生入学考试复试阶段专业课指导性大纲(2016) |
| 试卷信息 | 会计综合知识：100分(含财务会计、管理会计、财务管理、审计)；其中，财务会计占40%，管理会计占20%，财务管理占20%，审计占20% |
| 试题题型 | (1) 名词解释(5题，每题3分，共15分)<br>(2) 简答题(3题，每题5分，共15分)<br>(3) 实务题(4题，每题10分，共40分)<br>(4) 论述题(2题，每题15分，共30分) |

| 3. 面试 | | |
|---|---|---|
| 面试内容构成 | 专业能力考核、综合素质考核、英语口语、思想政治理论 | |
| 考官人数 | 5人 | |
| 面试时长 | 20分钟 | |
| 口语考查方式 | 朗读、翻译 | |
| 题目举例 | 股票筹资的优点；投资决策包含哪些方法；怎么有效控制内部存货 | |
| 是否有小组面试 | 否 | 是否有抽题 | 是 |

| 4. 其他信息 |
|---|
| |

# 广州大学

| 1. 概况 | | | |
|---|---|---|---|
| 计划招生人数 | 全日制：90 | 非全日制：—— | |
| 实际录取人数 | 全日制：92 | 非全日制：—— | |
| 分数线 | 全日制：222/50/100 | 非全日制：—— | |
| 复试分数计算办法 | 专业知识与综合素质技能成绩在复试总成绩中占80%，外语水平测试成绩在复试总成绩中占20%，专业知识和技能考试包括思想政治理论考试占20%<br>总成绩 = 初试成绩/3×0.5 + 复试成绩×0.5 | | |
| 差额比例 | 全日制进入复试142人，拟录取92人，复试比例为1∶1.54 | | |
| 时间节点 | 2022年4月3日 | | |
| **2. 笔试** | | | |
| 专业课考查科目 | 会计专业综合 (同等学力加考：基础会计、财务会计) | | |
| 非专业课考查科目 | 思想政治理论、英语 | | |
| 参考书目 | (1)《财务会计学》(第十一版)，戴德明等著，中国人民大学出版，2018<br>(2)《财务管理》(第八版)，荆新、王化成著，中国人民大学出版社，2018<br>(3)《审计学》(第八版)，宋常著，中国人民大学出版社，2018<br>(4) 同等学力加考的参考书：《会计学》(第六版)，刘永泽、陈文铭主编，东北财经大学出版社，2018 | | |
| 试卷信息 | 政治100分 | | |
| 试题题型 | 简答题、论述题、计算分析题 | | |
| **3. 面试** | | | |
| 面试内容构成 | 专业课、英语口语、综合素质、思想政治 | | |
| 考官人数 | 5人 | | |
| 面试时长 | 15分钟 | | |
| 口语考查方式 | 自我介绍、简单英语提问 | | |
| 题目举例 | 请说明权益性支出和资本性支出的区别；项目分析的方法；预计负债的计量 | | |
| 是否有小组面试 | 否 | 是否有抽题 | 是 |
| **4. 其他信息** | | | |
| | | | |

# 吉林财经大学

| 1. 概况 | | | |
|---|---|---|---|
| 计划招生人数 | 全日制：115 | | 非全日制：—— |
| 实际录取人数 | 全日制：118 | | 非全日制：—— |
| 分数线 | 全日制：212 | | 非全日制：—— |
| 复试分数计算办法 | 考生复试成绩满分为100分，其中专业综合面试90分，外语综合测试10分<br>总成绩 = (初试成绩/3)×70% + (复试成绩/1)×30% | | |
| 差额比例 | 进入复试135人，拟录取118人，复试比例为1：1.14 | | |
| 时间节点 | 2022年4月上旬 | | |
| **2. 笔试** | | | |
| 专业课考查科目 | 中级财务会计、财务管理学 | | |
| 非专业课考查科目 | 政治 | | |
| 参考书目 | 思想政治理论(时事)<br>(1)《中级财务会计》(第6版)，刘永泽、陈立军，东北财经大学出版社，2018<br>(2)《财务管理学》(第8版)，荆新、王化成等，中国人民大学出版社，2018 | | |
| 试卷信息 | 政治100分 | | |
| 试题题型 | 线上进行笔试 | | |
| **3. 面试** | | | |
| 面试内容构成 | 专业课、英语口语 | | |
| 考官人数 | 5人 | | |
| 面试时长 | 30分钟 | | |
| 口语考查方式 | 自我介绍、考官提问 | | |
| 题目举例 | 请说明可靠性和相关性的含义；现金流量表直接法和间接法的区别；影响固定资产折旧的因素 | | |
| 是否有小组面试 | 否 | 是否有抽题 | 是 |
| **4. 其他信息** | | | |
| | | | |

# 广东外语外贸大学

| 1. 概况 | | |
|---|---|---|
| 计划招生人数 | 全日制：普通96；小语种30 | 非全日制：—— |
| 实际录取人数 | 全日制：普通126；小语种40 | 非全日制：—— |
| 分数线 | 全日制：国际注册会计师、国际管理会计师233/92/46；小语种221/92/46 | 非全日制：—— |
| 复试分数计算办法 | 录取总成绩 = 初试成绩×60%/3 + 复试成绩×40% | |
| 差额比例 | 1：1.2 | |
| 时间节点 | 2022年4月 | |
| **2. 笔试** | | |
| 专业课考查科目 | 会计与财务管理综合 | |
| 非专业课考查科目 | 无 | |
| 参考书目 | (1)《经济学原理(微观经济学)》(第八版)，[美]曼昆著，梁小民等译，北京大学出版社，2020年版；(2)《管理学——原理与方法》(第七版)，周三多、陈传明、刘子馨、贾良定编著，复旦大学出版社，2018年版；(3)《财务会计学》(第十二版)，戴德明等主编，中国人民大学出版社，2019年8月版；(4)《财务管理学》(第八版)，荆新、王化成、刘俊彦编，中国人民大学出版社，2018年版；(5)《管理会计学》(第八版)，孙茂竹等主编，中国人民大学出版社，2018年版；(6)《成本会计学》(第九版)，于富生、黎来芳、张敏编，中国人民大学出版社，2021年版；(7) 2021年度注册会计师全国统一考试辅导教材《审计》，中国注册会计师协会编，中国财政经济出版社 | |
| 试卷信息 | 100分 | |
| 试题题型 | 笔试、口答 | |
| **3. 面试** | | |
| 面试内容构成 | 专业课、综合素质、英语口语、政治素养 | |
| 考官人数 | 5人 | |
| 面试时长 | 20分钟 | |
| 口语考查方式 | 自我介绍、考官提问 | |
| 题目举例 | 请说明财会、管财、成本会计的区别；货币的时间价值；筹资方式有哪些；货币的时间价值 | |

| 是否有小组面试 | 否 | 是否有抽题 | | 是 |
|---|---|---|---|---|

| **4. 其他信息** |
|---|
| |

# 暨南大学

## 1. 概况

| 计划招生人数 | 全日制：99 | 非全日制：—— |
|---|---|---|
| 实际录取人数 | 全日制：70 | 非全日制：—— |
| 分数线 | 全日制：241/50/100 | 非全日制：—— |
| 复试分数计算办法 | 复试总分为200分，包括综合素质与能力、专业素质与能力两部分，满分各100分：综合素质与能力包括思想政治素质与道德品质20分，外语听说能力20分，基本素养60分；专业素质与能力包括三个方面：专业知识与基本技能60分，创新能力与科研潜质20分，专业认识与个人发展20分<br>总成绩 = 初试成绩×初试权重 + 复试折合成绩×复试权重，复试权重为40%，初试权重为60%；复试折合成绩 = 复试成绩× (300/复试满分) | |
| 差额比例 | 全日制进入复试159人，拟录取70人，复试比例为1：2.3 | |
| 时间节点 | 2022年3月28日—31日 | |

## 2. 笔试

| 专业课考查科目 | 中级财务会计和中级财务管理 | |
|---|---|---|
| 非专业课考查科目 | 政治 | |
| 参考书目 | (1)《中级财务会计》，王华、石本仁，中国人民大学出版社，2010年版<br>(2)《企业财务管理》，宋献中、吴思明，暨南大学出版社，2005年版 | |
| 试卷信息 | 100分 | |
| 试题题型 | 单选题、判断题、简答题、论述题、计算分析题 | |

## 3. 面试

| 面试内容构成 | 专业课、英语口语、综合素质、政治理论 | |
|---|---|---|
| 考官人数 | 不少于5人 | |
| 面试时长 | 20分钟 | |
| 口语考查方式 | 自我介绍、考官提问、翻译 | |
| 题目举例 | 请说说财务管理和管理会计的区别；完全成本法和被动成本法的区别；审核制注册制；蚂蚁金服上市失败的原因；金融衍生工具 | |
| 是否有小组面试 | 否 | 是否有抽题 | 是 |

## 4. 其他信息

| | |
|---|---|
| | |

# 同济大学

## 1. 概况

| 计划招生人数 | 全日制：—— | | 非全日制：88 |
|---|---|---|---|
| 实际录取人数 | 全日制：—— | | 非全日制：61 |
| 分数线 | 全日制：—— | | 非全日制：193/100/50 |
| 复试分数计算办法 | 复试成绩＝外语成绩＋综合复试成绩<br>总成绩＝全国联考成绩×50%＋复试成绩×50% | | |
| 差额比例 | 进入复试65人，拟录取61人，差额比例为1∶1.5 | | |
| 时间节点 | 2022年4月8日 | | |

## 2. 笔试

| 专业课考查科目 | 会计学综合 |
|---|---|
| 非专业课考查科目 | 政治 |
| 参考书目 | 《财务会计学》(第10版)，戴德明、林钢、赵西卜主编，中国人民大学出版社，2018年5月 |
| 试卷信息 | 100分 |
| 试题题型 | 线上进行复试，笔试、口答 |

## 3. 面试

| 面试内容构成 | 无领导小组案例讨论和个人面试相结合，复试内容包括政治、外语和综合知识；先进行小组面试，时间约20～30分钟；小组面试结束后依次进行个人面试，个人面试的内容包括政治、外语和综合能力，平均每人约15～20分钟 | | |
|---|---|---|---|
| 考官人数 | 7人 | | |
| 面试时长 | 30分钟 | | |
| 口语考查方式 | 自我介绍、考官提问 | | |
| 题目举例 | (1) 你为什么考同济MPAcc<br>(2) 你认为在工作中最关键的是什么<br>(3) 你的职业规划或者你想在研究生毕业后成为什么样的人，达到什么目标<br>(4) 请说说你所在企业的核心竞争力是什么 | | |
| 是否有小组面试 | 是 | 是否有抽题 | 否 |

## 4. 其他信息

面试问题大致分成三部分：政治、中文和英文问题

# 东华大学

## 1. 概况

| 计划招生人数 | 全日制：60 | | 非全日制：—— |
|---|---|---|---|
| 实际录取人数 | 全日制：63 | | 非全日制：—— |
| 分数线 | 全日制：225/100/50 | | 非全日制：—— |
| 复试分数计算办法 | 复试成绩满分为220分，总成绩 = 初试成绩 + 复试成绩 | | |
| 差额比例 | 1：1.2 | | |
| 时间节点 | 2022年4月上旬 | | |

## 2. 笔试

| 专业课考查科目 | 会计学 |
|---|---|
| 非专业课考查科目 | 政治理论 |
| 参考书目 | 《会计学》(第五版)，陈信元、戴欣苗、陈振婷、黄俊编，上海财经大学出版社，2018年3月 |
| 试卷信息 | 采用线上网络远程的形式进行 |
| 试题题型 | 笔试、口答 |

## 3. 面试

| 面试内容构成 | (1)PPT自述(6分钟)：包含但不限于自我介绍、学习经历、科研训练、社会实践等；前3分钟用中文汇报，后3分钟用英文汇报，中英文内容不得重复，后3分钟的英文不是对前3分钟中文的翻译；(2)综合面试(14分钟)：包含中文和英文问题，考生随机抽取一组测试题，答题结束后进行互动问答 | | |
|---|---|---|---|
| 考官人数 | 5～6人 | | |
| 面试时长 | 20分钟 | | |
| 口语考查方式 | 考官提问 | | |
| 题目举例 | 请说明资本化和费用化的区别；投资性房地产公允模式和成本模式的区别 | | |
| 是否有小组面试 | 否 | 是否有抽题 | 是 |

## 4. 其他信息

| |
|---|
| |

# 上海财经大学

| 1. 概况 | | |
|---|---|---|
| 计划招生人数 | 全日制：56 | 非全日制：100 |
| 实际录取人数 | 全日制：89 | 非全日制：100 |
| 分数线 | 全日制：A组239/100/50<br>　　　　B组219/100/50<br>　　　　C组193/100/50 | 非全日制：193/100/50 |
| 复试分数计算办法 | 全日制：复试成绩 = 面试成绩(满分100)<br>综合成绩 = 初试成绩/3×0.7 + 复试成绩×0.3<br>非全日制：复试成绩 = 面试成绩(满分100) + 背景加分(满分20)<br>综合成绩 = 初试成绩/3×0.7 + 复试成绩/1.2×0.3 | |
| 差额比例 | 全日制进入复试：A组128人，拟录取64人，差额比例为1：2；B组44人，拟录取21人，差额比例为1：2.1<br>非全日制进入复试103人，拟录取100人，差额比例为1：1.03 | |
| 时间节点 | 2022年4月3日—5日 | |
| 2. 笔试 | | |
| 专业课考查科目 | 会计学(90分)、财务管理(50分) | |
| 非专业课考查科目 | 政治(10分) | |
| 参考书目 | (1)《会计学》(第五版)，陈信元主编，上海财经大学出版社(2018年)<br>(2)《管理会计》(第四版)，潘飞主编，上海财经大学出版社(2020年)<br>(3) 财务管理考试内容参考《公司理财》原书第11版，[美]罗斯，吴世农等译，机械工业出版社(2017年) | |
| 试卷信息 | 线上远程复试 | |
| 试题题型 | 笔试、口答 | |
| 3. 面试 | | |
| 面试内容构成 | 思想政治理论(5分)、外语听说能力(20分)、专业知识水平(25分)、综合素质和能力(50分) | |
| 考官人数 | 5人 | |
| 面试时长 | 25分钟 | |
| 口语考查方式 | 考官提问 | |
| 题目举例 | 你为什么选择SUFE；你未来五年的职业规划是什么 | |
| 是否有小组面试 | 否 | 是否有抽题 | 是 |
| 4. 其他信息 | | |
| | | |

# 上海大学(管理学院)

| 1. 概况 | | |
|---|---|---|
| 计划招生人数 | 全日制：管院：72<br>悉尼工商学院：37 | 非全日制：管院：100<br>悉尼工商学院：95 |
| 实际录取人数 | 全日制：管院：110(另有专项计划2人，共扩招11人)<br>悉尼工商学院：52 | 非全日制：管院：117<br>悉尼工商学院：137 |
| 分数线 | 全日制：管院：220/100/50<br>悉尼工商学院：210/100/50 | 非全日制：管院：220/100/50<br>悉尼工商学院：210/100/50 |
| 复试分数计算办法 | 复试满分为300分，其中专业基础满分为150分，外语口语听力满分为50分，思想政治理论100分；综合成绩 = 初试成绩×50% + 复试成绩×50% | |
| 差额比例 | 管理学院进复试219人，拟录取182，复试比例为1：1.2 | |
| 时间节点 | 2022年3月下旬开始 | |
| **2. 笔试** | | |
| 专业课考查科目 | 会计专业综合 | |
| 非专业课考查科目 | 政治 | |
| 参考书目 | 悉尼工商学院参考书目：(1)《中级财务会计》(第6版)，刘永泽主编，东北财经大学出版社，2018年9月；(2)《管理会计》(第6版)，吴大军主编，东北财经大学出版社，2021年2月；(3)《财务管理》(第5版)，刘淑莲主编，东北财经大学出版社，2019年8月；(4)财政部已经颁布和修订颁布的会计准则及指南<br>管理学院参考书目：(1)《财务会计》(第4版)，徐文丽主编，立信会计出版社，2019年；(2)《财务管理基础》，戴书松主编，中国金融出版社或上海大学出版社均可，出版时间不限；(3)《管理会计》(第四版)，潘飞主编，上海财经大学出版社，2020年；(4)《审计》(最新版)，中国注册会计师协会编，中国财政经济出版社，2020年；(5)财政部已经颁布和修订颁布的最新会计准则内容 | |
| 试卷信息 | 线上进行远程复试 | |
| 试题题型 | 笔试、口答 | |
| **3. 面试** | | |
| 面试内容构成 | 专业课、英语口语、综合素质 | |
| 考官人数 | 不少于5人 | |
| 面试时长 | 20分钟 | |
| 口语考查方式 | 考官提问 | |
| 题目举例 | 财务会计和税务会计未来的发展趋势 | |
| 是否有小组面试 | 否 | 是否有抽题 | 是 |
| **4. 其他信息** | | |
| | | |

# 上海国家会计学院

| 1. 概况 | | |
|---|---|---|
| 计划招生人数 | 全日制：研究生部会计理论与实务方向24人；大数据与会计方向11人 | 非全日制：会计系会计与财务管理37人；医院财务管理15人 |
| 实际录取人数 | 全日制：66 | 非全日制：33 |
| 分数线 | 全日制：230/120/60 | 非全日制：193/100/50 |
| 复试分数计算办法 | 总成绩 = 初试成绩 + 复试成绩 | |
| 差额比例 | 01、02方向实考522人，合计录取66人，报录比为7.9；03、04方向实考137人，合计录取33人，报录比为4.2 | |
| 时间节点 | 2022年4月上旬 | |
| 2. 笔试 | | |
| 专业课考查科目 | 财务会计、微观经济学 | |
| 非专业课考查科目 | 无 | |
| 参考书目 | (1)《中级财务会计》(第6版)，刘永泽、陈立军主编，东北财经大学出版社(2018年) (2)《经济科学译丛：微观经济学》(第九版)，罗伯特·S.平狄克、丹尼尔·L.鲁宾费尔德著，中国人民大学出版社(2020年) (3) 同等学力加试科目参考：《管理会计》(第4版)，潘飞编著，上海财经大学出版社(2019年)；《公司金融》(第四版)，朱叶编著，复旦大学出版社(2018年) | |
| 试卷信息 | 采用网络远程复式形式 | |
| 试题题型 | 笔试、口答 | |
| 3. 面试 | | |
| 面试内容构成 | 专业素质、综合能力、英语口语 | |
| 考官人数 | 不少于5人 | |
| 面试时长 | 20分钟 | |
| 口语考查方式 | 考官提问 | |
| 题目举例 | 会计信息质量要求有哪些；将区块链运用到会计行业，将对会计信息质量要求有什么影响 | |
| 是否有小组面试 | 否 | 是否有抽题 | 是 |
| 4. 其他信息 | | |
| 面试顺序：综合、专业、口语 | | |

# 华东理工大学

## 1. 概况

| 计划招生人数 | 全日制：100 | 非全日制：55 |
|---|---|---|
| 实际录取人数 | 全日制：102，另有退役大学生士兵计划1人，少数民族骨干计划4人 | 非全日制：9 |
| 分数线 | 全日制：231/100/50 | 非全日制：193/100/50 |
| 复试分数计算办法 | 复试总分为100分，包括英语能力面试(10分)，专业能力面试(75分)，综合能力面试(10分)，政治考试(5分)<br>综合成绩 = (初试成绩总分/3)×70% + 复试成绩×30% | |
| 差额比例 | 进入复试121人(含少干1人)，拟录取102人，全日制复试比例为1：1.2<br>进入复试9人，实际录取9人，非全日制复试比例为1：1 | |
| 时间节点 | 2022年3月下旬开始 | |

## 2. 笔试

| 专业课考查科目 | 财务会计、财务管理、成本会计 |
|---|---|
| 非专业课考查科目 | 思想政治理论 |
| 参考书目 | (1)《公司财务管理》(第一版)，陈荣奎编著，厦门大学出版社；(2)会计学(第五版)，刘永泽主编，东北财经大学出版社；(3)CPA辅导材料《会计》(2020)中关于金融资产、投资性房地产、会计政策与会计估计的变更、所得税会计、合并报表等内容，中国财政经济出版社 |
| 试卷信息 | 线上复试 |
| 试题题型 | 笔试、口答 |

## 3. 面试

| 面试内容构成 | 专业课、英语口语、综合素质 | | |
|---|---|---|---|
| 考官人数 | 5人 | | |
| 面试时长 | 20分钟，外语口语复试时间一般为5分钟 | | |
| 口语考查方式 | 考官提问 | | |
| 题目举例 | 请说明存货计价的方法；金融资产、摊余成本等 | | |
| 是否有小组面试 | 否 | 是否有抽题 | 是 |

## 4. 其他信息

| | |
|---|---|
| | |

# 南京财经大学

| 1. 概况 | | |
|---|---|---|
| 计划招生人数 | 全日制：179 | 非全日制：—— |
| 实际录取人数 | 全日制：205 | 非全日制：—— |
| 分数线 | 全日制：217/50/100 | 非全日制：—— |
| 复试分数计算办法 | 总成绩 = (初试总成绩/初试总成绩满分)×100×70% + (复试总成绩/复试总成绩满分)×100×30% | |
| 差额比例 | 进入复试249人，录取205人，差额比例为1：1.2 | |
| 时间节点 | 2022年3月中下旬至4月中下旬 | |
| **2. 笔试** | | |
| 专业课考查科目 | 会计学、财务管理 | |
| 非专业课考查科目 | 政治理论 | |
| 参考书目 | (1)《会计学》(第六版)，刘永泽主编，东北财经大学出版社，2018年<br>(2)《财务管理》(第六版)，王玉春主编，南京大学出版社，2018年 | |
| 试卷信息 | 线上进行，网络远程复试 | |
| 试题题型 | 笔试、口答 | |
| **3. 面试** | | |
| 面试内容构成 | 专业课、综合素质、英语听力与口语、思想政治 | |
| 考官人数 | 3～5人 | |
| 面试时长 | 20分钟 | |
| 口语考查方式 | 考官提问 | |
| 题目举例 | 请说明对股票回购的认识 | |
| 是否有小组面试 | 否 | 是否有抽题 | 是 |
| **4. 其他信息** | | |
| | | |

# 南京审计大学

| 1. 概况 | | |
|---|---|---|
| 计划招生人数 | 全日制：93 | 非全日制：—— |
| 实际录取人数 | 全日制：126 | 非全日制：—— |
| 分数线 | 全日制：213 | 非全日制：—— |
| 复试分数计算办法 | 复试满分为150分，其中专业知识、综合素质及能力100分，英语听说50分<br>总分 = (初试成绩/3)×50% + (复试成绩/4)×50% | |
| 差额比例 | 157人进入复试，录取126人，差额比例为1：1.24 | |
| 时间节点 | 2022年3月25日—26日 | |
| 2. 笔试 | | |
| 专业课考查科目 | 会计学<br>同等学力加试：管理会计、审计学 | |
| 非专业课考查科目 | 思想政治理论 | |
| 参考书目 | (1)思想政治理论：参考教育部考试中心或教育部指定相关机构编制的最新《思想政治理论考试大纲》；(2)《会计》，中国注册会计师协会，中国财政经济出版社，2020年；(3)《公司理财：精要版》(第12版)，[美]罗斯著，机械工业出版社，2020年；(4)同等学力加试参考书目：《成本与管理会计》(第15版)，亨格瑞等著，王立彦等译，中国人民大学出版社，2016年；《审计》，中国注册会计师协会，中国财政经济出版社，2020年 | |
| 试卷信息 | 线上远程网络复试 | |
| 试题题型 | 笔试、口答 | |
| 3. 面试 | | |
| 面试内容构成 | 专业知识、综合素质、英语口语 | |
| 考官人数 | 5人 | |
| 面试时长 | 30分钟 | |
| 口语考查方式 | 考官提问、朗读并翻译 | |
| 题目举例 | 请说明合并范围的含义 | |
| 是否有小组面试 | 否 | 是否有抽题 | 是 |
| 4. 其他信息 | | |
| | | |

# 南京大学

| 1. 概况 | | |
|---|---|---|
| 计划招生人数 | 全日制：—— | 非全日制：160 |
| 实际录取人数 | 全日制：—— | 非全日制：160 |
| 分数线 | 全日制：—— | 非全日制：193/100/50 |
| 复试分数计算办法 | 复试成绩(300分) = 专业知识成绩(150分) + 思想品德与时事政治成绩(50分) + 英语水平成绩(50分) + 综合能力成绩(50分) | |
| 差额比例 | 进入复试人数171人，拟录取160人，复试比例为1：1.1 | |
| 时间节点 | 2022年3月24日 | |
| **2. 笔试** | | |
| 专业课考查科目 | 财务管理、会计学 | |
| 非专业课考查科目 | 时事政治、专业综合和英语听说面试 | |
| 参考书目 | (1) 参照《全国会计硕士专业学位研究生入学考试复试阶段专业课指导性大纲》<br>(2)《会计学原理》，杨雄胜，南京大学出版社<br>(3)《财务会计学》，陈丽华等，南京大学出版社<br>(4)《财务管理导论》，南京大学出版社 | |
| 试卷信息 | 线上远程网络复试 | |
| 试题题型 | 笔试、口答 | |
| **3. 面试** | | |
| 面试内容构成 | 专业课、政治、英语、综合素质 | |
| 考官人数 | 5人 | |
| 面试时长 | 20分钟 | |
| 口语考查方式 | 考官提问 | |
| 题目举例 | 请谈谈你对资产负债表的看法 | |
| 是否有小组面试 | 否 | 是否有抽题 | 否 |
| **4. 其他信息** | | |
| | | |

# 南京邮电大学

| 1. 概况 | | |
|---|---|---|
| 计划招生人数 | 全日制：57 | 非全日制：3 |
| 实际录取人数 | 全日制：60 | 非全日制：9 |
| 分数线 | 全日制：218/100/50 | 非全日制：218/100/50 |
| 复试分数计算办法 | 综合总成绩 = (初试成绩/3×0.7) + (复试成绩/2.5×0.3) | |
| 差额比例 | 进入复试83人，拟录取60人，差额比例为1∶1.4 | |
| 时间节点 | 2022年3月23日—4月25日 | |
| **2. 笔试** | | |
| 专业课考查科目 | 会计学综合 | |
| 非专业课考查科目 | 政治理论 | |
| 参考书目 | (1)《中级财务会计》最新版，刘永泽，东北财经大学出版社；(2)《管理会计学》最新版，孙茂竹主编，中国人民大学出版社；(3)《审计学》最新版，秦荣生主编，中国人民大学出版社；(4)《财务管理学》，荆新主编，中国人民大学出版社 | |
| 试卷信息 | 线上进行 | |
| 试题题型 | 笔试、口答 | |
| **3. 面试** | | |
| 面试内容构成 | 综合素质、英语口语、专业课 | |
| 考官人数 | 5人 | |
| 面试时长 | 20分钟 | |
| 口语考查方式 | 朗读并翻译 | |
| 题目举例 | 请说明股利分配的方式；合并范围的含义；简述内部控制五要素；请阐述会计四大基本假设的含义，并举例说明四大基本假设在会计学中的含义；资产 = 负债 + 所有者权益，请说明这一会计学公式的基本含义，并说明资产，负债和所有者权益分别包括哪些科目；固定资产折旧有哪些办法，请说明这些办法对企业的资产负债表、利润表和缴纳税务什么影响；列举企业常用的会计政策 | |
| 是否有小组面试 | 否 | 是否有抽题 | 否 |
| **4. 其他信息** | | |
| | | |

# 河海大学

| 1. 概况 | | |
|---|---|---|
| 计划招生人数 | 全日制：5 | 非全日制：50 |
| 实际录取人数 | 全日制：7 | 非全日制：165 |
| 分数线 | 全日制：193/100/50 | 非全日制：193/100/50 |
| 复试分数计算办法 | 入学考试总成绩为初试成绩和复试成绩相加之和<br>复试成绩满分为280分，其中外语听力及口语测试50分，综合素质和能力考核50分，专业素质和能力考核180分 | |
| 差额比例 | 非全日制拟录取165<br>全日制进入复试38人，拟录取7人，差额比例为1∶5.4 | |
| 时间节点 | 2022年3月24日 | |
| **2. 笔试** | | |
| 专业课考查科目 | 会计综合；同等学力加试科目：财务管理、会计学原理 | |
| 非专业课考查科目 | 思想政治理论考试 | |
| 参考书目 | (1)《财务会计》(第4版)，徐文丽主编，立信会计出版社，2019年； (2)《财务管理基础》，戴书松主编，中国金融出版社或上海大学出版社均可，出版时间不限；(3)《管理会计》(第四版)，潘飞主编，上海财经大学出版社，2020年； (4)《审计》(最新版)，中国注册会计师协会编，中国财政经济出版社，2020年 | |
| 试卷信息 | 线上网络复试 | |
| 试题题型 | 笔试、口答 | |
| **3. 面试** | | |
| 面试内容构成 | 外语能力、综合能力、专业素质 | |
| 考官人数 | 5～6人 | |
| 面试时长 | 20分钟 | |
| 口语考查方式 | 考官提问、抽题 | |
| 题目举例 | 请说明资产的定义、常见分类，以及主要的资产科目有哪些；变动成本、固定成本、机会成本、沉没成本的含义和关系；发出存货计价方法有哪些，如何理解这些方法；投资项目评价有哪些方法；保证会计信息质量的一般原则等 | |

| 是否有小组面试 | 否 | 是否有抽题 | | 是 |
|---|---|---|---|---|

| **4. 其他信息** | | | | |
|---|---|---|---|---|
| | | | | |

# 华侨大学

## 1. 概况

| 计划招生人数 | 全日制：45(含推免5人) | 非全日制：—— |
|---|---|---|
| 实际录取人数 | 全日制：49人 | 非全日制：—— |
| 分数线 | 全日制：215 | 非全日制：—— |
| 复试分数计算办法 | 总成绩＝初试成绩/3×初试权重70%＋复试成绩(百分制)×复试权重30% | |
| 差额比例 | 进入复试67人，拟录取49人，复试比例为1：1.4 | |
| 时间节点 | 2022年4月9日—10日 | |

## 2. 笔试

| 专业课考查科目 | 会计专业综合 |
|---|---|
| 非专业课考查科目 | 政治(时事政治为重点) |
| 参考书目 | (1)《中级财务会计》最新版，东北财经大学出版社，刘永泽、陈立军主编<br>(2)《财务管理学》最新版，中国人民大学出版社，荆新、王化成、刘俊彦主编<br>(3)《审计学》最新版，中国人民大学出版社，宋常主编<br>(4)《成本管理会计》最新版，高等教育出版社，孟焰主编 |
| 试卷信息 | 线上远程复试 |
| 试题题型 | 笔试、口答 |

## 3. 面试

| 面试内容构成 | 专业课、英语口语、综合素质、政治理论 | | |
|---|---|---|---|
| 考官人数 | 5人 | | |
| 面试时长 | 10～15分钟 | | |
| 口语考查方式 | 抽题、考官提问 | | |
| 题目举例 | 请说明计算现金折扣和资本成本率；存货的审计方法；财务报告体系的构成；不准确的产品成本会产生什么影响 | | |
| 是否有小组面试 | 否 | 是否有抽题 | 是 |

## 4. 其他信息

| |
|---|
| |

# 南京师范大学

| 1. 概况 | | |
|---|---|---|
| 计划招生人数 | 全日制：45 | 非全日制：—— |
| 实际录取人数 | 全日制：66 | 非全日制：—— |
| 分数线 | 全日制：230/50/100 | 非全日制：—— |
| 复试分数计算办法 | 综合成绩 = 初试总成绩(满分500分)/5×60% + 复试专业课笔试成绩(满分150分)/1.5×20% + 面试成绩(总分100分)×15% + 外语听力成绩×4% + 外语口语成绩×1% | |
| 差额比例 | 进复试80人，统考共录取66人，录取复试比例为1∶1.2 | |
| 时间节点 | 2022年3月26日 | |
| **2. 笔试** | | |
| 专业课考查科目 | 会计学 | |
| 非专业课考查科目 | 思想政治理论 | |
| 参考书目 | (1)《中级财务会计》(第3版)，林钢主编，中国人民大学出版社，2019年<br>(2)《财务管理学》(第8版)，荆新、王化成、刘俊彦主编，中国人民大学出版社，2018年<br>(3)《成本会计学》(第8版)，于富生、黎来芳、张敏主编，中国人民大学出版社，2018年<br>(4)《管理会计学》(第8版)，孙茂竹、支晓强、戴璐主编，中国人民大学出版社，2018年<br>(5)《审计学》(第8版)，宋常主编，中国人民大学出版社，2018年 | |
| 试卷信息 | 线上复试 | |
| 试题题型 | 专业面试采用抽签形式，笔试、口述 | |
| **3. 面试** | | |
| 面试内容构成 | 综合素质、专业课、英语 | |
| 考官人数 | 5～6人 | |
| 面试时长 | 20分钟 | |
| 口语考查方式 | 抽题、考官提问 | |
| 题目举例 | 为什么要分为实收资本和留存收益；留存收益的来源 | |
| 是否有小组面试 | 否 | 是否有抽题 | 是 |
| **4. 其他信息** | | |
| 先笔试，后面试，采用线上方式进行，综合面试和专业面试由专业课老师进行面试，题目由抽签决定，考生在一个会议室里直接抽签，用3～4分钟进行思考，然后直接回答 | | |

# 南京林业大学

| 1. 概况 | | |
|---|---|---|
| 计划招生人数 | 全日制：25 | 非全日制：43 |
| 实际录取人数 | 全日制：41 | 非全日制：5 |
| 分数线 | 全日制：193/100/50 | 非全日制：193/100/50 |
| 复试分数计算办法 | 入学考试总成绩 = 初试总成绩(折合成100分制)×0.8 + 复试总成绩(折合成100分制)×0.2 | |
| 差额比例 | 全日制进入复试169人，拟录取41人，差额比例为1：4.1<br>非全日制进入复试5人，拟录取5人，差额比例为1：1 | |
| 时间节点 | 2022年3月26日 | |
| **2. 笔试** | | |
| 专业课考查科目 | 财务会计、财务管理 | |
| 非专业课考查科目 | 思想政治理论 | |
| 参考书目 | (1)《中级财务会计》(最新版)，刘永泽、陈立军主编，东北财经大学出版社<br>(2)《财务管理学》(最新版)，荆新、王化成、刘俊彦主编，中国人民大学出版社 | |
| 试卷信息 | 线上复试，复试满分为200分，专业基础知识考核和专业综合素质考核各100分<br>思想政治理论考试在复试中进行，成绩计入复试总成绩 | |
| 试题题型 | 笔试(包括答题、画图、创作等)、面试、实践(实验)能力考核 | |
| **3. 面试** | | |
| 面试内容构成 | 综合素质、专业课、英语 | |
| 考官人数 | 5～6人 | |
| 面试时长 | 20分钟 | |
| 口语考查方式 | 抽题、考官提问 | |
| 题目举例 | 请说明资本资产定价模型；定期预算 | |
| 是否有小组面试 | 否 | 是否有抽题 | 否 |
| **4. 其他信息** | | |
| 先笔试，后面试，采用线上方式进行；先抽签，然后按照抽签上面的数字进行提问，接着是中英文自我介绍，政治题不难，以宏观题为主，专业课会从财管和中财中分别提问两道题 | | |

# 南开大学

| 1. 概况 | | | |
|---|---|---|---|
| 计划招生人数 | 全日制：30 | | 非全日制：80 |
| 实际录取人数 | 全日制：32 | | 非全日制：81 |
| 分数线 | 全日制：200/130/60 | | 非全日制：200/130/60 |
| 复试分数计算办法 | 录取成绩计算公式：初试权重＋复试权重＝100%<br>初试权重为50%，复试权重为50%<br>录取成绩＝(初试成绩/3)×50%＋复试成绩×50%<br>复试成绩＝思想政治理论考试×10%＋面试成绩×90%(复试成绩满分为100分) | | |
| 差额比例 | 全日制进入复试164人，拟录取32人，复试比例为1：5.1<br>非全日制进入复试94人，复试拟录取81人，复试比例为1：1.3 | | |
| 时间节点 | 2022年4月3日—5日 | | |
| 2. 笔试 | | | |
| 专业课考查科目 | 财务会计、财务管理、管理会计和审计 | | |
| 非专业课考查科目 | 思想政治理论 | | |
| 参考书目 | (1)《2020年注册会计师全国统一考试辅导教材——会计》，中国注册会计师协会编，中国财政经济出版社，2020年3月；(2)《管理会计(第5版)》，吴大军、牛彦秀编，东北财经大学出版社，2018年5月；(3)《财务管理学》，荆新主编，中国人民大学出版社，2012年6月；(4)《审计学(第2版)》，张继勋主编，清华大学出版社，2015年2月 | | |
| 试卷信息 | 名词解释、简答题 | | |
| 试题题型 | 开放性试题 | | |
| 3. 面试 | | | |
| 面试内容构成 | 专业课、英语口语、综合素质 | | |
| 考官人数 | 5～6人 | | |
| 面试时长 | 20分钟 | | |
| 口语考查方式 | 抽题、考官提问 | | |
| 题目举例 | 请说明股票股利该如何进行处理，只能在备查簿登记吗；现金股利和股票股利的区别，分别如何做会计分录；股票股利是什么，适用于什么公司，会影响所有者权益的哪些部分；公司可以通过怎样的方式控股合并得到营业外收入；为什么要进行分析性程序 | | |
| 是否有小组面试 | 否 | 是否有抽题 | 是 |
| 4. 其他信息 | | | |
| | | | |

# 天津财经大学

| 1. 概况 | | |
|---|---|---|
| 计划招生人数 | 全日制：180 | 非全日制：—— |
| 实际录取人数 | 全日制：219 | 非全日制：—— |
| 分数线 | 全日制：225/50/100 | 非全日制：—— |
| 复试分数计算办法 | 复试成绩(100分) = 专业综合能力成绩(80分) + 外语听说能力成绩(20分)<br>初试成绩满分为300分：总成绩 = 初始成绩/3×70% + 复试成绩×30% | |
| 差额比例 | 进入复试269人，拟录取219人，复试比例为1：1.23 | |
| 时间节点 | 2022年4月上旬 | |
| 2. 笔试 | | |
| 专业课考查科目 | 会计、财务管理、成本管理会计 | |
| 非专业课考查科目 | 思想政治 | |
| 参考书目 | (1)《财务会计(第七版)》，盖地主编，经济科学出版社，2018年8月；(2)《管理会计学(第七版)》，孙茂竹、文光伟、杨万贵主编，人民大学出版社，2015年6月；(3)《财务管理学(第八版)》，荆新、王化成、刘俊彦主编，中国人民大学出版社，2018年5月 | |
| 试卷信息 | 线上面试 | |
| 试题题型 | 抽题，财务会计每年会考察简答、论述和分录综合题；财务管理和管理会计每年考察简答、论述、计算题 | |
| 3. 面试 | | |
| 面试内容构成 | 专业课、外语听说能力、思想政治素质和道德品质 | |
| 考官人数 | 3～5人 | |
| 面试时长 | 20分钟 | |
| 口语考查方式 | 抽题 | |
| 题目举例 | 请说明配股与送股的区别 | |
| 是否有小组面试 | 否 | 是否有抽题 | 是 |
| 4. 其他信息 | | |
| | | |

# 山东大学(管理学院)

| 1. 概况 | | |
|---|---|---|
| 计划招生人数 | 全日制：28 | 非全日制：—— |
| 实际录取人数 | 全日制：42 | 非全日制：—— |
| 分数线 | 全日制：245/120/60 | 非全日制：—— |
| 分数计算办法 | 复试满分为100分，其中笔试考察专业综合(32%)与时事政治(8%)，面试考察考生英语口语听说(5%)与专业综合素质(55%)<br>拟录取成绩构成为初试成绩/3×60% + 复试成绩×40%。 | |
| 差额比例 | 进入复试54人，拟录取42人，差额比例为1∶1.3 | |
| 时间节点 | 2022年3月20日 | |
| **2. 笔试** | | |
| 专业课考查科目 | 会计综合(含财务会计、财务管理)(80%) | |
| 非专业课考查科目 | 思想政治理论(20%) | |
| 参考书目 | (1)《会计》(注册会计师全国统一考试辅导教材当年版本)<br>(2)《财务成本管理》(注册会计师全国统一考试辅导教材当年版本) | |
| 试卷信息 | 无 | |
| 试题题型 | 笔试、口答 | |
| **3. 面试** | | |
| 面试内容构成 | 专业综合(32%)、英语口语听说(5%)、专业综合素质(55%)、时事政治(8%) | |
| 考官人数 | 3～5人 | |
| 面试时长 | 10～15分钟 | |
| 口语考查方式 | 考官提问 | |
| 题目举例 | 请说明三大报告的勾稽关系；流动比率；实质重于形式原则；公允价值是什么；为什么评价投资方案不看利润，而是看现金流量 | |
| 是否有小组面试 | 否 | 是否有抽题 | 是 |
| **4. 其他信息** | | |
| | | |

# 山东财经大学

## 1. 概况

| 计划招生人数 | 全日制：80 | 非全日制：45 |
|---|---|---|
| 实际录取人数 | 全日制：96 | 非全日制：45(含1名士兵) |
| 分数线 | 全日制：223/100/50 | 非全日制：193/100/50 |
| 复试分数计算办法 | 复试成绩 = 复试笔试成绩×30% + 复试综合面试成绩×70%<br>综合成绩 = 初试总成绩/3×60% + 复试成绩×40% | |
| 差额比例 | 非全日制：46人复试，拟录取45人(含1名士兵)，差额比例为1∶1.04<br>全日制：129人复试，拟录取96人，差额比例为1∶1.3 | |
| 时间节点 | 2022年4月3日、7日 | |

## 2. 笔试

| 专业课考查科目 | 会计综合(含会计学、财务管理、审计学) |
|---|---|
| 非专业课考查科目 | 思想政治理论 |
| 参考书目 | (1)《基础会计》(第三版)，綦好东、吕玉芹主编，经济科学出版社2017年；(2)《财务管理学》(第四版)，张涛主编，经济科学出版社，2018年；(3)《审计学》(第二版)，杨明增主编，武恒光副主编，清华大学出版社，2018年 |
| 试卷信息 | 开卷，时长90分钟，满分为100分(政治15分) |
| 试题题型 | 案例分析、综合论述 |

## 3. 面试

| 面试内容构成 | 专业课、综合素质能力、英语口试与听力 | | |
|---|---|---|---|
| 考官人数 | 3～5人 | | |
| 面试时长 | 20分钟 | | |
| 口语考查方式 | 考官提问 | | |
| 题目举例 | 请说明审计的重要性<br>什么是借贷记账法，它的优点是什么 | | |
| 是否有小组面试 | 否 | 是否有抽题 | 是 |

## 4. 其他信息

# 四川大学

| 1. 概况 | | |
| --- | --- | --- |
| 计划招生人数 | 全日制：—— | 非全日制：60 |
| 实际录取人数 | 全日制：—— | 非全日制：60 |
| 分数线 | 全日制：—— | 非全日制：200/55/110 |
| 复试分数计算办法 | 总成绩＝(初试成绩/3)×70% + 复试成绩×30% | |
| 差额比例 | 进入复试人数84人，拟录取60人，非全日制复试比例为1∶1.4 | |
| 时间节点 | 2022年3月下旬 | |

| 2. 笔试 | |
| --- | --- |
| 专业课考查科目 | 会计学原理、时事政治 |
| 非专业课考查科目 | 政治 |
| 参考书目 | (1)《会计学基础》(第7版)，崔智敏、陈爱玲编，中国人民大学出版社，2020<br>(2)《财务管理学》(第8版)，荆新、王化成、刘俊彦著，中国人民大学出版社，2018 |
| 试卷信息 | 100分 |
| 试题题型 | (1) 单选题<br>(2) 多项选择题<br>(3) 分录题<br>(4) 论述题 |

| 3. 面试 | | | |
| --- | --- | --- | --- |
| 面试内容构成 | 专业课、英语口语、综合素质 | | |
| 考官人数 | 5人 | | |
| 面试时长 | 20分钟 | | |
| 口语考查方式 | 个人自述(含PPT)和专家提问，主要阐述考生本科在读期间的研究经历、未来的研究计划(或在职期间的职业背景、工作经历)等 | | |
| 题目举例 | 请说明ROE、EBIT、八项减值准备；固定资产的折旧和减值有什么区别；经济学和会计有什么关系(本科经济学)；合并报表的抵消(本科会计学)；请说明资源、资本、资产(本科资源勘查工程)；所得税计算；资产负债表为什么左右恒等；什么是会计；权责发生制；怎么理财；怎么资产配置；财管的分析指标；杜邦分析法；所得税对企业融资的影响；长投的权益法和成本法 | | |
| 是否有小组面试 | 否 | 是否有抽题 | 是 |

| 4. 其他信息 | |
| --- | --- |
| | |

# 西南财经大学

## 1. 概况

| 计划招生人数 | 全日制：111 | 非全日制：160 |
|---|---|---|
| 实际录取人数 | 全日制：154 | 非全日制：160 |
| 分数线 | 全日制：241 | 非全日制：193 |
| 复试分数计算办法 | 综合成绩 = (初试总分/3)×70% + (专业综合面试×70% + 外语能力测试×20% + 思想政治理论测试×10%)×30% | |
| 差额比例 | 全日制进入复试200人，拟录取154人，全日制复试比例为1：1.3<br>非全日制进入复试197人，拟录取160人，一志愿复试比例为1：1.23 | |
| 时间节点 | 2022年3月27日—28日 | |

## 2. 笔试

| 专业课考查科目 | 会计、财务管理与审计 | |
|---|---|---|
| 非专业课考查科目 | 思想政治 | |
| 参考书目 | (1)《会计学》，赵德武主编，西南财经大学出版社；(2)《财务管理学》，王庆成、郭复初主编，高等教育出版社；(3)《会计》，注册会计师全国统一考试辅导教材，经济学科出版社；(4)《财务成本管理》，注册会计师全国统一考试辅导教材，经济学科出版社 | |
| 试卷信息 | 问答 | |
| 试题题型 | 线上复试；问答题 | |

## 3. 面试

| 面试内容构成 | 专业课、英语口语、综合素质、政治 | | |
|---|---|---|---|
| 考官人数 | 3人 | | |
| 面试时长 | 30分钟 | | |
| 口语考查方式 | 考官提问 | | |
| 题目举例 | 请说明大学的学校、专业、成绩如何，参加了什么项目，有无获奖，有无专业相关证书，性格爱好等 | | |
| 是否有小组面试 | 否 | 是否有抽题 | 有 |

## 4. 其他信息

# 西安科技大学

| 1. 概况 | | |
|---|---|---|
| 计划招生人数 | 全日制：20 | 非全日制：20 |
| 实际录取人数 | 全日制：—— | 非全日制：—— |
| 初试分数线 | 全日制：193/50/100 | 非全日制：193/50/100 |
| 复试分数计算办法 | 综合成绩包括初试成绩和复试总成绩两部分，综合成绩计算办法如下：<br>综合成绩 = 初试成绩/3×0.6 + 复试总成绩×0.4<br>复试总成绩 = 思想政治和品德考核成绩 + 专业水平考核成绩 + 外语能力测试成绩 + 综合面试成绩 | |
| 差额比例 | 1∶1.2 | |
| 时间节点 | 2022年3月28日 | |

| 2. 笔试 | | |
|---|---|---|
| 专业课考查科目 | 财务会计学、成本会计学、财务管理学、审计学 | |
| 非专业课考查科目 | 思想政治考核 | |
| 参考书目 | (1)《财务会计学》，戴德明、林钢等主编，中国人民大学出版社(第11版)，2018<br>(2)《成本会计学》，万寿义、任月君等主编，东北财经大学出版社(第4版)，2016 | |
| 试卷信息 | 正常问答 | |
| 试题题型 | 线上复试，以问答为主 | |

| 3. 面试 | | | |
|---|---|---|---|
| 面试内容构成 | 思想政治素质和品德、综合素质、专业知识、英语口语 | | |
| 考官人数 | 5人 | | |
| 面试时长 | 20分钟 | | |
| 口语考查方式 | 朗读并翻译 | | |
| 题目举例 | 什么是权益法 | | |
| 是否有小组面试 | 否 | 是否有抽题 | 是 |

| 4. 其他信息 | |
|---|---|
| | |

# 浙江财经大学

| 1. 概况 | | | |
|---|---|---|---|
| 计划招生人数 | 全日制：85 | 非全日制：53 | |
| 实际录取人数 | 全日制：81 | 非全日制：28 | |
| 分数线 | 全日制：193/100/50 | 非全日制：193/100/50 | |
| 复试分数计算办法 | 总成绩＝初试总分/3×70%＋复试成绩×30% | | |
| 差额比例 | 全日制进入复试289人，拟录取81人，差额比例为1∶3.6<br>非全日制进入复试30人，拟录取28人，差额比例为1∶1.1 | | |
| 时间节点 | 2022年3月下旬 | | |
| **2. 笔试** | | | |
| 专业课考查科目 | 会计学综合 | | |
| 非专业课考查科目 | 政治理论 | | |
| 参考书目 | (1)《中级财务会计》(第四版)，赵敏主编，郭德贵、张爱珠副主编，厦门大学出版社，2020年；(2)《财务管理》，杨忠智主编，厦门大学出版社，2019年；(3)《审计》(第四版)，邓川主编，东北财经大学出版社，2017年 | | |
| 试卷信息 | 正常问答 | | |
| 试题题型 | 线上复试；问答形式 | | |
| **3. 面试** | | | |
| 面试内容构成 | 专业课、综合素质、英语口语、政治素养 | | |
| 考官人数 | 5人 | | |
| 面试时长 | 20分钟 | | |
| 口语考查方式 | 考官提问 | | |
| 题目举例 | 请说明投资性房地产后续计量的核算要点 | | |
| 是否有小组面试 | 否 | 是否有抽题 | 是 |
| **4. 其他信息** | | | |
| | | | |

# 中南财经政法大学

| 1. 概况 | | |
|---|---|---|
| 计划招生人数 | 全日制：104 | 非全日制：—— |
| 实际录取人数 | 全日制：90 | 非全日制：—— |
| 分数线 | 全日制：239/60/120 | 非全日制：—— |
| 分数计算办法 | 硕士研究生入学考试总成绩采取百分制，其中初试总成绩占70%，复试成绩占30%<br>计算方法为：标准化处理后的百分制初试总成绩×70% + 复试成绩×30%<br>具体计算公式如下：<br>入学考试总成绩 = (初试总成绩/3)×70% + 复试成绩×30%<br>入学考试总成绩按四舍五入规则保留至小数点后2位 | |
| 差额比例 | 进入复试120人，拟录取90人，复试比例为1：1.33 | |
| 时间节点 | 2022年3月26日—30日 | |
| **2. 笔试** | | |
| 专业课考查科目 | 中级财务会计、财务管理、成本会计、审计 | |
| 非专业课考查科目 | 政治 | |
| 参考书目 | (1)《中级财务会计》，王昌锐主编，中国财政经济出版社，2018年版<br>(2)《财务管理》，张志宏主编，中国财政经济出版社，2019年版<br>(3)《成本会计》，王雄元主编，中国财政经济出版社，2019年版<br>(4)《现代审计学(第二版)》，张龙平、李璐主编，北京大学出版社，2017年版 | |
| 试卷信息 | 专业课100分：中级财务会计占35%，财务管理占25%，成本会计占20%，审计学占20%<br>政治50分 | |
| 试题题型 | 线上问答 | |
| **3. 面试** | | |
| 面试内容构成 | 共70分，其中专业基础知识广度深度25分，英语听力口语25分，综合素质20分 | |
| 考官人数 | 5人 | |
| 面试时长 | 20分钟 | |
| 口语考查方式 | 抽题、考官提问 | |
| 题目举例 | 请说明什么是财务会计；财务会计的特征是什么；财务会计的目标是什么；如何了解被审计单位及其环境 | |
| 是否有小组面试 | 否 | 是否有抽题 | 是 |
| **4. 其他信息** | | |
| | | |

# 重庆大学

## 1. 概况

| 计划招生人数 | 全日制：—— | 非全日制：45 |
|---|---|---|
| 实际录取人数 | 全日制：—— | 非全日制：65 |
| 分数线 | 全日制：—— | 非全日制：193/50/100 |
| 复试分数计算办法 | 入学考试总成绩＝(初试成绩/3)×0.7＋(复试总成绩/5)×0.3<br>思想政治理论按照两级计分制(合格、不合格)确定成绩，按照重庆大学两级计分制和百分制的换算规则计入复试成绩(合格为85分，不合格为0分) | |
| 差额比例 | 65人进入复试，拟录取65人，差额比例为1∶1 | |
| 时间节点 | 2022年3月23日 | |

## 2. 笔试

| 专业课考查科目 | 专业综合笔试<br>同等学力加试科目：会计学原理、财务会计 |
|---|---|
| 非专业课考查科目 | 思想政治理论笔试 |
| 参考书目 | 无指定参考书目 |
| 试卷信息 | 思想政治理论：采用提交论文形式考核，考生按规定题目按时提交 |
| 试题题型 | 无 |

## 3. 面试

| 面试内容构成 | 专业课、综合素质、英语口语、政治素养 | | |
|---|---|---|---|
| 考官人数 | 5人 | | |
| 面试时长 | 20分钟 | | |
| 口语考查方式 | 英文自我介绍、朗读并翻译 | | |
| 题目举例 | 请说明未来三到五年的职业规划；三个国家会计学院分别是什么；会计部门和其他部门的关系；企业要实现可持续发展，财务人员需要关注哪些财务指标；责任中心的分类及评价指标；国库券和股票相比谁的风险更高 | | |
| 是否有小组面试 | 否 | 是否有抽题 | 否 |

## 4. 其他信息

| | |
|---|---|
| | |

# 江苏大学

| 1. 概况 | | | |
|---|---|---|---|
| 计划招生人数 | 全日制：35 | | 非全日制：45 |
| 实际录取人数 | 全日制：35 | | 非全日制：1(调剂41) |
| 分数线 | 全日制：210/55/120 | | 非全日制：210/55/120 |
| 复试分数计算办法 | 复试成绩总分为100分，其中学业背景评估占10%，复试科目口试占20%，综合能力面试占60%，外语听说能力测试占10%；复试科目口试总分中，思想政治理论占比为10%，会计专业综合占比90% | | |
| 差额比例 | 全日制进入复试41人，拟录取35人，比例为1：1.17<br>非全日制进入复试1人，拟录取1人，比例为1：1 | | |
| 时间节点 | 2022年3月25日 | | |
| 2. 笔试 | | | |
| 专业课考查科目 | 会计专业综合 | | |
| 非专业课考查科目 | 思想政治理论 | | |
| 参考书目 | (1) 具体考试范围参考教育部考试中心编制的思想政治理论考试大纲<br>(2)《财务会计学》(第十二版)，戴德明主编，中国人民大学出版社，2019<br>(3)《财务管理学》(第九版)，王化成、刘俊彦、荆新主编，中国人民大学出版社，2021 | | |
| 试卷信息 | 线上复试 | | |
| 试题题型 | 抽题 | | |
| 3. 面试 | | | |
| 面试内容构成 | 思想政治素质和品德、专业知识笔试、综合素质面试、外语测试 | | |
| 考官人数 | 5人 | | |
| 面试时长 | 20分钟 | | |
| 口语考查方式 | 中文简单自我介绍、抽题、考官提问 | | |
| 题目举例 | 固定资产处置和无形资产的定义 | | |
| 是否有小组面试 | 否 | 是否有抽题 | 是 |
| 4. 其他信息 | | | |
| | | | |

# 苏州大学

| 1. 概况 | | |
|---|---|---|
| 计划招生人数 | 全日制：75 | 非全日制：—— |
| 实际录取人数 | 全日制：89 | 非全日制：—— |
| 分数线 | 全日制：227 | 非全日制：—— |
| 复试分数计算办法 | 复试成绩(350分) = 外语(含听力、口语、专业外语)测试(100分) + 政治理论、专业水平测试(150分) + 综合素质考核(100分) | |
| 差额比例 | 进入复试135人，拟录取89人，差额比例为1∶1.5 | |
| 时间节点 | 2022年3月24日—25日 | |
| **2. 笔试** | | |
| 专业课考查科目 | 会计专业课程 | |
| 非专业课考查科目 | 政治理论 | |
| 参考书目 | 参考全国会计硕士专业学位研究生入学考试复试阶段专业课指导性大纲<br>政治理论(笔试)：《社会主义市场经济理论》，夏永祥等编；《习近平总书记系列重要讲话读本》 | |
| 试卷信息 | 采用线上面试 | |
| 试题题型 | 问答为主 | |
| **3. 面试** | | |
| 面试内容构成 | 思想政治素质和品德、专业知识笔试、综合素质面试、外语测试 | |
| 考官人数 | 不少于5人 | |
| 面试时长 | 不少于30分钟 | |
| 口语考查方式 | 考生个人陈述(不超过5分钟)内容主要包括：专业背景、从事过的研究工作、人生经历、个人兴趣、未来的学习和职业规划等；外语(含听力、口语、专业外语)测试 | |
| 题目举例 | 会计和财务，你个人倾向于哪方面 | |
| 是否有小组面试 | 否 | 是否有抽题　否 |
| **4. 笔试面试流程** | | |
| | | |

# 厦门大学

| 1. 概况 | | |
|---|---|---|
| 计划招生人数 | 全日制：32 | 非全日制：88 |
| 实际录取人数 | 全日制：34 | 非全日制：88 |
| 分数线 | 全日制：250/120/55 | 非全日制：200/120/55 |
| 复试分数计算办法 | 总成绩 = 初试成绩 /3× 60% + 复试成绩(百分制) ×40% | |
| 差额比例 | 全日制进入复试55人，拟录取34人，差额比例为1：1.6<br>非全日制进入复试101人，拟录取88人，差额比例为1：1.14 | |
| 时间节点 | 2022年3月30日—31日 | |

| 2. 笔试 | | |
|---|---|---|
| 专业课考查科目 | 会计综合(题型及成绩分布：简答30分，论述40分，计算30分) | |
| 非专业课考查科目 | 思想政治 | |
| 参考书目 | (1)《中级财务会计》(50%)，潘煜双、张陶勇、黄苏华主编，科学出版社，2011年3月版<br>(2)《财务管理》(30%)，竺素娥、赵秀芳、李郁明主编，科学出版社，2011年5月版<br>(3)《审计学》(20%)，王宝庆、邢小玲、刘勇主编，科学出版社，2011年5月版 | |
| 试卷信息 | 线上问答 | |
| 试题题型 | 问答 | |

| 3. 面试 | | |
|---|---|---|
| 面试内容构成 | 专业、政治、英语口语、综合素质 | |
| 考官人数 | 不少于5人 | |
| 面试时长 | 20分钟 | |
| 口语考查方式 | 考官提问 | |
| 题目举例 | 为什么要学会计，你学到了哪些技能；你未来的职业规划；请判断某金融资产分类是否合理；请说明可供出售金融资产的购入、公允价值变动、减值、减值转回分录 | |
| 是否有小组面试 | 否 | 是否有抽题 | 是 |

| 4. 其他信息 | | |
|---|---|---|
| | | |

# 厦门国家会计学院

| 1. 概况 | | |
|---|---|---|
| 计划招生人数 | 全日制：48 | 非全日制：—— |
| 实际录取人数 | 全日制：59 | 非全日制：—— |
| 分数线 | 全日制：223/50/100 | 非全日制：—— |
| 分数计算办法 | 复试成绩(百分制) = 专业课笔试成绩(百分制)×60% + 外语综合面试成绩(百分制)× 20% + 思想政治理论与综合能力面试成绩(百分制)× 20%<br>总成绩(百分制) = 初试成绩(百分制)× 60% + 复试成绩(百分制)× 40% | |
| 差额比例 | 进入复试88人，拟录取60人(含递补1人)，差额比例为1：1.5 | |
| 时间节点 | 2022年4月2日、8日 | |
| **2. 笔试** | | |
| 专业课考查科目 | 专业课 | |
| 非专业课考查科目 | 无 | |
| 参考书目 | (1)《会计》(2020年度注册会计师全国统一考试辅导教材)<br>(2)《财务成本管理》(2020年度注册会计师全国统一考试辅导教材) | |
| 试卷信息 | 线上面试 | |
| 试题题型 | 问答 | |
| **3. 面试** | | |
| 面试内容构成 | 外语综合能力、思想政治理论与综合能力 | |
| 考官人数 | 5人 | |
| 面试时长 | 20分钟 | |
| 口语考查方式 | 考官提问 | |
| 题目举例 | 请说明基本财务比率计算、杜邦分析、内含增长率、终值现值计算、资本成本计算、现金流量折现模型、杠杆系数计算、股利分配政策、完工产品与在产品的成本分配、标准成本的差异分析、最佳现金持有量计算、利润中心、经济增加值、长期股权投资、金融工具、合并报表、收入、租赁等问题 | |
| 是否有小组面试 | 否 | 是否有抽题 | 是 |
| **4.其他信息** | | |
| | | |

# 湖南工商大学

| 1. 概况 | | |
|---|---|---|
| 计划招生人数 | 全日制：62 | 非全日制：—— |
| 实际录取人数 | 全日制：56 | 非全日制：—— |
| 分数线 | 全日制：216/50/100 | 非全日制：—— |
| 复试分数计算办法 | 复试总成绩(300分) = 专业理论基础测试成绩(100分) + 综合素质及能力测试成绩(100分) + 外语能力测试成绩(50分) + 政治理论测试(50分)<br>录取总成绩 = 初试总成绩×60% + 复试总成绩×40% | |
| 差额比例 | 全日制会计拟录取56人，差额比例约为1：1.2 | |
| 时间节点 | 2022年4月20日 | |

| 2. 笔试 | |
|---|---|
| 专业课考查科目 | 财务与会计、政治理论(参考全国研究生入学考试政治)<br>同等学力考生加试科目：基础会计学、管理会计学 |
| 非专业课考查科目 | 无 |
| 参考书目 | 无参考书目 |
| 试卷信息 | 财务会计学70分、财务管理学50分、审计学30分 |
| 试题题型 | 辨析题30分、简答题30分、计算题20分、业务题30分、案例分析题40分 |

| 3. 面试 | | |
|---|---|---|
| 面试内容构成 | 专业理论基础测试100分、综合素质及能力测试100分、外语能力测试50分、政治理论测试50分 | |
| 考官人数 | 会计硕士专业理论基础测试和综合素质及能力测试，每组5名复试成员，包括组长1名，另配秘书2名<br>政治理论测试和外语能力测试，每组3名复试成员，包括组长1名，另配秘书2名 | |
| 面试时长 | 30分钟 | |
| 口语考查方式 | 考官提问 | |
| 题目举例 | 请说明存货的计价方式；谈谈你的家乡 | |
| 是否有小组面试 | 否 | 是否有抽题 | 是 |

| 4. 其他信息 |
|---|
| |

# 山西财经大学

## 1. 概况

| | | | |
|---|---|---|---|
| 计划招生人数 | 全日制：123 | | 非全日制：—— |
| 实际录取人数 | 全日制：128 | | 非全日制：—— |
| 分数线 | 全日制：217/100/50 | | 非全日制：—— |
| 复试分数计算办法 | 总成绩 = 初试成绩/500(或300)×100×70% + 复试成绩/200(或300)×100×30% | | |
| 差额比例 | 进入复试154人，拟录取128人，复试比为1∶1.2 | | |
| 时间节点 | 2022年4月上旬 | | |

## 2. 笔试

| | |
|---|---|
| 专业课考查科目 | 会计实务 |
| 非专业课考查科目 | 政治理论 |
| 参考书目 | (1)《基础会计学》，中国财政经济出版社，李端生主编；(2)《中级财务会计》，中国财政经济出版社，杨瑞平等主编；(3)《财务管理学》，东北财经大学出版社，郭泽光主编 |
| 试卷信息 | 线上问答 |
| 试题题型 | 问答 |

## 3. 面试

| | | | |
|---|---|---|---|
| 面试内容构成 | 专业素质、综合素质、英语口语、政治理论 | | |
| 考官人数 | 5人 | | |
| 面试时长 | 20分钟 | | |
| 口语考查方式 | 英语抽题、考官提问 | | |
| 题目举例 | 请说明分配现金股利的企业应具备的条件是什么；资本成本包括什么 | | |
| 是否有小组面试 | 否 | 是否有抽题 | 是 |

## 4. 笔试面试流程

| |
|---|
| |

# 广西财经学院

## 1. 概况

| 计划招生人数 | 全日制：170 | | 非全日制：30 |
|---|---|---|---|
| 实际录取人数 | 全日制：167 | | 非全日制：6 |
| 分数线 | 全日制：185/50/100 | | 非全日制：185/50/100 |
| 复试分数计算办法 | 初试成绩折算成百分制后(即初试成绩除以3)，录取综合分数根据初试折算成绩和复试成绩加权合计，按以下方法计算：录取综合分数 = 初试折算分数×50% + 复试分数×50% | | |
| 差额比例 | 全日制进入复试294人，拟录取167人，复试比例为1：1.76<br>非全日制进入复试8人，拟录取8人，差额比例为1：1 | | |
| 时间节点 | 2022年3月27日 | | |

## 2. 笔试

| 专业课考查科目 | 财会综合(财务会计占50%、财务管理占20%、成本管理会计占20%、审计占10%)、思想政治理论 (加试)；同等学力加试科目：税法、中级财务会计 |
|---|---|
| 非专业课考查科目 | 思想政治考核10分(6分及以上为合格，不合格者不予录取) |
| 参考书目 | (1) 2021年度注册会计师全国统一考试辅导教材《会计》，中国注册会计师协会，中国财政经济出版社，2021年出版<br>(2) 2021年度注册会计师全国统一考试辅导教材《财务成本管理》，中国注册会计师协会，中国财政经济出版社，2021年出版<br>(3) 2021年度注册会计师全国统一考试辅导教材《审计》，中国注册会计师协会，中国财政经济出版社，2021年出版<br>(4)《财务管理学》(第八版)，荆新、王化成、刘俊彦主编，中国人民大学出版社，2018年出版<br>同等学力加试参考书目：(1)2021年度注册会计师全国统一考试辅导教材《税法》，中国注册会计师协会，中国财政经济出版社，2021年出版；(2)《中级财务会计》(第六版)，刘永泽、陈立军主编，东北财经大学出版社，2018年出版 |
| 试卷信息 | 无 |
| 试题题型 | 名词解释、简答题等进行线上问答 |

## 3. 面试

| 面试内容构成 | 英语能力测试(20分)、专业能力及综合素质考查(70分) | | |
|---|---|---|---|
| 考官人数 | 5人 | | |
| 面试时长 | 20分钟 | | |
| 口语考查方式 | 专业课选择题、三分钟案例陈述、案例提问(3个左右)、考官提问 | | |
| 题目举例 | 请描述一下你的大学教育背景 | | |
| 是否有小组面试 | 否 | 是否有抽题 | 是 |

## 4. 其他信息

# 云南财经大学

| 1. 概况 | | | |
|---|---|---|---|
| 计划招生人数 | 全日制：121 | | 非全日制：32 |
| 实际录取人数 | 全日制：140 | | 非全日制：30 |
| 分数线 | 全日制：202/45/90 | | 非全日制：202/45/90 |
| 复试分数计算办法 | 复试成绩满分为100分，60分为及格，复试成绩计算：复试成绩＝外语测试成绩×20%＋专业综合测试成绩×60%＋科研实践综合能力测试成绩×20%<br>总成绩计算：总成绩＝(初试总分转化为百分制分数)×60%＋复试成绩×40% | | |
| 差额比例 | 全日制进入复试244人，拟录取140人，复试比例为1：1.74<br>非全日制进入复试7人，拟录取6人，复试比例为1：1.17，调剂拟录取24人 | | |
| 时间节点 | 全日制：2022年3月28日；非全日制：2022年4月2日 | | |
| **2. 笔试** | | | |
| 专业课考查科目 | 专业综合、会计学基础、财务管理基础 | | |
| 非专业课考查科目 | 思想政治 | | |
| 参考书目 | (1)《会计学》，姚荣辉、陈红主编，清华大学出版社，2018年第一版<br>(2)《管理会计学》，孙茂竹、支晓强、戴璐主编，中国人民大学出版社，2018年第八版<br>(3)《审计学》，朱锦余主编，高等教育出版社，2019年第四版<br>(4)《财务成本管理》，中国注册会计师协会，中国财政经济出版社(本年度注册会计师全国统一考试辅导教材)<br>(5)《基础会计》，陈国辉、迟旭升主编，东北财经大学出版社，2018年第六版<br>(6)《财务管理》，刘静、田世晓主编，立信会计出版社，2018年第二版 | | |
| 试卷信息 | 线上问答 | | |
| 试题题型 | 名词解释、简答题、计算题 | | |
| **3. 面试** | | | |
| 面试内容构成 | 专业综合测试、外语测试、科研实践综合能力测试、政治 | | |
| 考官人数 | 5人 | | |
| 面试时长 | 20分钟 | | |
| 口语考查方式 | 考官提问 | | |
| 题目举例 | 请说明金融资产的分类和分类标准 | | |
| 是否有小组面试 | 否 | 是否有抽题 | 是 |
| **4. 其他信息** | | | |
| | | | |

# 北京邮电大学

| 1. 概况 | | |
|---|---|---|
| 计划招生人数 | 全日制：8 | 非全日制：30 |
| 实际录取人数 | 全日制：14 | 非全日制：30 |
| 分数线 | 全日制：193/50/100 | 非全日制：193/50/100 |
| 复试分数计算办法 | 总成绩 = 初试总成绩/3×70% + 复试成绩×30% | |
| 差额比例 | 全日制进入复试20人，拟录取14人，差额比例为1∶1.42<br>非全日制进入复试2人，全部拟录取，差额比例为1∶1 | |
| 时间节点 | 2022年3月31日 | |
| **2. 笔试** | | |
| 专业课考查科目 | 会计综合 | |
| 非专业课考查科目 | 思想政治素质和品德考核 | |
| 参考书目 | 未指定复试参考书 | |
| 试卷信息 | 政治理论考试满分为100分，考试形式：论文笔试，不少于2 000字 | |
| 试题题型 | 开卷笔试，两道论述题(60分)和一道计算题(40分) | |
| **3. 面试** | | |
| 面试内容构成 | 外语测试、政治、专业课、综合素质 | |
| 考官人数 | 5人 | |
| 面试时长 | 20分钟 | |
| 口语考查方式 | 考官提问 | |
| 题目举例 | (1) 请解释什么是全面预算<br>(2) 请说明存货管理都有哪些方式<br>(3) 请分别解释经营风险和财务风险<br>(4) 如何看待成功与失败的关系 | |
| 是否有小组面试 | 否 | 是否有抽题 是 |
| **4. 其他信息** | | |
| | | |

# 北京师范大学

## 1. 概况

| 计划招生人数 | 全日制：48 | | 非全日制：—— |
|---|---|---|---|
| 实际录取人数 | 全日制：69 | | 非全日制：—— |
| 分数线 | 全日制：230/120/60 | | 非全日制：—— |
| 复试分数计算办法 | 会计专业学位复试成绩总分为300分，复试成绩占总成绩50%，总成绩为初试加复试<br>(1) 综合素质测评(150分)考查内容：重点考察考生学科知识及前沿动态、实践能力及创新精神、学习动机及职业规划、心理素质4个维度的综合素质<br>(2) 思想政治(100分)考查内容：当年政府工作报告等内容，或结合当前经济社会热点或工作实际出题考察<br>(3) 英语能力测试(50分)考查内容：重点考查考生英语听、说能力 | | |
| 差额比例 | 进入复试87人，拟录取69人，差额比例为1∶1.3 | | |
| 时间节点 | 2022年3月21日 | | |

## 2. 笔试

| 专业课考查科目 | 会计、财务管理、管理与成本会计、审计 |
|---|---|
| 非专业课考查科目 | 思想政治 |
| 参考书目 | 无参考书 |
| 试卷信息 | 线上进行 |
| 试题题型 | 名词解释、简答、计算题 |

## 3. 面试

| 面试内容构成 | 英语听力和口语测试(听力有时采取笔试形式)<br>综合专业素质和能力的考核，综合素质面试由4个部分组成：自我介绍、个人面试、小组面试、英语口语 | | |
|---|---|---|---|
| 考官人数 | 5～6人 | | |
| 面试时长 | 约20分钟 | | |
| 口语考查方式 | 考官提问 | | |
| 题目举例 | 请问什么是借壳上市、递延所得税资产与递延所得税负债、完全成本法与吸收成本法；内部价格转移 | | |
| 是否有小组面试 | 是 | 是否有抽题 | 是 |

## 4. 其他信息

# 中国传媒大学

| 1. 概况 | | |
|---|---|---|
| 计划招生人数 | 全日制：15 | 非全日制：—— |
| 实际录取人数 | 全日制：51 | 非全日制：—— |
| 分数线 | 全日制：193/100/50 | 非全日制：—— |
| 复试分数计算办法 | 复试考核成绩 = 专业知识与综合素质×80% + 政治理论×10% + 外语听说能力×10% | |
| 差额比例 | 进入复试69人，拟录取51人，差额比例为1：1.4 | |
| 时间节点 | 2022年3月下旬至4月上旬 | |
| 2. 笔试 | | |
| 专业课考查科目 | 会计、财务管理、管理与成本会计、审计 | |
| 非专业课考查科目 | 思想政治 | |
| 参考书目 | 无指定参考书目 | |
| 试卷信息 | 线上问答 | |
| 试题题型 | 名词解释、简答题 | |
| 3. 面试 | | |
| 面试内容构成 | 个人面试、小组面试、英语口语、抽题 | |
| 考官人数 | 5人 | |
| 面试时长 | 约20分钟 | |
| 口语考查方式 | 抽题、考官提问 | |
| 题目举例 | 请问什么是会计信息的重要性原则 | |
| 是否有小组面试 | 是 | 是否有抽题 | 是 |
| 4. 笔试面试流程 | | |
| | | |

# 北京信息科技大学

| 1. 概况 | | |
|---|---|---|
| 计划招生人数 | 全日制：—— | 非全日制：48 |
| 实际录取人数 | 全日制：—— | 非全日制：8 |
| 分数线 | 全日制：—— | 非全日制：193/100/50 |
| 复试分数计算办法 | 复试成绩＝a×复试笔试成绩＋b×复试面试成绩(a、b为加权系数，a＋b＝1)<br>入学总成绩＝c×初试成绩(折算成百分制)＋d×复试成绩，复试成绩占比30%～50%(c、d为加权系数，c＋d＝1) | |
| 差额比例 | 进入复试8人，拟录取8人，差额比例为1∶1 | |
| 时间节点 | 2022年3月22日—4月15日 | |
| 2. 笔试 | | |
| 专业课考查科目 | 复试主要包括思想政治理论、会计综合(包括财务会计理论与实务、财务管理理论与实务、审计理论与实务、管理会计理论与实务)、综合素质和能力 | |
| 非专业课考查科目 | 无 | |
| 参考书目 | 未指定参考书，参考全国会计硕士专业学位研究生入学考试复试阶段专业课指导性大纲 | |
| 试卷信息 | 线上问答 | |
| 试题题型 | 名词解释、简答题 | |
| 3. 面试 | | |
| 面试内容构成 | 听力有时采用笔试形式，口语、综合素质 | |
| 考官人数 | 5～6人 | |
| 面试时长 | 不少于20分钟 | |
| 口语考查方式 | 考官提问 | |
| 题目举例 | 如何用短期债权筹集资金 | |
| 是否有小组面试 | 是 | 是否有抽题 | 是 |
| 4. 其他信息 | | |
| | | |

# 北京第二外国语大学

| 1. 概况 | | | |
|---|---|---|---|
| 计划招生人数 | 全日制：52 | | 非全日制：46 |
| 实际录取人数 | 全日制：60 | | 非全日制：46 |
| 分数线 | 全日制：205/50/100 | | 非全日制：205/50/100 |
| 复试分数计算办法 | 考生最终成绩测算公式为：初试成绩(折合成百分制计算：一般为总分/5，MBA、MTA、MPAcc为总分/3)×60% + 复试成绩×40% | | |
| 差额比例 | 全日制：拟录取60人，进入复试81人，差额比例为1∶1.4<br>非全日制：拟录5人，进入复试5人，差额比例为1∶1 | | |
| 时间节点 | 2022年3月底 | | |
| **2. 笔试** | | | |
| 专业课考查科目 | 复试主要包括思想政治理论、会计综合(包括财务会计理论与实务、财务管理理论与实务、审计理论与实务、管理会计理论与实务)、综合素质和能力 | | |
| 非专业课考查科目 | 无 | | |
| 参考书目 | (1)《高级财务会计》(最新版)，陈信元等主编，上海财经大学出版社<br>(2)《管理会计学》(最新版)，孙茂竹、支晓强、戴璐主编，中国人民大学出版社<br>(3)《审计学》(最新版)，秦荣生、卢春泉编著，中国人民大学出版社<br>(4)《财务管理学》(最新版)，荆新、王化成、刘俊彦主编，中国人民大学出版社 | | |
| 试卷信息 | 线上问答 | | |
| 试题题型 | 名词解释、简答题 | | |
| **3. 面试** | | | |
| 面试内容构成 | 英语听力和口语测试(听力有时采用笔试形式)<br>综合素质面试由4个部分组成：自我介绍、个人面试、小组面试、英语口语 | | |
| 考官人数 | 5人 | | |
| 面试时长 | 15分钟 | | |
| 口语考查方式 | 抽题、考官提问 | | |
| 题目举例 | 请问先付年金和后付年金的区别与联系；无形资产减值的处理；会计的稳健性；税法不一致应该如何处理 | | |
| 是否有小组面试 | 是 | 是否有抽题 | 是 |
| **4. 其他信息** | | | |
| | | | |

# 北京科技大学

| 1. 概况 | | |
|---|---|---|
| 计划招生人数 | 全日制：—— | 非全日制：29 |
| 实际录取人数 | 全日制：—— | 非全日制：20 |
| 分数线 | 全日制：—— | 非全日制：193/50/100 |
| 复试分数计算办法 | 复试成绩约占总成绩的33%，初试成绩约占总成绩的67%；复试总成绩满分为150分，其中专业水平考核60分，综合素质考核60分(含政治素质与品德的考核)，外语听力及口语测试30分；总成绩＝初试总成绩＋复试总成绩＋特殊政策加分。 | |
| 差额比例 | 拟录取12人，进入复试12人，全部拟录取，差额比例为1：1 | |
| 时间节点 | 2022年3月下旬至4月上旬 | |
| **2. 笔试** | | |
| 专业课考查科目 | 财务会计、财务管理 | |
| 非专业课考查科目 | 思想政治 | |
| 参考书目 | 未指定参考书 | |
| 试卷信息 | 线上问答 | |
| 试题题型 | 名词解释、简答题 | |
| **3. 面试** | | |
| 面试内容构成 | 综合素质、专业课、英语、政治 | |
| 考官人数 | 5～6人 | |
| 面试时长 | 约20分钟 | |
| 口语考查方式 | 英语自我介绍、考官提问 | |
| 题目举例 | 资产的确认条件是什么 | |
| 是否有小组面试 | 是 | 是否有抽题 | 是 |
| **4. 其他信息** | | |
| | | |

# 北京理工大学

| 1. 概况 | | | |
|---|---|---|---|
| 计划招生人数 | 全日制：—— | | 非全日制：30 |
| 实际录取人数 | 全日制：—— | | 非全日制：未公开 |
| 分数线 | 全日制：—— | | 非全日制：193/50/100 |
| 复试分数计算办法 | 总成绩 = 初试成绩(折算成百分制)×0.6 + 复试成绩×0.4 | | |
| 差额比例 | 进入复试名单未公开，暂无 | | |
| 时间节点 | 2022年3月下旬至4月 | | |
| **2. 笔试** | | | |
| 专业课考查科目 | 财务管理、审计、政治理论 | | |
| 非专业课考查科目 | 无 | | |
| 参考书目 | 未指定参考书 | | |
| 试卷信息 | 线上远程网络复试 | | |
| 试题题型 | 笔试、口答 | | |
| **3. 面试** | | | |
| 面试内容构成 | 思想政治品德、会计专业基础能力、英语听力与口语 | | |
| 考官人数 | 5人 | | |
| 面试时长 | 约20分钟 | | |
| 口语考查方式 | 听力和口语结合(翻译、问答、填词) | | |
| 题目举例 | 作为财务人员应当具备哪些品质 | | |
| 是否有小组面试 | 是 | 是否有抽题 | 是 |
| **4.其他信息** | | | |
| | | | |

# 上海师范大学

| 1. 概况 | | |
|---|---|---|
| 计划招生人数 | 全日制：63 | 非全日制：—— |
| 实际录取人数 | 全日制：65 | 非全日制：—— |
| 分数线 | 全日制：没有公布拟录取的分数线，只公布了拟录取学生的研究方向<br>智能管理方向：15<br>会计与资本市场：19<br>财务管理与数智化发展：31 | 非全日制：—— |
| 复试分数计算办法 | 总成绩计算方法：对于初试满分为500分的专业，总成绩 = 初试总分/5×0.7 + 复试成绩×0.3；对于初试满分为300分的专业，总成绩=初试总分/3×0.7 + 复试成绩×0.3 | |
| 差额比例 | 2022年总报考人数434人，总计划招生65人，无推免，录取率约14.98% | |
| 时间节点 | 2022年4月上旬 | |
| **2. 笔试** | | |
| 专业课考查科目 | 财务会计、财务管理 | |
| 非专业课考查科目 | 政治理论 | |
| 参考书目 | (1)《会计学》(最新版)，陈信元主编，上海财经大学出版社<br>(2) 当年会计师职称考试用教材《财务管理》(最新版) | |
| 试卷信息 | 线上问答 | |
| 试题题型 | 名词解释、简答题、计算题、综合题 | |
| **3. 面试** | | |
| 面试内容构成 | 专业课、英语口语、综合素质、政治理论素养 | |
| 考官人数 | 5人 | |
| 面试时长 | 30分钟 | |
| 口语考查方式 | 考官提问 | |
| 题目举例 | 股票股利和现金股利的区别 | |
| 是否有小组面试 | 否 | 是否有抽题　是 |
| **4. 其他信息** | | |
| | | |

# 华东政法大学

| 1. 概况 | | |
|---|---|---|
| 计划招生人数 | 全日制：22 | 非全日制：30 |
| 实际录取人数 | 全日制：与非全日制共51人 | 非全日制：与全日制共51人 |
| 分数线 | 全日制：219 | 非全日制：219 |
| 复试分数计算办法 | 复试总成绩为250分，其中会计硕士专业知识和综合能力考核、思想政治理论面试满分为150分，外语测试满分为100分，其他专业专业知识和综合能力考核满分为150分，外语测试满分为100分 | |
| 差额比例 | 差额比例约为1∶1.2 | |
| 时间节点 | 2022年4月初 | |
| **2. 笔试** | | |
| 专业课考查科目 | CPA财务会计、财务成本管理 | |
| 非专业课考查科目 | 思想政治 | |
| 参考书目 | (1) CPA财务会计包括基础概念、存货、固定资产、金融资产、长期股权投资、无形资产、负债、所有者权益、收入、费用与利润、财务报告<br>(2) CPA财务成本管理包括产品成本核算方法、成本分析与成本管理、财务估值基础、财务分析、营运资金管理 | |
| 试卷信息 | 线上问答 | |
| 试题题型 | 名词解释、简答题、判断题、论述题、计算题 | |
| **3. 面试** | | |
| 面试内容构成 | 专业课、英语口语、综合素质、政治理论 | |
| 考官人数 | 5人 | |
| 面试时长 | 20分钟 | |
| 口语考查方式 | 考官提问 | |
| 题目举例 | 预计负债的计量；会计信息质量的要求；权益性支出和资本性支出的区别 | |
| 是否有小组面试 | 否 | 是否有抽题 是 |
| **4. 其他信息** | | |
| 英语部分会问及考生的情况(家庭、学校、兴趣、特长)、关于学校的情况(你怎么看华政、怎么看上海这个城市)、当年的时事热点等 | | |

# 上海理工大学

## 1. 概况

| 计划招生人数 | 全日制：40 | 非全日制：41 |
|---|---|---|
| 实际录取人数 | 全日制：70 | 非全日制：3 |
| 分数线 | 全日制：206/100/50 | 非全日制：193/100/50 |
| 复试分数计算办法 | 复试成绩总分为100分，包括英语口语和个人面试<br>录取成绩 = (初试成绩 + 3) ×60% + 复试成绩×40% | |
| 差额比例 | 进入复试86人，录取70人，扩招30人，复录比例为1：1.2 | |
| 时间节点 | 2022年3月28日—29日 | |

## 2. 笔试

| 专业课考查科目 | 审计、中级会计实务、财务管理、管理会计 |
|---|---|
| 非专业课考查科目 | 思想政治理论 |
| 参考书目 | (1)《审计》，刘明辉、史德刚主编，第六版，东北财经大学出版社<br>(2)《管理会计》(第4版)，吴大军主编，东北财经大学出版社<br>(3)《中级会计实务》，2019年度全国会计专业技术资格考试参考用书，财政部会计资格评价中心编，经济科学出版社<br>(4)《财务管理》，2019年度全国会计专业技术资格考试参考用书，财政部会计资格评价中心编，经济科学出版社 |
| 试卷信息 | 线上问答 |
| 试题题型 | 名词解释、简答题、论述题 |

## 3. 面试

| 面试内容构成 | 政治理论考试、英语听力和口语测试、综合素质面试 | | |
|---|---|---|---|
| 考官人数 | 5人 | | |
| 面试时长 | 20～25分钟 | | |
| 口语考查方式 | 自我介绍、抽题翻译 | | |
| 题目举例 | 会计租入的固定资产分录是什么；你对资本资产定价模型的理解；资本资产定价模型的英文是什么；公司投资的风险有哪些，你怎么看要如何避免这些风险 | | |
| 是否有小组面试 | 否 | 是否有抽题 | 否 |

## 4.其他信息

| |
|---|
| |

# 第七部分
# 名校复试经验谈

注：复试经验谈为各研究生招生院校当年录取考生对当年考试情况的回忆，仅代表该考生当年的考试经验，请各位考生理性参考，并时刻关注报考学校的官方动态，最终以官方信息为准。如有侵权，请随时告知。

# 一、 北京大学MPAcc/MAud经验分享

## 1. 分数构成

(1) 2017、2018年：政治笔试(及格即可，不计入总分)；综合素质面试；专业面试(两个面试各30分钟，占总成绩的30%)；英语听力考试(三分制)。

(2) 2019年：政治笔试(及格即可，不计入总分)；面试(25分钟，包含综合素质面试和专业面试，占总成绩的30%)。

## 2. 复习计划

(1) 政治笔试：简答题4道，每题15分；论述题2道，每题20分。

备考建议：结合徐涛考研政治冲刺背诵笔记、小黄书、北大政治历年真题(不用花费太多时间，我是理科生，考前一周开始背诵，实践证明完全来得及)。

(2) 面试：光华的面试以考查综合素质和财经相关知识为主，不考查书面知识，也没有指定教材。需要提交1 500字的个人陈述、成绩单和其他证明能力的证书等。

备考建议：多看财经类公众号，了解财经新闻积累自己对热点事件的看法。我当时常看的公众号有"很帅的投资客""北大光华管理学院"。在网上查询历年面试题目和常见的综合面问题进行模拟，有条件可以多参加模拟面试。撰写并反复修改个人陈述，保证个人陈述真实且有亮点。

## 3. 复试流程

第一天：政治笔试。时间为2小时，全部为主观题，答题纸没有固定框线，建议多写，把背过的相关知识点全部写上。

第二天：面试。所有考生会被分成4个时间段，我是下午12：45场，一场15人，分三个教室面试。到达候考场后，先提交学生证等资格审查材料和个人陈述等复试面试材料。我当天是第五组，在等待时可以多练习几遍自我介绍，和其他候考同学互相认识。面试时间为25分钟，5位考官，地点在光华一号楼的阶梯教室，老师坐在教室第一排，考生坐在讲台上的椅子上。在考生进去之前，老师会先看学生的材料。考生进去后会先抽专业面试问题，可以换一次题目，但是会计专业考生不建议换题。回答完专业面试题目，老师会接着问与综合素质面试相关的问题。我当天被问到的问题如下。

刚进去时，老师可能看出我有些紧张，先问了一个开场问题，我名字里的一个字是什么意思，因为我这个字比较特殊，之前也有准备，按照之前同学的经验，如果大家名字里也有生僻

字，可以准备一下这个问题。之后是抽专业面试题目，题目与商誉相关，大概是如何通过商誉看出一个企业的财务状况和经营状况。因为之前我准备了商誉减值和摊销的问题，就答了商誉的定义、分类、摊销和减值的争论，总体有点跑题，老师一直在引导我，但是无奈我确实不知道该答些什么了。通过在光华近一年的学习，我逐渐意识到此类题目和平时老师上课让我们做的讨论类似，最好在回答前先说一下整体框架，多一些自己的思考。最后是综合素质面试，老师就个人陈述问一些问题，问到我的问题是以下几个：①正态分布密度函数的图像形状；如果标准差变小，图像会怎么变化；如果标准差趋近于0，图像是什么样的，为什么(为什么这里我是从概念角度回答的，但老师说不要用直觉作答，看我想不出别的解释，就告诉我是极限的思想)，以及有关复杂函数的导数的问题(老师只想知道是什么形式的，并不用完整求出来，而且这里的问题是因老师看我的成绩单上数学成绩比较突出而提出的)；②本科学校给分是不是很宽松(我的绩点有4.17，但是排名在30%之后，我从各种角度进行解释，始终没有说服老师，然后老师给我介绍了北大的给分制度)；③为什么没有实习(我简单解释了一下，然后面试就结束了)。

**4. 整体感受**

总体来说，面试氛围十分愉快，但是我表现得十分紧张，很多问题当时没有给出比较好的答案。后来反思一下，觉得自己的逻辑性不强，面试前准备的答题角度也忘了运用。个人认为，北大老师更看重的是学生表达中体现出的逻辑性和每段经历的收获，问的问题也会结合每个人的个人陈述，所以个人陈述一定要真实，因为老师真的很爱追问。而且，老师很关注学生的亮点，对于短板不用太纠结。

# 二、 北京交通大学MPAcc/MAud经验分享

对MPAcc这种初试不考专业课的专业来说，复试是非常重要的，无论是高分被刷，还是逆风翻盘，都屡见不鲜。对于MPAcc的学生，复试一定要尽早做准备。

我是从社科赛斯1月的复试营开始正式准备的，当然在正式开始学习复试内容前做了很多准备性的工作。初试结束后，我休息了几天，然后就开始陆陆续续地查找北京交通大学(以下简称"北交")的相关资料，准备所需的书籍。因为北交专业课只考会计，所以我准备了当年的注会会计课本和相关习题，还准备了人大版本的财务会计学。之后，我就进入社科赛斯复试营开始学习了。复试营对我来说是一个很好的调整心态的地方，因为当你处在一个大家都在学习的大环境中，就会不由自主地去学习，去听课。复试营的大班课是按照MPAcc的大纲讲的，除此之外，还有政治、英语口试以及面试的一些内容，小班课是按照所考院校专业课讲的，所以在复试营半个多月的时间里，我听了两遍专业课。或许当时在复试营，很多需要背诵的内容没有时间好好背下来，但是这两遍的学习所做的笔记以及对整体内容的学习在过年后正式的复习中起到了非常大的作用。

复试营结束后，就回家准备过年了，当然这期间每天都在学习，但是并没有保持初试时每天那么长时间的学习，但是在每天的学习过程中，我会保持自己的状态是高效率的。过完年，我的学习就是比较高强度的了。从高强度的复习到复试结束，一共不到两个月的时间，但是我看完了注会会计基础班所有与北交大纲相关的内容，做完了人大财务会计学的相关内容和与北交大纲相关的注会习题，自己整理出了复试简答题和面试相关题目，以及准备了自我介绍和一

些相关的日常问题。因为北交的政治是开卷考试，所以政治这一部分我就提前准备好资料，熟悉每一部分的内容，到时候便于翻阅。在这段准备复试的时间里，社科赛斯的模拟面试还是非常有价值的，我是以线上的方式面试的，但是仍然会有紧张感。通过社科赛斯的几次模拟面试，我完善好了自己的中英文自我介绍和一些比较有针对性的内容。社科赛斯的面试老师都很好，他们会根据每个人的面试情况给出一些建议。通过这几次模拟面试，我在正式复试的时候，紧张感减少了很多。

接下来讲一下北交的复试流程。当年北交的复试线是3月20日出的，复试是3月28日到30日出的，所以时间还是非常紧张的。要真等到确定自己过不过线再准备就完全晚了。北交的流程是，3月28日上午体检和资格审查，晚上进行笔试。但是北交的笔试是专业课和政治结合在一起的，中间收卷不休息，所以一定要提前把自己的状态调整好，比如下午吃点东西。北交的面试在3月30日，每人至少20分钟，英语口语和英语专业课内容以及综合面试都放到一起。专业课和日常问题分别抽了题库的题，但是老师会根据你的回答做引导，或者提一些引申的问题。总体来说，老师们都是很不错的，他们会对你进行引导。如果实在答不出来，也不要慌张。面试结束的第二天，我从网上查到了结果。

回想复试这段时间，很充实，也很忙碌，复试很多时候是要自己去准备的，因为每个学校都有差异，所以这时候一定要自己对需要复习的内容有大方向的把握。社科赛斯的复试营是一个极好的形成框架的机会。通过复试营，你可以知道自己在后期哪些需要着重学习，哪些需要花多长时间，这些都是在复试营学会的东西。社科赛斯的模拟面试也是很有用的，第一次模拟面试时，我因为觉得自己没有准备好想要放弃，但社科赛斯的老师鼓励我试一试，体验下来发现自己也不是无话可说，每一次的模拟面试都能看到自己的进步。因此，希望学弟学妹们一定要把握这些机会，不要放弃。

复试没有那么难准备，希望大家都相信自己，踏踏实实地学习，不要让自己日后后悔，也祝大家都能考入自己理想的院校！

## 三、北京外国语大学MPAcc/MAud经验分享

先介绍一下我自身的情况。我报考的是2019年北京外国语大学(以下简称"北外")的会计专硕，初试245分，排名第四；复试第一，综合排名第一。现将去年经历的复试情况做一个整体复盘，希望可以帮到各位学弟学妹，一举上岸。

2019年北外的复试时间是3月底，相比于其他院校，留给考生的复习时间相对较长。由于其是第一年招生，我们没有任何的参考资料和学长学姐的经验指导，一切都要靠自己摸索。我选择了市面上使用率最高的人大版系列教材，并结合考研复试大纲和社科赛斯的课程进行复习。

从初试结束到出成绩的这段时间里，我简单地把大纲上列出的知识点过了一遍，对知识点有了一个整体的把握；真正沉下心全力备考，是在初试成绩出来之后。由于我报考的院校没有进行排名，所以当时自己并没有觉得自己的初试成绩很稳。我先复习会计，大概在2月底的时候加入了财务管理的复习，会计和财务管理一共复习了三遍：第一遍梳理框架，对整个教材的重难点进行整体的把握；第二遍面面俱到，力图了解每一个知识点；第三遍做题巩固，在题目中找到自己的漏洞。如果大家时间充裕，建议加入第四轮复习：按照第一轮总结的框架在脑中过

知识点，由于有了前面三轮的基础，所以这一过程会进行得很快，注意在重要的知识点上多花一些时间，在次要的、考频低的知识点上快速略过。审计、成本会计和管理会计这三门各个院校考查的比例都较小，所以当时我把这三门放在了最后，花的时间也相对较少，这三门的特点是：虽然知识点多且细碎，但是重点内容突出，而且考试基本上考的就是那些重点。因此，对于这三门，我直接画完框架，便开始做题背概念了，很偏很细碎的知识点我就直接略过了(这种方法稍微有点冒险，建议有时间的同学还是要全面过一遍)。

北外除了专业课的考查，还要考查英语口语能力和政治知识，所以在复习专业课的同时，我每晚还会进行一个小时的口语练习。具体的练习方法就是使用雅思哥App，里面有很多日常的口语话题题目，对于考研复试，我们只需要练习P1、P2；在最后一周，我背了一遍社科赛斯整理的政治材料(保险起见，大家最好每天积累一些，这样比较全面，也不会手忙脚乱)。对于政治，除了会考一些基本的常识，还会考很多时事热点，今年的疫情一定会成为考点，大家一定要好好积累。

北外将笔试、面试和体检放在了三天，这里提醒大家一定要根据时间安排提前订好离学校近的酒店，减少休息不好、迟到的风险。在笔试中，所有科目共用一张考卷，每部分考到的知识点不是特别多，但都是书上很重要的知识点，考试时长为3小时。面试流程包括候场、抽题、回答问题、离场。北外需要先用英文进行自我介绍，然后回答一个英文抽题，三个专业课抽题和一个政治抽题，老师会根据你的回答情况在中途随机进行补充提问。大家一定不要慌，如果真的不会，就诚实地说自己不了解，并根据自己的理解对问题进行解释，然后向老师请教。面试题目不仅考查你的专业功底，还考查你的临场应变能力和抗压能力，大家只需要心平气和、随时保持微笑，千万不能紧张、结巴。社科赛斯会给大家提供两次模拟面试，大家一定要利用好模拟面试的机会，让自己提前适应面试环节，不要敷衍了事。

在最后几个月的时间，无论初试成绩如何，大家一定要沉住气，专心复习，因为不到录取名单出来的那一天，谁都不敢说自己是否能笑到最后。在这里，我预祝大家上岸成功，考进自己心仪的学校！

## 四、对外经济贸易大学MPAcc/MAud经验分享

考完初试，用了几天的时间放松并调整心态后，我便投入到了复试的学习。众所周知，对外经济贸易大学(以下简称"贸大")的复试涉及财务会计、财务管理、成本管理会计以及审计，考核内容多而复杂，复试复习时不可有一丝懈怠。

刚开始复习时，我真是一头雾水，便将希望寄托于社科赛斯的复试课程。在听完翟老师的大班课后，我对复试的考点有了具象的理解，对复试的备考有了比较明确的思路。于是，在小班课之前，我下载了官方的考纲，购买了贸大的历年复试真题、中级会计及中级财务管理的相关练习、CPA的审计教材、贸大官方参考书目中的《成本管理会计》，并结合翟老师的讲义完成了一轮复习。在之后的小班课中，学姐整理了贸大的考试重点，有针对性地提供了练习及备考思路，明确了我的复习思路。毕竟，在有限的时间里完成四大科所有考点的复习是不现实的，有优先级地分配考试时间、攻破核心考点后，视情况辐射周边考点应该是比较好的复习策略。

面试可能是让大部分考生比较头疼的环节。如果是特别容易紧张的考生，建议正式面试之

前一定要进行模拟练习。毕竟机会只有一次，做好万全的准备才更容易获得满意的结果。面试之前我做了如下准备：中英文简历、中英文自我介绍、口述专业课简答题练习。其中口述专业课概念是应对专业课面试比较行之有效的练习，很多同学可能会做题，但是不能口头表达自己对相关概念的理解，这是很吃亏的。我在进行了两轮模拟面试后，重新梳理了职业规划以及英语方面常常被问及的几个问题，比如：你为什么想考贸大，你的同学怎么评价你，你具备怎样的优缺点等。经验证明，正式的面试环节中确实被问及准备好的问题。不仅如此，面试心态在模拟面试中得到了极大的改善，而这恰恰是面试环节最重要的心理建设。

贸大的复试流程是这样的：第一天下午会进行资格审查(务必带齐资料)，大概16：30资格审查结束，之后有2个小时的自我复习和吃饭时间(建议大家吃点东西，因为接下来的专业课笔试及政治考试是连续进行的，一定程度上考验大家的体能)，18：30开始专业课笔试，紧接着是政治考试。第二天会根据考生的考号安排体检，大概会占用半天的时间。第三天是面试，面试分为上、下午场次，到达面试点后会进行抽签分组并排序，之后是提交相关材料。(建议大家将简历保存为PDF格式再进行打印，以防乱码；携带订书机，现场需要根据一定的顺序装订材料。)面试的流程是这样的：首先，职业规划老师会让考生进行简单的自我介绍(原则上中英文都可以，考生可以自己选择)；然后，老师会针对简历、职业规划、个人兴趣等提几个问题；接下来便是专业课及英语部分的面试，采用抽题形式，先让考生从蓝色文件袋中抽两道与专业课相关的问题并回答，回答过程中老师可能会对你的答案做进一步挖掘或引导，之后再从黄色文件袋中抽一道与英语相关的问题并回答，这样就完成了面试的全流程。

总的来说，贸大的复试考核是有一定难度的，需要考生对专业课程具有一定的把握，具有较为清晰的逻辑能力和语言表达能力。考生需要总结、梳理考点，最好能够将所学知识点与实际运用相结合，用管理思维去了解财务管理或者财务会计的机制。考核的内容范围广、难度适中，一定程度上考虑了跨专业的同学，所以把握好复习节奏、找准考点，还是可以考出比较理想的成绩的。我最终的复试笔试及面试都是90多分，非常感谢翟老师、小班课的学姐以及模拟面试老师的指导，让我有计划性、有针对性地进行高效率的复习。

# 五、中国财政科学研究院MPAcc/MAud复试经验

### 1. 复习计划

首先，查看院校当年公布的综合成绩计算公式，合理安排复试备考计划。

由于中国财政科学研究院(以下简称"财科所")的要求是专业课最重要，具体来说，即：第一天上午进行3个小时的专业课笔试，下午3个小时政治笔试，当天晚上出第二天的面试顺序(专业课笔试不及格的会提前出局，不在名单里)；如果专业课面试部分不及格，也会直接出局。可见，专业课是多么重要！

在复习复试过程中，一切都要以专业课为重。

(1) 学一遍CPA审计的网课，最好是能过一遍"东奥轻松过关1"，若没有时间，可略过。这一过程的复习应跟紧网课里的例题。

(2) 学一遍秦荣生版的《审计学》，并整理好框架，梳理好知识重点。这是最关键的一步。

(3) 根据整理的框架进行记忆，至少背三遍，背到能完全默写。(因为财科所的复试没有选择

判断之类的客观题，都是名词解释、简答、论述等主观题，强调文字表述能力，所以一定要背到会默写，把知识内化于心，变成自己的。)

(4) 演练历年真题，找出自身问题及总结疏漏的知识点。对于重点章节，可再看一下相应的网课。除此之外，对于业务循环，需要做"东奥轻松过关1"的练习册(第9~12章)。

对于政治，要背最新版的《风中劲草》，马原部分应重点记忆，同时，要加之时政。

对于英语，要加强口语的练习及长难句的翻译(初试备考时已训练过，这里便不多提。)

### 2. 教材

根据招生简章，可参考以下书目：

① 大学本科的教学大纲；

② 南京审计学院本科本专业所用教科书；

③《审计学》(最新版)(秦荣生、卢春泉编著)；

④ 注册会计师全国统一考试辅导教材(最新版本)。

### 3. 复试流程

(1) 第一天上午：3小时专业课笔试。

(2) 第一天下午：3小时政治笔试。

(3) 第二天上午/下午：面试(根据前一天的面试顺序)。

下面着重讲一下面试。

上午场8：00开始，下午场13：30开始，每位考生的面试时间在10分钟左右。

单独面试时，有5个老师，有凳子，说了"老师好"后，开始坐下回答。

自我介绍用时两分钟左右(中文)，建议与老师们有眼神交流。老师会根据自我介绍问一些具体问题，如实且真诚地回答就好。

对于专业课面试，一般问两个问题(审计和本科专业)。

我在自我介绍时说曾在一家国企实习，于是老师让我说说注册会计师审计和政府审计的区别(这个问题真的挺简单，我觉得很幸运)。我本科是财务管理，老师又问了平衡计分卡的内容，但是我本科没有好好学，也没有着重复习，所以这个问题我不太会回答。于是，我说："老师，这个问题我们本科没有涉猎，但是我曾在报刊论文上看到过有关绩效管理的工具，我回去后会着重学习高级财务管理的知识。"(语气诚恳，态度谦卑)老师说，那你说说对标准成本法的理解吧(这相当于换了一个问题)。于是，我大概说了说标准成本法，侥幸逃过一劫……我想如果本科是会计，可能更多地会问会计的内容。

对于政治面试，以时政为主，如两个一百年奋斗目标、五位一体、四个全面等(以十九大为主)。

对于英语面试，先是自我介绍，如本科所在地、家乡、爱好、个人优缺点等；然后根据桌面上的资料先读再翻译。个人觉得有一定难度，希望大家多多练习。

面试结束后，再次鞠躬，向老师说："老师们辛苦了""老师们再见"。

### 4. 对于整个复试的感受

复试笔试重视基础，相较于对知识的应用，其更重视对知识的理解。面试注重个人表达及综合素养。整体上，财科所复试难度不大，悉心准备，下到功夫，都可逆袭。

### 5. 报复试班

社科赛斯的复试通识课和小班课为我的知识框架和体系奠定了良好的基础，尤其是通过社科赛斯的模拟面试，使我积累了复试经验，及时查缺补漏，在真正面试时可以更加从容。

以上都是笔者的个人意见及建议，并不是标准答案，希望对您有所帮助。

乾坤未定，你我都是黑马。祝远行的你，乘风破浪！

# 六、中国人民大学MPAcc/MAud经验分享

中国人民大学(以下简称"人大")在MPAcc的复试阶段通常会进行专业课、英语以及政治等方面的考查，科目较多，近两年更偏向理论结合实际，方式比较灵活，且复试流程较长，需要大家花大量时间去准备。因此，大家需要熟悉人大的考试流程及重点，有针对性地复习，提高复习效率。

首先介绍人大的复试流程和考试情况。在复试第一天的下午，要求考生携带相关资料到指定教室报到，通知复试的相关事项。报到结束后进行政治笔试，考试时间约为1.5小时，形式为闭卷，题型为简答题，题目会与个人的发展相结合，比较简单。在复试第二天的上午，进行笔试，包括专业课笔试和英语笔试。专业课笔试时间为2小时，题型包括计算和简答。英语笔试时间为1小时，题型包括完形填空、阅读、匹配和翻译等。需要注意的是两场考试之间无休息，考试时间较长，但题目总体难度中等，认真准备、细心作答即可。在复试的第三天，进行面试，上下午各两场，每场约6个小组，每个小组6位考生。人大的面试形式从2019年起改为了群体面试(以下简称"群面")，每个考场有5位老师、一位记录员和6位考生，由老师进行提问，共两道题目，考生针对同一问题轮流作答。面试考查专业课和英语口语，专业课问题相当灵活，会和实际案例相结合，更偏向于考查用理论知识解决实际问题的能力。而英语口语较为简单，往往是未来职业规划等日常性话题，而且不会涉及会计专业英语。

在了解复试流程后，要有针对性地制订自己的复习策略。专业课是复试中的重点，包括财务会计、财务管理、成本与管理会计和审计4个科目，复习用书即人大版的教材及配套练习题。由于人大专业课的考试不是很难，题目偏基础，所以大家没有必要使用CPA的考试用书，看人大教材就足够了。在专业课的4个科目中，重点科目是财务会计和财务管理，而成本与管理会计和审计考查的题目相对较少，但是绝对不能放弃这两个科目的复习。我在准备专业课时，一共进行了4轮复习。第一轮是听社科赛斯的专业课，跟着老师把所有知识点过一遍，标注好重点和难点。第二轮复习是自己再看一遍书，同时做课后练习题，并且整理好错题。第三轮复习是背书，每背完一个章节的知识点，再做第二轮时整理出来的错题，保证把错题做会搞懂。第四轮复习仍然是背书，梳理好每个科目的框架，保证对绝大部分知识点熟悉。

对于英语和政治，没有指定的参考教材，考试也比较简单。英语可以继续利用初试的资料练习，坚持背单词，适当关注一点商务英语，笔试中有些内容可能会有所涉及，但并不会很难。大家要利用空闲时间练习口语，多说多练，提高流利度。进行政治复习时，要多关注热点新闻，多看时事评论，有时间可以准备一些"套话"，答题时注意逻辑清晰、有条理。

对于面试的准备，可以和专业课同时进行，在对专业课知识熟悉之后，多关注一些财经新闻，多做思考，想想怎样可以将已学知识和新闻话题相结合。我在准备面试时参加了两次

社科赛斯的模拟面试，提前感受了面试的氛围，也听取了老师很多的建议，在面试中便没有那么慌张。

最后想强调几点注意事项。第一，由于人大的专业课考试基础性内容占比很高，所以在复习时一定要打牢基础，不要只看难点，而忽视基础章节。第二，专业课基础薄弱的同学一定要尽早准备，准备初试时可以看一点专业课，课本上很多地方晦涩难懂，自己看书不太容易理解透彻，建议听一下社科赛斯的专业课，在老师的带领下会让知识更加容易理解。第三，由于人大面试改成了群面，所以大家在面试中要有自信，积极发言，没有思路时多倾听其他同学的发言，寻找自己的切入点，不要过于紧张。

最后，祝大家都能考上心仪的学校，万事顺意，金榜题名！

# 七、中国石油大学MPAcc/MAud经验分享

写给正在筹备复试的你，经历一路风雨，即使迷茫、无助却又不放弃的你。每个人都是脆弱的，但是我深信，即使脆弱，也能靠决心和意志，让每一瞬间化为彻底的坚强。

走出初试的考场，回到学校休息了一周，我便开始准备复试的考试内容。我的本科是市场营销专业，一个需要大量联想、发散式思维的专业。从本质上讲，这是和会计完全不相关的专业。尽管在本科期间学过财务会计、财务管理、管理会计等学科，但是让自己跨专业去和本专业出身的同学一同竞争，还是有点困难的。

在学习专业课之前，首先要登录学校官网看资讯，确定自己报考学校考查的科目，再进行有针对性的学习。社科赛斯复试营开设财务会计、管理会计、财务管理、审计4门专业课，1个月就学完了专业课。高强度地上一天的课，收获很大，课前要做好预习，上课的时候要注意听讲，少玩手机，一旦分神，就很难跟上老师的进度。下课之后，晚自习时要复习基础知识，做题来巩固记忆。对于自制力比较差的同学，去集训营是一个很好的选择，面授的效果相较网课好很多，更有助于思路集中和加深记忆。

从初试结束到复试考试，有100天左右的准备时间。在第一个阶段，我用30天刷完第一遍专业课，这个进度对于本科专业就是会计的同学来说是很充裕的了，在刷课期间要弄懂每一道例题，理解解题方法，了解相关概念。在第二个阶段，我用一个月左右进行第二遍专业课的学习与做题。放假在家的时候，复习进度可能不会像在集训营里的进度那么紧凑，学习状态也不会像初试时干劲十足，容易出现焦虑心态。学习的时候首先要远离能干扰到自己的东西，比如游戏、视频等，可以一天里专门设定一个小时来刷微博看视频，两个小时去锻炼身体，剩余时间就用来巩固知识点。遇到不是很理解的地方，多翻看教材。

在教材的选择上，优先选择学校官网指定的教材，还可以去淘宝上搜寻一些院校往年的复习参考资料，要以教材为主，资料为辅。在学习过程中，可以用思维导图或者自己总结的一些笔记来加深记忆和理解。

复试时，会出一些政治简答题。可以问问身边考过政治的同学，简答题的考点都有哪些。平时，应多关注一些比较好的考研政治公众号，利用碎片化时间翻一翻手机，以对考点有一些印象。

复试的第一天上午，我在学校的安排下进行体检、提交个人材料等，下午进行专业课笔试。选择题、简答题和分录题的分布比较平均，难度没有CPA那么高，比教材后面的习题稍微

复杂一些，若掌握了基础概念和重点考点，作答起来不会很困难。第二天进行复试面试，一共有三个环节，第一个环节是综合能力测评，老师们会问一些时事类问题，根据个人经历来问的小问题，以及对某个经济问题或者市场现象的看法。老师们都很和蔼，所以保持冷静，用初试时学到的逻辑思维加以分析和作答即可。第二个环节是专业课面试，由自己抽取三个问题进行回答，主要是一些简答题，考点分布在财务会计和管理会计上，财务管理和审计方面考查的较少。前期准备的时候对相关概念一定要很熟悉，如果抽到的题目中出现的名词没有见过，那么气氛就会非常尴尬，给老师的印象也不会很好。第三个环节是英语面试，流程和雅思口语考查比较像，题目叙述难度不高，做到流利和有自信即可。平时可以多接触一些语言环境，比如多看发音比较清晰的美剧，在看剧的过程中记住一些好的句式和比较有特点的表达方式，例如多用副词和简单的从句。在英语面试时可以对自己的过往经历加以美化，让人感觉很有意思，这样会营造出很好的面试氛围，给自己加一些印象分。

# 八、中央财经大学MPAcc/MAud经验分享

### 1. 复试内容

中央财经大学(以下简称"央财")的复试包括政治笔试、专业课笔试、专业课面试、英语面试、综合素质面试。

政治笔试，不计入总分，合格即可，除非出现思想上的扭曲，都可以通过。因此，不用准备，临场用自己的话写满即可。

央财的专业课有4门，包括财务会计、成本管理会计、审计和财务管理。对于专业课笔试，4科都会考。专业课面试时，会计专硕必须从财务会计题库中抽取一道题，再从剩下的三科中随便选取一科，抽取一道题作答；审计专硕必须从审计题库中抽取一道题，再从剩下的三科中随便选取一科，抽取一道题作答。(央财很注重专业课，所以有一道专业课题目没答好，就会被刷掉！)

英语面试，是由考生从题库中随机抽取一题，都是一段专业英文，考生在阅读一遍后，考官从文章中抽取一句话或一个单词，考生翻译即可。(央财不是很注重英语，所以只要不是很差就不会拉分，但是如果没有回答出来，基本就没有希望了。)

综合素质面试，是由考生抽取一道题作答。题目基本围绕对专业前沿的看法、当前的热点话题等提问，回答时一定要给出观点，观点是什么不重要，但要能够自圆其说。

### 2. 复试教材

专业课的教材一般就是央财自己出版的教材，但是以最新的知识为主(央财自己出版的教材中，中级财务会计已经滞后了，所以可以参考人大版的教材)。

### 3. 复习计划

如果你是跨专业的考生，相信你在初试的时候就已经开始专业课的学习了。由于复试时间很紧张，所以复试备考的时候不仅要注重吸收的知识量，更要注重效率。

第一遍：初试结束后，用1.5～2个月的时间，结合社科赛斯的复试课程把教材过一遍，对4门专业课的知识进行详细了解，同时梳理出知识框架，厘清各个章节的联系。争取每天白天学习知识点，晚上做题巩固，并做好错题笔记。

第二遍：有重点地学习。央财复试面试的时候只考两门，所以你可以根据自己第一遍对知识的了解，确定自己除了必选的之外，还要选择哪一科，那么这两科就是自己备考的重中之重。对于这两科的学习，可以结合社科赛斯所给的重点范围再过一遍教材，对第一遍做的错题再做一遍，同时把重点知识、面试时常考的知识点记录下来，回归教材；对于剩余两科的学习，就是做题，查漏，不用单独再过一遍教材，遇到反复错的知识点再去看教材。

第三遍：过完两遍之后，基本就临近复试了，此时主要背诵复试时可能会问的知识点(第二遍的时候已做记录)；同时看一下社科赛斯给的复试综合素质面试题以及当前的与专业相关的热点(如区块链对审计、会计的影响等)，自己心里有点底，不需要背诵。

### 4.复试感受

复试没有想象的那么可怕。

央财的整个复试会持续三四天，这几天尽量让自己放松。复试前，要把各个复试环节的信息查好，一定不要错过时间。

在面试的时候，建议穿着正装，因为有相当一部分同学都会穿着。此外，面试的时候尽量不要紧张，自信一些，向面试官展现出良好的精神面貌，其实面试官都很和蔼。

考研是一场马拉松，考的不只是知识，还有心态和运气。在备考的过程中，不要太想结果怎样，只要你一步一个脚印，相信结果不会亏待你。感谢社科赛斯给我提供的知识上和精神上的帮助，让我在想要放弃的时候咬牙坚持下来！

# 九、中央民族大学MPAcc/MAud经验分享

初试总分231分，复试总分87.25分，被中央民族大学(以下简称"民大")会计专硕录取。辛苦一年，交了一份满意的答卷，迎来了2019年阳光明媚的春天。

我的复试复习方法是：第一轮，第二轮，做题。

我初试后，我休息了一周左右，就回到社科赛斯集训营开始第一轮复习，周内由会计专业大咖翟老师讲解财务会计和财务管理课程，周末由报考院校上岸的学长学姐划复试笔试中的考试范围以及介绍院校会计专硕导师、导师研究方向，以及研究生丰富的校园生活等。

第二轮复习是在结束课程后回到家中，开始制订计划，对所学的复试课程展开有序复习。学习一定要"学而时习之"，不断温习巩固，将有利于自己在短时间内掌握大量的专业知识。

第三轮复习主要是"做题"，检验知识掌握的情况。最好的方式是练习，通过大量的练习题来了解自己知识的强处和薄弱点。

建议：初试考完后可以估分，但估分与最终分数之间会有偏差，如果想上岸，初试结束后应尽早进行复试备考。

复试学习中用到的资料有：

① 《财务会计标准化讲义》(社科赛斯，2022)

② 《财务管理标准化讲义》(社科赛斯，2022)

③ 《管理会计标准化讲义》(社科赛斯，2022)

④ 《审计标准化讲义》(社科赛斯，2022)

⑤ 《成本会计标准化讲义》(社科赛斯，2022)

⑥《MPAcc复试VIP班讲义》(社科赛斯，2022)

⑦《财务会计学(第十版)》(中国人民大学出版社)

⑧《企业内部控制规范》(中国财政经济出版社，2010)

⑨《企业会计准则(合订本)》(中华人民共和国财政部制定)

民大MPAcc复试共需三天时间：

(1) 第一天，闭卷专业课笔试，时间是3小时，考试内容为财务会计、财务管理、管理会计、审计、内部控制、专业英语、时事政治；

(2) 第二天，1对6单面，时间是25分钟，考试内容为专业知识、考研动机、本科院校、科研情况、实习/工作经历等；

(3) 第三天，初试、复试成绩加权后在官网上公示三天，届时通知排名在招生人数内的学生在规定时间内去校医院体检。

复试是考研接力赛的最后一棒，既然选择了考研，就要坚持到底。复试是报考院校对你这一年努力的打分，要想得高分，就要脚踏实地做好准备。

建议：笔试考试中，虽然科目很多，但难度系数较低，知识点多为常见但记不太清楚的，复习时应注重基础知识；做题时，应认真仔细，看题准确，最好不要提前交卷；面试中，在自我介绍部分，对自己本科做过的事情，一定要有复盘，无论是教育背景，还是科研情况、获奖情况、实习情况、自我评价、其他情况等，尽量把自己的亮点加进去，但不要给自己挖坑，对于老师提问不会的问题，做到"知之为知之，不知为不知"，切忌编造，捏造答案。整个面试过程要注重表达的逻辑性，表现出沉着冷静、虚心请教、积极思考的学者风貌。

社科赛斯的师资很好，翟老师讲课语言通俗易懂，内容由浅到深，对有专业基础的学员和跨考的学员来说，都非常合适，对我回顾本科的会计知识起到了很好的作用；社科赛斯的辅导老师也都是兢兢业业的，对我在集训营的生活上给予了无微不至的照顾；周末VIP班的课程由报考院校的学长学姐亲自辅导，大大地缩小了我复习的范围，提高了我的学习效率，也让我更了解报考院校的老师；社科赛斯的学习资料非常齐全，教学老师们考虑的非常周到，复习资料涵盖了所有的考试点，很多学员包括我在内都是以社科赛斯的讲义为主，弄懂弄通社科赛斯的讲义，几乎可以应对所有学校的MPAcc复试；社科赛斯的学员都是一心想考上的，学习氛围很好，大家互相监督，互相鼓励，互相帮助，这对我在前进的路上披荆斩棘起到了至关重要的鼓励作用！

# 十、南开大学MPAcc/MAud经验分享

我用两个月的时间进行复试复习；先复习财务会计，这是用时最多的；然后复习财务管理和管理会计；最后复习审计，复习时间比较少。我没有用大量时间来复习英语，而是穿插在专业课的复习中。因为英语只考口语，所以我就偶尔练练口语，没有着重复习。对于政治，复试说明会发50道题，背这些题所花的时间还是挺多的。

## 1. 考试用书

① 财务会计：CPA教材

② 管理会计：《管理会计学(第二版)》(周宝源)

③财务管理：《财务管理学》(人大版)

④审计：《审计学》(张继勋)

**2. 复试流程和心得**

复试分为笔试和面试，笔试比面试重要。面试考4门：一门财务会计，一门三选一(财务管理、管理会计、审计)，一门政治，一门综合素质测试与英语口语。政治和综合应该每人得分差不多，不会拉开太大的差距。笔试若是不及格，直接被淘汰，这一点和政治是一样的，所以大家一定要重视笔试，当然，面试也不要太害怕。

笔试就是一张专业课的卷子，分财务会计、管理会计、财务管理、审计4门，不能选科目做。4门的占比不是平均的，财务会计占比最多，占近一半，剩下的财务管理、管理会计、审计均分剩下的分数。财务会计的大题是一两个名词解释，一两个简答题，两三个大业务题。名词解释考了费用的定义、负债的定义。简答的其中一题是简述收入的五步法，另一个不记得了。业务题考了固定资产、长期股权投资和职工薪酬。业务题较多，例如固定资产和长期股权投资都是按初始计量、后续计量、出售等步骤来考的。财务管理和管理会计没有简答，是计算大题，都是书上的典型例题，不难。整张卷子写下来用时还是挺多的，尤其是财务管理和管理会计，计算量也很大(要带个计算器)，财务会计在思考上比较费时间。我当时只是刚刚答完，没有检查一遍的时间。因此，准备时要把知识点搞明白了，题做熟悉了，光靠在现场思考肯定来不及。审计考的是典型的业务题，比如重要性水平和审计风险的关系，审计程序(函证之类的)，与教材的课后习题有点类似。

笔试后隔一两天就是面试，面试顺序会提前公布出来，总共20分钟，一科5分钟，从你坐下开始计时，5分钟就喊停。综合素质和英语在一起考，时间还是挺紧张的，很多同学英语口语只念了个题目，就到时间了，我当时就是这样，所以在作答综合素质面试时应尽量快一些。在综合素质面试中先做自我介绍，然后老师就你的自我介绍问一些基本问题，比如为什么选择考研。我觉得综合素质面试主要看你的精神面貌，声音是否洪亮，有无明显的交往缺陷。政治是从复试说明中的50道题里抽一道来考，这50道题必须背熟。政治面试的气氛还不错，老师也很和蔼，两个专业课的老师们就很严厉了，可能因为大家的专业课都不算太好，所以老师们板着脸，气氛比较严肃。专业课的题目较难，所以很有可能抽到难题、偏题。若抽到难题且不会的话，就先随便说一点，把你会的周边知识点先说上来，如果你说不出来了，老师也会提示你，实在说不上来，老师也不会让时间白费，他会重新问个问题，总之，他一定会让你说够时间，不浪费这5分钟。如果你不想让老师问你的话，你就自己说，自己掌握主动权。注意作答时要先大声念一遍问题，然后再回答。

虽然复试很重要，但也不要过于紧张，好多跨专业的同学在考MAud，而且大部分人的专业基础都不算太好。社科赛斯的专业课讲得很好，助教老师们也能及时答疑解惑，疏导压力。参加社科赛斯辅导班，找上届的同学进行交流，其实已经赢在起跑线上了，若能再充分利用各方面的资源，刻苦努力地拼两个月，一定会收获满意的结果！

# 十一、天津财经大学MPAcc/MAud经验分享

初试通过后，意味着一只脚已经迈入目标学校的大门，在最后的紧要关头，谁也不想输在

复试的环节。想要在复试中稳住脚步取得胜利，甚至高分逆袭，完成突破，势必要做好充分的准备，万万不可懈怠放松，知己知彼，百战百胜，充分了解目标院校复试的重要考核内容与流程，会使自己在备考的过程中事半功倍，胸有成竹。在这里，非常感谢社科赛斯给我这样一个机会，可以根据自己的复试经历来分享一些经验，供学弟学妹参考。

### 1. 个人情况介绍

我的本科在吉林财经大学就读，专业为审计。大三时决定考研，为了更有把握地考入目标院校，我选择了社科赛斯。考研一整年我全程跟随社科赛斯的脚步，参加了线上线下的所有课程，包括夏令营与冲刺营。最后，我如愿考取天津财经大学审计专硕的研究生，开启了两年的研究生生涯。

我的初试成绩为232分，复试成绩为251分，总分数为483分，最终排名第八。当年，天津财经大学(以下简称"天财")的录取比例是1:1.2，初试分数线划到了230分，最终录取人数为26人(含推免2人)。

### 2. 复试准备过程

因为自己的初试成绩仅高出复试线两分，几乎飘过，所以整个复试准备过程压力倍增。在初试成绩不占任何优势的情况下，哪怕复试发挥一般，都很有可能被刷下去。因此，我参加了社科赛斯的复试营，这里能提供相对安静的学习环境，让我迅速进入状态。复试教材共两本，一是盖地老师的《财务会计》(中级财务会计难度)，二是沈征老师的《审计学》。财务会计总体上看了两遍，重点部分在临近考试时又多次进行反复记忆。

首先，特别基础的内容需要熟记，例如会计六要素(笔试财会第一题简答)、会计的基本原则，以及收付实现制与权责发生制的联系和区别等基础内容，除此之外，还要记一些概念性的内容，比如我在面试时就被问到了或有负债的确认条件，有的同学被问到长期股权投资在进行核算时权益法与成本法该何时使用。这些都是对基础知识的考查，因为所涉及的内容广泛，比较细碎，所以建议看书时理解和背诵相结合，难一些的先搞清楚原理再记忆，简单的类似确认条件等可以类比记忆。

其次，因为复习时间有限，有些太难的地方无须过多地浪费精力，在我们那年的笔试中会计的分录题只考了一道综合业务核算，涉及的也都是比较简单的业务内容，比如购入商品、销售原材料、子公司分配股利、联营分配股利等。计算题是一道关于材料成本差异率的问题，发出材料所负担的成本差异等5个小问题。《审计学》这本书，我先是听着网课把所有知识从头到尾梳理了一遍，后来反复看了两遍，复习审计时背诵的内容比会计多一些，因为最怕笔试时没有什么话可以写。复习时可以结合目录列出提纲，根据提纲口述内容，并反复练习。审计考查的内容较为细致，基础题偏多，时间充裕的同学还可以再看一些注会审计的重点内容，面试时老师提问的也会有个别会超出指定教材的内容。这里列出一些重点内容，如财务报表审计的概念、注册会计师独立性的相关内容、管理层认定、审计证据的特征、审计程序、内部控制五要素等。上届学姐说他们当时考到销售与收款循环审计的内容。笔试中涉及的审计问题全部为简答与论述，有4道题左右，比较好得分，但也要做到有话可写，内容切合。其中被问到把审计定义为查账是否合理，国家审计与国家治理的关系，如何提高内部审计在组织治理中的价值等。关于政治，考的很少，只有笔试中第一道论述题可以算作政治范畴，问的是国家审计的内容。对于英语，最好做充分的准备，天财对英语比较重视，以往考过六级的，复试直接加10分，我们这年不清楚到底加没加，但是交材料时需要上交英语六级成绩的复印件。我们这年没有英语的自我介绍，但是涉及很多专业英语的内容，面试时会有英文版的专业问题，所以应至少会说一些专业名词，当时我的英语问题是注册会计师可以执行哪些业务。

### 3. 天财复试流程

第一天交材料，尽量早点去，排队的人很多。后两天先笔试后面试，分两天进行。笔试包括英语听力题与会计审计题(分值各占50%)。先放听力，难度不大，语速适中，大部分能听出来，四级难度。会计审计题中只有一道政治题，其他是专业题，会计与审计分值各占一半，几乎都是简答、论述，能多写就多写。我们这届改变了面试流程，采取抽题形式，进去不用自我介绍，面前有三个信封，各抽一道，分别是会计、审计及英语问题。所有问题均不重复，抽完不放回，虽然有难有易，大部分都不会太难。有的知识点比较零碎，因此好好看书才是王道。

### 4. 总结

不管是笔试，还是面试，从题型到内容，每年的题目都不一样，今年的题目与去年的就不太相同，尽管买了学姐的复习资料，也没派上多大用场，只能作为参考。不管以何种形式考查考生，只要复习到位，这些都不是问题。学弟学妹们，不要过分焦虑，摆正备考心态，奋力一搏，终能金榜题名！

# 十二、河北工业大学MPAcc/MAud经验分享

### 1. 复试用书

① 《财务会计学》(中国人民大学出版社，戴德明、林刚、赵西卜)
② 《财务管理学》(中国人民大学出版社，荆新、王化成、刘俊彦)
③ 《审计学(第二版)》(东北财经大学出版社，谢盛文)
④ 《管理会计学》(中国人民大学出版社，孙茂竹、文光伟、杨万贯)

河北工业大学(以下简称"河工大")会计专硕的复试用书是按照全国会计专业学位研究生(MPAcc)教育指导委员会规定的。从本人的经验来谈，由于复试笔试专业课相对基础，可以按照同学们自己学校发放的学习用书来学习，不会影响笔试的结果。如果是跨专业的同学，建议购买指定用书。关键是一定要把这四门的基础掌握好。

### 2. 复习时间计划

严格意义上来讲，现在的每分每秒都需要去准备复试，不能放松。我的观点就是，你没事了就去看书吧，什么时候都是准备复试的最佳时间。初试一般2月中旬左右出结果，出成绩后就能知道是否进入面试了。因此，2—3月是最佳准备时间。

我的规划是按照会计、财务管理为重点，审计和成本管理会计穿插中间学习。每天按照社科赛斯提供的重点去看，重点掌握相关的练习题，尤其是概念性的练习题。最基本的知识要天天复习。上午，复习会计和审计3个小时；下午，复习财务管理和管理成本会计3个小时；晚上，用2~3个小时准备面试和复习白天学习的知识。

### 3. 复试流程

1) 面试
面试包括4个环节(每项50分)。

(1) 专业能力抽题：在财务管理和会计两门的知识点中抽取两道题回答，有三次机会。

这场面试有以下几个技巧：

① 面试等候现场是没有隔离的，大家都在一起，所以可在现场多与别人交流，比如别人抽到的问题是什么；

② 回答问题时一定要仔细思考，慢点回答不要着急；

③ 感觉不会，也要尽力去说，不能不说话；

④ 可以只抽一门，针对会计或财务管理中的一门进行准备，抽三次的机会应尽量都用到。

⑤ 考查的是基础知识点，如会计基本假设、会计主体和法律主体区别等。

(2) 英语面试：包含英语自我介绍，现场抽英语短文朗读，以及老师根据朗读文章与考生进行即兴的问答交流。

这场面试有以下技巧：

① 自我介绍的模板有很多，一定要有自己的特色；

② 问答环节应尽量多与老师交流，这样能得到很多印象分，如果紧张的话，可以从文章中寻找思路，不能僵着不说话，这样会严重影响面试成绩。

(3) 会计经历面试：问题包括为什么选择这个学校、实习经历、未来规划等。

这场面试有以下技巧：

① 可以在实习经验上好好说自己干的事情，就算很简单，也比什么都不说强；

② 没有实习的就说在大学参加的活动和比赛竞赛等，以体现自己的能力；

③ 若是跨专业的考生，就说自己的规划，要根据自己的经历做展望，要引起老师的兴趣，要把话题扯到自己擅长的问题上来，尽量和老师有共同话题，和老师聊得有气氛。

(4) 自我介绍：这一环节相对轻松，好好准备自己的简历，把简历做的漂亮一点。在此环节中主要还是看与老师的交流，不要背公式，要说说自己的想法，多介绍自己，多说说自己的闪光点。

2) 笔试

笔试分为政治(100分)和会计综合(100分)两门。

① 政治：开卷，有指定用书，买好书，好好准备就行。

② 会计综合：考会计、审计、财管、成本管理会计，每项25分。由于这4项很平均，必须4门都要看完，重点是基础知识。

### 4. 个人感受

复试最重要的不是笔试，在笔试环节上，只要做好基础工作，是和大部分人拉不开差距的。面试占整个复试的一半，所以面试很重要。面试时不要紧张，面试会有候场时间，等待时间越长越有利，平复自己的心情，不要受别人的影响。根据现场进度，根据不同环节准备。面试前一天，应好好休息。

河工大初试成绩出来以后，能看见自己的初试排名。不要因排名靠后而失去希望、丧失斗志，去年就是40个扩招到60个，之后补录了8个，所以一定要坚持。另外，你可以找好导师。

面试实在害怕的话，可以不戴眼镜，然后直视老师眼睛，看不清就不会害怕了。

以上有些凌乱，但都是我复试路上的一些建议，希望大家可以从中找到适合自己的几点，很感谢社科赛斯在这一路上的支持，暑假营、寒假营一直没放弃的刻苦和寒假营的复试指导帮我成功上岸。

最后，希望我说的能对大家有所帮助，谢谢！

# 十三、山东财经大学MPAcc/MAud经验分享

关于复试，千万不要因为感觉成绩不理想，就对复试产生排斥，甚至放弃。不同年份的试卷，难度不同，阅卷的尺度也不同，而且你的实际分数和你想象的分数也会有一定的差异，再就是学校的录取分数线会有一定的报录比，可能你就是进线的最后一个。在这样的情况下往往会导致很多边缘线上的同学措手不及。另外，也不要因为跨专业或者基础差对复试有什么恐惧，与初试中的数学、英语不同，只有极少数人的专业课功底会扎实到足以应付考试，跨专业的同学复试分数高的例子比比皆是。

关于复习专业课的计划，主要分为几个阶段：基础阶段，强化阶段，查补阶段，冲刺阶段。社科赛斯的复试营基本是从初试结束后的一周左右开始，上到过年，然后年后继续，大概可以将所学内容在课上过两到三遍，另外还有一对一小班课。

在基础阶段，老师会快速地过一遍课本框架，基本上细小的知识点也可以涉及。如果专业课功底不够，在这个阶段是很痛苦的，因为老师的节奏非常快，就拿财务会计举例，所有的会计要素里都有规定的科目，资产负债里会涉及确认、后续计量、处置等，以及一些备抵科目的介绍与应用。这一过程中会牵扯很多概念，也有很多需要理解的点，如果只是生硬地掌握这些财务会计知识，是无法做到灵活运用的。这时候，你若不做好课前预习和课后复习，就会跟不上老师的进度。

强化阶段，针对重要的知识点章节进行学习，针对自己学校的考试内容，以及通过阅读真题把握自己学校的考点。还是以财务会计来说，金融资产、长投、非货币性资产交换、债务重组、投资性房地产等，都是考试的重点难点，但是学校的真题并不会全部考查，会选取1~2个考点考查，并且考查的深度也是不一样的。需要把握自己学校的真题，有选择地强化这些重点难点。

查补阶段，同强化阶段一样，也需要针对自己学校的真题来做这个工作，不同的是，要着重学习基础章节。了解真题以及复试中常考查的章节，把基础的章节涉及的分录计算牢牢把握，并且在理解的基础上，规范自己的语言，保证状态好的时候用标准语言，状态不好的时候能用自己的语言脱口而出。

冲刺阶段，并不是针对上面所说的内容做大量的练习题，以及进行更深入的学习，而是扎实地背诵。关于知识点的选择，可遵循如下顺序：最重要的是真题中出现过的以及一些常识性的重点题目，其次为真题中出现的同章节的知识点或同类型的知识点，再次是次要章节的细节。另外，会计准则是经常发生变化的，对于章节中所涉及的新的准则，应该进行学习，更要理解为什么会改，为什么会改成这样。

关于综合素质面试以及英语面试，大概在考前一到两周，也就是学校公布相关复试工作安排以后进行准备，一到两周足以应付一些常见的问题。注意把握自己回答的逻辑层次，合理的安排可以使老师满意于你的答案，甚至会引起提问的兴趣。不同的学校，英语的考查方式不同，大致有听力、读文章、理解文章、口语。山东财经大学的英语考查是一个综合性问题和一

个专业性问题，如果口语较差，也无须过度担心，只要充分准备就好，英语并不是一个能拉开太大差距的复试科目。

复试选用教材可在招生简章或者招收专业的附录上找到，可以去官网自己查看，山东财经大学的复试指导用书是该学校相应科目的本科教材，基本上可在淘宝买到。

山东财经大学的复试流程是先政审材料，第一天上午笔试，第二天面试，最后体检。山东财经大学让我感觉比较特别的是，山东财经大学分为几组，候考是在一个教室中，封存电子设备，但可以留下资料，然后按照顺序，有人将你引领到面试的教室，面试完回到候考室门外，候考室中的工作人员会将你的物品和电子设备递出。面试完的同学跟其他候考同学没有任何接触，所以不存在问一下前面同学有关考试内容的情况。面试中共有5位老师，桌上有两道专业性问题，答完以后考官会问综合性问题，例如为什么选择会计专硕，为什么考研等，最后是英语面试，专业性题目和综合性题目各一个，老师会对你耐心地引导，在回答专业性问题时，我回答得差强人意，专有名词的英语想不起来了，但是成绩并没有很低。

最后说一下关于复试的感受。我的专业课基础并不是很好，但是复试的复习全过程井然有序，年前大班课和年后大班课都跟了下来，由于预习不那么到位，所以效果并没有特别好，但是也基本把内容过了一遍。所以对于小班课的内容，我理解起来非常快，尤其一对一的时候，老师把重难点以及我有疑问的章节都讲了讲，豁然开朗。当然，大多数工作还是需要自己去完善，毕竟会计和审计背的东西太多了。

## 十四、山西财经大学MPAcc/MAud经验分享

我的本科读的是会计学专业，在本科期间也学习了一些审计的专业知识，复试专业课是大四开学后在学校准备的。山西财经大学的复试在3月底，MAud复试分为笔试和面试，笔试有两门专业课和政治，面试有专业课面试和英语面试。初试成绩占总成绩的60%，复试成绩占总成绩的40%，复试整体来说难度一般，利用好时间好好学习绝对没有问题。

山西财经大学的专业课笔试考查基础会计、中级财务会计及审计这三门课，因为我本科基本都有涉猎，所以复试准备相对来说比较简单，在开学前我准备好山西财经大学官网推荐的参考书目：李端生老师的《基础会计学》，杨瑞平老师的《中级财务会计》以及吴秋生老师编写的《审计学》，当然三本书都有相应的习题册。开学以后根据自己的时间安排学习任务，因为我学过基础会计，有点底子，所以我重点复习的是中级财务会计。如果是跨考的同学，建议从基础会计开始学习，先夯实好基础。中级财务会计一共有21章，重点放在前14章和第17章，后面几章可浏览一下。审计重点学习第9～11章，专业课笔试一定会考其中的一道大题。基础会计学比较简单，整本书过一遍，最后三章基本不考。专业课面试考查的也是这三门，面试先抽两道题，然后回答问题。抽题范围比较广，抽到什么全凭运气，例如共同控制、长期借款费用的填列，审计意见，支票、收据填错怎么更改，会计师事务所压价竞争对不对，以及消费税委托加工物资的相关分录等。英语面试的流程是抽一篇短文，接着朗诵老师指定段落并回答针对短文提问的问题，然后回答老师所问的生活中的问题，比如你的梦想、爱好或者你喜欢的音乐、书及电影。

整个复试流程结束之后，我觉得自己有些大意，专业课没有复习到位，笔试遇到负债和预计负债的问题，复习时只是简略地浏览了一下，导致回答得不好，所以复试还是不可以轻视

的。总体来说，复试笔试考查比较基础，知识点很细，重点在中级财务会计平时容易被一概而过的内容；对于政治，考时事政治比较简单，尽量写满整张试卷。

面试的时候，我抽到了比较简单的题，但是没有回答好，好在老师比较和蔼，往对的方向进行了引导。当然，如果抽到的两道题都不会，那么老师会追加一两个问题，专业课面试不用做自我介绍。英语面试抽完短文后有准备时间，短文主题有战争类、实验类，还有故事，很考查词汇量，准备完成后老师会让你朗读并且对你提问，重点是要流利地说下来，要表现得很自信。对于英语面试，没有针对专业课的英语面试，老师提出的问题都与日常生活有关，用简单的单词说流利就行。

总之，山西财经大学的复试难度不是很大，但是政治考试不及格者不予以录取，所以一定要把试卷写满，不用担心院校歧视或者跨专业的情况，复试很公平。希望大家重视复试，不要掉以轻心。

考研之路漫长辛苦，当你走完这条路时，你会发现，这道路最大的收获是什么：当你信念明确，持之以恒，最终到达胜利的彼岸时，你会收获一种自信，这自信将是你以后成功的助力！既然选择了考研这条路，就一定要坚持到底，不轻言放弃，最后祝大家都能考上自己理想的院校，开始一段新的人生历程。

## 十五、东北财经大学MPAcc/MAud经验分享

我报考的是东北财经大学国际商学院的会计专硕，初试成绩240分，排名第27。根据当年的东北财经大学的招生简章，招生人数是35人。比较招生人数和我的排名情况，可以得知我的初试所占优势不大，于是我尽早开始了复试的备考。

准备初试时，我选择在社科赛斯进行封闭式学习，老师很负责，授课的老师也非常专业，我报名的是初试加复试的封闭课程，由于个人原因没有亲自去北京参加复试课程，但是社科赛斯的课程很全面，不仅提供面授，还有网课。在老师的帮助下，我开通了网课，分别开通财务管理和财务会计的课程。东北财经大学的复试内容包括听力、笔试、面试和政治。前三项分别占复试的20%、50%和30%，政治不占成绩，及格即可。

东北财经大学国际商学院的会计专硕复试的笔试部分考查两本书，分别是东北财经大学出版社的《中级财务会计》以及英文版的《公司理财》。因为我本科不是会计专业的，尽管考下了会计从业资格证书，但对会计知识没有经过系统的学习，对会计知识比较生疏。要想通过笔试，尤其是非本专业的学生，我觉得首先要制订详细的计划。我先看了中级财务会计的作者刘永泽老师的网课，结合中级财务会计的目录，对这门课程有了初步的了解。其次观看了社科赛斯开通的财务会计的复试网课，使用复试规定的教材，并按章节认真做笔记。老师还会穿插一些面试的专业题进行讲解，提供的面试问题也比较经典，都是以往年份各财经大学的面试题目，非常具有代表性，这些题目最好通过笔记的方式整理下来，在面试前回顾一下，很有帮助。对于笔试的第二个科目——财务管理，其参考书目是英文版的《公司理财》，这本书的内容和财务管理很相似。很多学校复试都会考查英文类书目，例如对外经贸大学考查7本英文书目，因此以下的学习方法对于阅读其他英文类书目也是可以借鉴的：我依然采用了"先易后难"的形式，首先看财务管理的目录了解大概框架，接着观看社科赛斯财务管理的学习视频，对中文的财务管理学习透彻，再进行英文版的学习会轻松很多。对于《公司理财》这本书，要

先对附录的专业名词进行有效记忆，另外还要购买这本书的中文版辅助学习。结合中文版《公司理财》和英文版《公司理财》，用自己能理解的方式进行笔记整理。

东北财经大学的面试部分主要包括自我介绍、英语口语和专业课。自我介绍就不过多介绍了，英语口语部分主要提问比较日常的问题，面试老师会根据你的自我介绍内容随机问询。在面试之前，每天都要进行口语训练，保持语感，我使用的复习资料是雅思的口语真题。专业课题目一般围绕财务会计和财务管理进行提问，考核形式为随机抽取一道题进行作答，这部分不涉及英文，中文答题即可。我主要使用的复习资料是东北财经大学的财务会计和财务管理的课本，依据社科赛斯的网课划重点。专业课题目比较灵活，复习时最好侧重对知识点的理解，重点概念也要进行背诵。

至于听力和政治部分，难度并不是很大，听力基本上是四级水平，为了在听力中更有把握，可以用雅思听力进行练习。政治部分为整个面试的最后一部分，是开卷作答，在考试之前买一本参考书即可。

以上就是我的复试备考经验，这里还要感谢一下社科赛斯，在我考研的初试和复试方面都给予了很大帮助。除了以上的备考经验之外，考生的心态也很重要，无论初试的成绩如何，只要坚持下去，放松心态，就一定有逆风翻盘的机会。

# 十六、华东理工大学MPAcc/MAud经验分享

### 1. 2020年入学复试专业课官方指定教材

①《公司财务管理》(2006年10月第一版，陈荣奎编著，厦门大学出版社)；

②《会计学(第五版)》(刘永泽，东北财经大学出版社)；

③ CPA辅导材料《会计》(2018)中的有关金融资产、资产负债表日后事项、会计政策与会计估计的变更、会计差错调整、合并报表等相关内容(中国财政经济出版社)。

### 2. 复习计划

1) 专业课笔试(分值占比30%)

(1) 财务管理：

① 教材简评：厦门大学的财务管理较老，内容细致，重基础概念，深度不高，可以结合本科教材或者其他院校复试的经典财务管理教材一起看。

② 复习方法：教材过2~3遍，刷配套的习题册，无答案，可自己做完与同学讨论。笔试主要考计算题，面试题目则较活，需要对常考概念进行记忆。

(2) 会计学

① 教材简评：东北财经大学的会计学难度介于基础会计与中级财务会计之间，总体较为基础。

② 复习方法：建议将教材过2~3遍，过书时，三轮复习分别注重教材理解、知识点回忆，名词解释等基础概念，以及章节的串联和整体把握。会计学有配套习题，可以挑选分录题进行练习。

(3) CPA会计

① 教材简评：CPA教材深奥难懂，易打击学习积极性，不建议购买教材进行学习。建议购买"东奥轻松过关1"(书名为《面试指导及全真模拟测试》)配合注会课程一起学习。

② 复习方法：考查的知识点为CPA会计中较难的几个知识点。建议会计专业考生结合本科

高级财务会计的内容先复习一遍，自己过完第一遍之后，再听一遍社科赛斯的相应章节的复试网课。学有余力的同学可以寻找各大网校的基础班视频，选择适合自己的课程耐心听完。

2) 听力(分值占比5%)

华东理工大学的专业课笔试之前会先考30分钟的英语听力，六级听力难度，分为两种题型：对话和填词。可以买一本六级听力真题进行精听。

3) 政治(分值占比5%)

专业课前一天晚上开卷考政治，政治材料会在考前一到两周公布(官网或个人邮箱)，材料中有15道题，选考5道。只需考前整理好答案，打印下来，带进考场直接抄写。

### 3. 复试各环节流程

(1) 2019年复试流程回忆如下：

3月18日12：00—3月20日16：00网上完成素质测评，按时填完即可；

3月20—21日校医院体检，携带一些准备材料；

3月21日18：00—20：00政治开卷笔试；

3月22日13：30—16：00英语听力，专业课笔试；

3月24日面试，会在前一天去学院抽签决定上下午、组别和顺序；

3月26—27日依次出成绩和拟录取名单。

(2) 面试流程：面试分值占比60%，比较重要。阶梯教室里有5个专业课老师，1个英语口语老师。

① 口语(5分)：自我介绍或直接提问，应对自己的简历、自我介绍充分了解，对可延展的内容要做好准备。

② 专业课面试(45分)：教室桌上有信封，每人抽两个信封，有几分钟思考时间，提供纸笔，涉及会计、财务管理、审计、经济学原理等，知识面较广。答错不要紧，老师会给予引导，尽量不要换题。

③ 综合能力素质(10分)：如果网上报名之后填了雏鹰计划，后台会导出你报名时填写的信息，对填写的荣誉奖励部分要有所准备，可能会被提问。没有填写雏鹰计划的同学，建议准备6份简历，进教室时交给老师。综合能力部分，面试氛围比较随和，像聊天一样，顺着老师的话说即可。

### 4. 复试感受

华东理工大学的复试给人最大的感受就是持续时间长。建议家长陪同，做好后勤保障工作。出复试通知后即可线上预订宾馆，防止后期房源紧张。总体来说，华南理工大学近年复试比较温和，好好复习，成功上岸的概率很大。

社科赛斯的复试大班课质量很高，老师讲解得较为透彻，提纲挈领，有助于在复习时掌握考试重点，拔高应试视角。社科赛斯的模拟面试帮助非常大。从华东理工大学的复试结构可以看出，面试是复试中的重点。经历社科赛斯一到两次模拟面试，对于熟悉面试流程、改善面试仪表、提高面试技巧、增强面试信心都有很大的帮助。社科赛斯还会邀请学长学姐进行专业课一对一辅导，有利于掌握学校命题方向与重点。

# 十七、上海财经大学MPAcc/MAud经验分享

上海财经大学(以下简称"上财")复试分为政治(20分)、专业课考试(180分)和面试(100分)，政治比较简单，会给出具体范围，我们当时是2018年的政府工作报告和中央经济工作会议精神，最后考的是4个词：巩固、加强、提升和畅通。注意：政治给定的文件一定要看仔细，最好记住大部分内容，不要过于相信自己认为的重点，否则很容易吃亏。

对于专业课，上财的参考书目是《会计学》《管理会计》和罗斯的《公司理财》，其中《会计学》内容包括基础会计、中级会计、高级会计、成本会计、管理会计，以及会计信息系统。我是出分了之后才开始复习的，时间紧迫，考虑到会计学的内容较多，而且我本科是财务管理专业的，《公司理财》那本书我学过一半，《管理会计》都学过，所以我首先花了10多天的时间把《会计学》仔细看了一遍，同时结合配套的习题册进行巩固。接着，我又花了将近一周的时间，每天上午花3个小时左右的时间看第二遍《会计学》，其余的时间都用来看《公司理财》。对于《公司理财》，我也还在网上买了配套答案，看完一章内容就做习题，挑出容易出错的地方。当然，一周的时间是肯定看不完一整本书的，所以接下来，我花了5天左右的时间，一边继续看《公司理财》，一边看《管理会计》以及做习题。在仔细看完三本书的内容后，我开始具有针对性地浏览课本内容，对各科的知识点进行总结和概括，找到一些知识点之间的联系，并且针对以前做习题时出错的内容进行理解和内化。到了临近复试的时候，我分别整理了这三科可能会考查的简答题和选择题，做成一个Word文档打印出来，花了几天的时间背诵了4遍左右，基本将这些内容都记住了(不过由于题型不固定，可能会用不上)。在背诵的间歇时间，我对课本内容进行了最后一次的略读，整个准备期间下来，《公司理财》过了三遍，《会计学》过了四遍，《管理会计》看了两遍，习题也大都搞懂了。

面试一般是在笔试的前一天进行，我提前几天把网上的经验帖中面试提过的问题大致整理了出来，做成了一个文档进行背诵，虽然我面试的时候都没有用上，但是我身边的小伙伴用上了，所以最好还是提前准备一下。面试的时候，所有人被分在4个不同的候场教室，然后再分成10个组，每个人依据自己的代号(面试时不能说自己的名字和学校)到不同的面试教室候场。进去之后，有6个老师，还有1个沙漏，计时20分钟。当时，我们大部分人都没有做自我介绍，一进去，就有一个老师问你一些关于政治倾向的问题，这个不计入总分，但是政治倾向不正确是直接不录取的，我当时被问到的是"从翟天临事件来看，自媒体时代人们是更加自由还是不自由"。接下来就是英语，老师一般会先问你的专业，然后问两到三个专业问题，一般不会太复杂。接下来就是4个老师深入地问专业知识，我遇到的问题主要涉及融资、共享单车、互联网企业合并与传统企业合并的区别、寡头垄断，以及美团和滴滴等公司是否在市场上形成了稳定的均衡等。总之，老师会根据你的回答不断深入提问，属于压力面。不过，即使不会，也不能闭口不言，只要能自圆其说就好，老师可能还会给你一些提示。同时，要面带微笑，与老师有眼神交流，并虚心接受老师的点评。

整个复试流程下来，我感觉上财比较注重基本功，笔试对知识点的考查比较细，而且出题比较灵活，经常会出其不意，巧妙地避开同学们认为的重点，所以复习的时候一定要仔细，边边角角的内容也不能放过，做到心中有数。对于面试，要对一些热点问题形成自己的专业思考，现场灵活应对。

最后，我要特别感谢社科赛斯的老师们，在夏令营的时候，打消了我的顾虑，让我坚定地报了上财；在复试的时候，为我们开设了专业辅导课和模拟面试，同时还积极帮我们寻找直系学长学姐进行有针对性的指导，非常感谢！

# 十八、厦门国家会计学院MPAcc/MAud经验分享

### 1. 复试复习计划

由于考试教材是注会的缘故，内容多，难度大，所以初试完之后要抓紧进行学习。

1) 专业课

我大概学了三遍专业课，每一遍的目的意义是不一样的，第一遍先把课本内容看一遍(可以去看注会的讲义，因为课本字数太多了，也抓不住要点，看不懂的内容再去看注会的网课视频，也不建议从一开始就照着注会网课视频去看，因为时间可能不够，我是出了分数之后再去看书的，到复试也就40天左右，所以时间肯定不够)，每一章会列一个提纲，知道这一章讲什么，重点是什么。

第二遍根据历年的真题，去看真题考了什么知识点，然后回归课本把这一部分的知识点重点掌握。

第三遍做"东奥轻松过关1"的题，有选择地做，比如单选题、多选题必做，再看复试历年真题长期股权投资这部分内容(常考)，重点做这一部分的大题，不会的内容去看课本。

2) 英语

可以把历年的题目和其他院校经常会问的题目找出来，然后自己把答案写下来进行背诵，答案不要太过拘束，要学会变通，稍微变一下就可以去回答类似的题目。

3) 政治

由于考试问得不会太"政治"，更多的是考查你的认知和你的逻辑思辨能力，可以浏览中国政府网的一些新闻，多看几篇，你就会总结出这一年的热点话题和关键字，然后针对这些热点话题和关键字找几篇评论文章看一看。

### 2. 复习用到的教材

在专业课的复习中，我主要用到了以下教材。

1) 学校指定教材

①《会计》(2018年度注册会计师全国统一考试辅导教材)

②《财务成本管理》(2018年度注册会计师全国统一考试辅导教材)

2) 自己做题用的指导书

①"东奥轻松过关1"(《2018年注册会计师考试应试指导及全真模拟测试——会计》)

②"东奥轻松过关1"(《2018年注册会计师考试应试指导及全真模拟测试——财务成本管理》)

(每年所用教材均为当年年度的上一年度注册会计师考试教材)

3) 厦门国家会计学院复试历年真题回顾

(注：政治和英语没有指定参考书目。)

### 3. 院校复试时各个环节的流程

复试共历时两天(需要在面试前自行去三甲及以上医院进行体检并取得体检报告，以前年度

是在复试的第三天学校组织统一体检)。

1) 第一天：3月26日(周二)

(1) 各环节流程具体如下：

① 9：00—10：00 复试动员，宣读关于复试的要求和流程；

② 10：00—11：30 收取需要提交的资料和进行资格审查，面试抽签；

③ 14：00—14：30 心理测试(心理测试结果不计入总成绩)；

④ 14：30—16：30 专业课笔试(可携带计算器)。

(2) 专业课笔试题型具体如下。

① 单选题：15个×2分 = 30分。

② 多选题：10个×3 = 30分。

③ 会计大题：1个×20分 = 20分(四小问)。

④ 财管大题：1个×20分 = 20分(四小问)。

2) 第二天：3月27日(周三)

面试将全体学生划分为6个考场，根据抽签顺序决定考场场次和在上午还是下午进行。

面试前学生会统一在一个会议室进行等待，轮到你时会有学长学姐叫你的名字，并把你带到你的考场门口，每个考场会有5个考官，其中一个负责计时。面试共20分钟，5分钟看材料，15分钟回答问题，两道政治，两道英语。

进入考场后，老师会让你入座，桌子上有2张A4纸和1支笔，其中1张是题目，会有两道政治材料题，每道题二三百字左右，限时5分钟进行阅读，可用另外1张纸和笔写一写思路，5分钟之后进行回答(如果用不了5分钟，可直接回答)。

接下来，再回答老师提问的两道英语题。

面试中，没有自我介绍，不问本科学校、成绩和经历，而且不会再提问专业课问题。

### 4. 对于整个复试的感受

复试很公平，不会对院校有任何歧视；专业课很重要，复试过后的名次与初试相比变动还是挺大的；面试一定要自信，回答问题时要逻辑清晰、有条理。社科赛斯的模拟面试让我对面试的现场提前有了适应和感知，真正去面试的时候就会感到得心应手；不会的问题可以直接去问助教老师们，他们可以帮助你解决疑惑。

# 第八部分
# 附　录

# 附录一 企业新会计准则

## 企业会计准则——基本准则

(2006年2月15日财政部令第33号公布，自2007年1月1日起施行。2014年7月23日根据《财政部关于修改〈企业会计准则——基本准则〉的决定》修改)

### 第一章 总则

**第一条** 为了规范企业会计确认、计量和报告行为，保证会计信息质量，根据《中华人民共和国会计法》和其他有关法律、行政法规，制定本准则。

**第二条** 本准则适用于在中华人民共和国境内设立的企业(包括公司，下同)。

**第三条** 企业会计准则包括基本准则和具体准则，具体准则的制定应当遵循本准则。

**第四条** 企业应当编制财务会计报告(又称财务报告，下同)。财务会计报告的目标是向财务会计报告使用者提供与企业财务状况、经营成果和现金流量等有关的会计信息，反映企业管理层受托责任履行情况，有助于财务会计报告使用者做出经济决策。

财务会计报告使用者包括投资者、债权人、政府及其有关部门和社会公众等。

**第五条** 企业应当对其本身发生的交易或者事项进行会计确认、计量和报告。

**第六条** 企业会计确认、计量和报告应当以持续经营为前提。

**第七条** 企业应当划分会计期间，分期结算账目和编制财务会计报告。

会计期间分为年度和中期。中期是指短于一个完整的会计年度的报告期间。

**第八条** 企业会计应当以货币计量。

**第九条** 企业应当以权责发生制为基础进行会计确认、计量和报告。

**第十条** 企业应当按照交易或者事项的经济特征确定会计要素。会计要素包括资产、负债、所有者权益、收入、费用和利润。

**第十一条** 企业应当采用借贷记账法记账。

### 第二章 会计信息质量要求

**第十二条** 企业应当以实际发生的交易或者事项为依据进行会计确认、计量和报告，如实反映符合确认和计量要求的各项会计要素及其他相关信息，保证会计信息真实可靠、内容完整。

**第十三条** 企业提供的会计信息应当与财务会计报告使用者的经济决策需要相关，有助于财务会计报告使用者对企业过去、现在或者未来的情况作出评价或者预测。

**第十四条** 企业提供的会计信息应当清晰明了，便于财务会计报告使用者理解和使用。

**第十五条** 企业提供的会计信息应当具有可比性。

同一企业不同时期发生的相同或者相似的交易或者事项，应当采用一致的会计政策，不得随意变更。确需变更的，应当在附注中说明。

不同企业发生的相同或者相似的交易或者事项，应当采用规定的会计政策，确保会计信息口径一致、相互可比。

第十六条　企业应当按照交易或者事项的经济实质进行会计确认、计量和报告，不应仅以交易或者事项的法律形式为依据。

第十七条　企业提供的会计信息应当反映与企业财务状况、经营成果和现金流量等有关的所有重要交易或者事项。

第十八条　企业对交易或者事项进行会计确认、计量和报告应当保持应有的谨慎，不应高估资产或者收益、低估负债或者费用。

第十九条　企业对于已经发生的交易或者事项，应当及时进行会计确认、计量和报告，不得提前或者延后。

### 第三章　资产

第二十条　资产是指企业过去的交易或者事项形成的、由企业拥有或者控制的、预期会给企业带来经济利益的资源。

前款所指的企业过去的交易或者事项包括购买、生产、建造行为或其他交易或者事项。预期在未来发生的交易或者事项不形成资产。

由企业拥有或者控制，是指企业享有某项资源的所有权，或者虽然不享有某项资源的所有权，但该资源能被企业所控制。

预期会给企业带来经济利益，是指直接或者间接导致现金和现金等价物流入企业的潜力。

第二十一条　符合本准则第二十条规定的资产定义的资源，在同时满足以下条件时，确认为资产：

(一) 与该资源有关的经济利益很可能流入企业；

(二) 该资源的成本或者价值能够可靠地计量。

第二十二条　符合资产定义和资产确认条件的项目，应当列入资产负债表；符合资产定义、但不符合资产确认条件的项目，不应当列入资产负债表。

### 第四章　负债

第二十三条　负债是指企业过去的交易或者事项形成的、预期会导致经济利益流出企业的现时义务。

现时义务是指企业在现行条件下已承担的义务。未来发生的交易或者事项形成的义务，不属于现时义务，不应当确认为负债。

第二十四条　符合本准则第二十三条规定的负债定义的义务，在同时满足以下条件时，确认为负债：

(一) 与该义务有关的经济利益很可能流出企业；

(二) 未来流出的经济利益的金额能够可靠地计量。

第二十五条　符合负债定义和负债确认条件的项目，应当列入资产负债表；符合负债定义、但不符合负债确认条件的项目，不应当列入资产负债表。

### 第五章　所有者权益

第二十六条　所有者权益是指企业资产扣除负债后由所有者享有的剩余权益。

公司的所有者权益又称为股东权益。

第二十七条　所有者权益的来源包括所有者投入的资本、直接计入所有者权益的利得和损失、留存收益等。

直接计入所有者权益的利得和损失，是指不应计入当期损益、会导致所有者权益发生增减变动的、与所有者投入资本或者向所有者分配利润无关的利得或者损失。

利得是指由企业非日常活动所形成的、会导致所有者权益增加的、与所有者投入资本无关的经济利益的流入。

损失是指由企业非日常活动所发生的、会导致所有者权益减少的、与向所有者分配利润无关的经济利益的流出。

第二十八条　所有者权益金额取决于资产和负债的计量。

第二十九条　所有者权益项目应当列入资产负债表。

## 第六章　收入

第三十条　收入是指企业在日常活动中形成的、会导致所有者权益增加的、与所有者投入资本无关的经济利益的总流入。

第三十一条　收入只有在经济利益很可能流入从而导致企业资产增加或者负债减少、且经济利益的流入额能够可靠计量时才能予以确认。

第三十二条　符合收入定义和收入确认条件的项目，应当列入利润表。

## 第七章　费用

第三十三条　费用是指企业在日常活动中发生的、会导致所有者权益减少的、与向所有者分配利润无关的经济利益的总流出。

第三十四条　费用只有在经济利益很可能流出从而导致企业资产减少或者负债增加、且经济利益的流出额能够可靠计量时才能予以确认。

第三十五条　企业为生产产品、提供劳务等发生的可归属于产品成本、劳务成本等的费用，应当在确认产品销售收入、劳务收入等时，将已销售产品、已提供劳务的成本等计入当期损益。

企业发生的支出不产生经济利益的，或者即使能够产生经济利益但不符合或者不再符合资产确认条件的，应当在发生时确认为费用，计入当期损益。

企业发生的交易或者事项导致其承担了一项负债而又不确认为一项资产的，应当在发生时确认为费用，计入当期损益。

第三十六条　符合费用定义和费用确认条件的项目，应当列入利润表。

## 第八章　利润

第三十七条　利润是指企业在一定会计期间的经营成果。利润包括收入减去费用后的净额、直接计入当期利润的利得和损失等。

第三十八条　直接计入当期利润的利得和损失，是指应当计入当期损益、会导致所有者权益发生增减变动的、与所有者投入资本或者向所有者分配利润无关的利得或者损失。

第三十九条　利润金额取决于收入和费用、直接计入当期利润的利得和损失金额的计量。

第四十条　利润项目应当列入利润表。

## 第九章　会计计量

第四十一条　企业在将符合确认条件的会计要素登记入账并列报于会计报表及其附注(又称财务报表，下同)时，应当按照规定的会计计量属性进行计量，确定其金额。

第四十二条　会计计量属性主要包括：

（一）历史成本。在历史成本计量下，资产按照购置时支付的现金或者现金等价物的金额，或者按照购置资产时所付出的对价的公允价值计量。负债按照因承担现时义务而实际收到的款项或者资产的金额，或者承担现时义务的合同金额，或者按照日常活动中为偿还负债预期需要支付的现金或者现金等价物的金额计量。

（二）重置成本。在重置成本计量下，资产按照现在购买相同或者相似资产所需支付的现金或者现金等价物的金额计量。负债按照现在偿付该项债务所需支付的现金或者现金等价物的金额计量。

（三）可变现净值。在可变现净值计量下，资产按照其正常对外销售所能收到现金或者现金等价物的金额扣减该资产至完工时估计将要发生的成本、估计的销售费用以及相关税费后的金额计量。

（四）现值。在现值计量下，资产按照预计从其持续使用和最终处置中所产生的未来净现金流入量的折现金额计量。负债按照预计期限内需要偿还的未来净现金流出量的折现金额计量。

（五）公允价值。在公允价值计量下，资产和负债按照市场参与者在计量日发生的有序交易中，出售资产所能收到或者转移负债所需支付的价格计量。

第四十三条　企业在对会计要素进行计量时，一般应当采用历史成本，采用重置成本、可变现净值、现值、公允价值计量的，应当保证所确定的会计要素金额能够取得并可靠计量。

**第十章　财务会计报告**

第四十四条　财务会计报告是指企业对外提供的反映企业某一特定日期的财务状况和某一会计期间的经营成果、现金流量等会计信息的文件。

财务会计报告包括会计报表及其附注和其他应当在财务会计报告中披露的相关信息和资料。会计报表至少应当包括资产负债表、利润表、现金流量表等报表。

小企业编制的会计报表可以不包括现金流量表。

第四十五条　资产负债表是指反映企业在某一特定日期的财务状况的会计报表。

第四十六条　利润表是指反映企业在一定会计期间的经营成果的会计报表。

第四十七条　现金流量表是指反映企业在一定会计期间的现金和现金等价物流入和流出的会计报表。

第四十八条　附注是指对在会计报表中列示项目所作的进一步说明，以及对未能在这些报表中列示项目的说明等。

**第十一章　附则**

第四十九条　本准则由财政部负责解释。

第五十条　本准则自2007年1月1日起施行。

# 附录二　名词解释汇总

### 第一篇　财务会计

会计主体，是指企业会计确认、计量和报告的空间范围。

持续经营，是指在可以预见的将来，企业将会按当前的规模和状态继续经营下去，不会停业，也不会大规模削减业务。

会计分期，是指将一个企业持续经营的生产经营活动划分为若干连续的、长短相同的期间。

货币计量，是指会计主体在财务会计确认、计量和报告时以货币计量，反映会计主体的财务状况、经营成果和现金流量。

收付实现制，它是以收到或支付的现金作为确认收入和费用等的依据。

权责发生制要求凡是当期已经实现的收入、已经发生和应当负担的费用，不论款项是否收付，都应当作为当期的收入、费用；凡是不属于当期的收入、费用，即使款项已经在当期收付，也不应当作为当期的收入、费用。

可靠性要求企业应当以实际发生的交易或者事项为依据进行确认、计量和报告，如实反映符合确认和计量要求的各项会计要素及其他相关信息，保证会计信息真实可靠、内容完整。

相关性要求企业提供的会计信息应当与财务报告使用者的经济决策需要相关，有助于财务报告使用者对企业过去、现在或者未来的情况做出评价或者预测。

可理解性要求企业提供的会计信息应当清晰明了，便于财务报告使用者理解和使用。

可比性是指：

(1) 同一企业对于不同时期发生的相同或者相似的交易或者事项，应当采用一致的会计政策，不得随意变更；

(2) 不同企业发生的相同或者相似的交易或者事项，应当采用规定的会计政策，确保会计信息口径一致、相互可比。

实质重于形式要求企业应当按照交易或者事项的经济实质进行会计确认、计量和报告，不应仅以交易或者事项的法律形式为依据。

重要性要求企业提供的会计信息应当反映与企业财务状况、经营成果和现金流量有关的所有重要交易或者事项。

谨慎性要求企业对交易或者事项进行会计确认、计量和报告时应当保持应有的谨慎，不应高估资产或者收益、低估负债或者费用。

及时性要求企业对于已经发生的交易或者事项，应当及时进行确认、计量和报告，不得提前或者延后。

资产，是指企业过去的交易或者事项形成的、由企业拥有或者控制的、预期会给企业带来经济利益的资源。根据资产的定义，资产具有以下几个方面的特征：

(1) 资产应为企业拥有或者控制的资源；

(2) 资产预期会给企业带来经济利益；

(3) 资产是由企业过去的交易或者事项形成的。

负债，是指企业过去的交易或者事项形成的、预期会导致经济利益流出企业的现时义务。根据负债的定义，负债具有以下几个方面的特征：

(1) 负债是企业承担的现时义务；

(2) 负债的清偿预期会导致经济利益流出企业；

(3) 负债是由企业过去的交易或者事项形成的。

所有者权益，是指企业资产扣除负债后，由所有者享有的剩余权益。公司的所有者权益又称为股东权益。

收入，是指企业在日常活动中形成的、会导致所有者权益增加的、与所有者投入资本无关的经济利益的总流入。

费用，是指企业在日常活动中发生的、会导致所有者权益减少的、与所有者分配利润无关的经济利益的总流出。

历史成本又称原始成本或实际成本，是指以取得资产时实际发生的成本作为资产的入账价值。

重置成本是指企业重新取得与其所拥有的某项资产相同或与其功能相当的资产需要支付的现金或现金等价物。

可变现净值，是指资产在正常交易过程中可望变换为非贴现的现金数额。

现值，是指资产在正常业务进行过程中可望变换成未来现金流入的现值或该现值减去为实现这一流入所需的现金流出的现值。

公允价值，是指市场参与者在计量日发生的有序交易中，出售一项资产所能收到或者转移一项负债所需支付的价格。

实际利率是将金融资产在预期存续期间或适用的更短期间内的未来现金流量，折现为该金融资产或金融负债当前账面价值所使用的利率。

长期股权投资是指通过投资取得被投资单位的股权，作为被投资单位的股东，投资者按所持股份比例享有权利并承担责任。

以摊余成本计量的金融资产是指企业管理该金融资产的业务模式是以收取合同现金流量为目标，该金融资产的合同条款规定，在特定日期产生的现金流量，仅为对本金和以未偿付本金金额为基础的利息的支付的金融资产。

以公允价值计量且其变动计入其他综合收益的金融资产是指企业管理该金融资产的业务模式既以收取合同现金流量为目标又以出售该金融资产为目标，该金融资产的合同条款规定，在特定日期产生的现金流量，仅为对本金和以未偿付本金金额为基础的利息的支付的金融资产。

以公允价值计量且其变动计入当期损益的金融资产是指分类为以摊余成本计量的金融资产和以公允价值量且其变动计入其他综合收益的金融资产之外的金融资产。

存货，是指企业在日常活动中持有以备出售的产成品或商品、处在生产过程中的在产品、在生产过程或提供劳务过程中耗用的材料和物料等。

永续盘存制是企业设置各种数量金额的存货明细账，根据有关凭证，逐日逐笔登记各种存货的收发领退数量和金额，随时结出账面结存数量和金额。采用永续盘存制，可随时掌握各种存货的收、发、结出情况，有利于存货管理。

实地盘存制是企业平时只在账簿中登记存货增加数，不记减少数，期末根据清点所得实存数，计算本期发出存货的减少数。若使用这种方法，则使平时的核算工作比较简单，但不能随时反映各种物资的收发结存情况，不能随时结出成本。

先进先出法是指以先购入的存货应先发出(销售或耗用)这样一种以存货实物流动假设为前提，对发出存货进行计价的一种方法。

移动加权平均法是指以每次进货的成本加上原有库存存货的成本，除以每次进货数量加上原有库存存货的数量，据以计算加权平均单位成本，作为在下次进货前计算各次发出存货成本依据的一种方法。

月末一次加权平均法是指以本月全部进货数量加上月初存货数量作为权数，去除本月全部进货成本加上月初存货成本，计算出存货的加权平均单位成本，以此为基础计算本月发出存货的成本和期末存货的成本的一种方法。

个别计价法采用这一方法是假设存货具体项目的实物流转与成本流转相一致，按照各种存货逐一辨认各批发出存货和期末存货所属的购进批别或生产批别，分别按其购入或生产时所确定的单位成本计算各批发出存货和期末存货成本的方法。

固定资产，是指同时具有下列特征的有形资产：

(1) 为生产商品、提供劳务、出租或经营管理而持有的；

(2) 使用寿命超过一个会计年度。

弃置费用通常是指根据国家法律和行政法规、国际公约等规定，企业承担的环境保护和生态恢复等义务所确定的支出。

无形资产，是指企业拥有或者控制的没有实物形态的可辨认非货币性资产。

商誉是指企业由于拥有得天独厚的地理位置，或由于信誉好而获得了顾客的信任，或由于组织得当、生产经营效益高，或由于技术先进、掌握了生产的诀窍以及由于有效的广告宣传等原因而形成的无形价值。

投资性房地产是指为赚取租金或资本增值，或两者兼有而持有的房地产，投资性房地产应当能够单独计量和出售。投资性房地产主要包括：已出租的建筑物、已出租的土地使用权、持有并准备增值后转让的土地使用权。

长期待摊费用是指企业已经支出，但摊销期限在1年以上(不含1年)的各项费用，例如租入固定资产的改良支出、企业在筹建期间发生的费用等。应当由本期负担的借款利息、租金等，不得作为长期待摊费用处理。

应付票据是指企业购买材料、商品和接受劳务供应等而开出、承兑的商业汇票，包括银行承兑汇票和商业承兑汇票。

职工薪酬是指企业为获得职工提供的服务而给予各种形式的报酬以及其他相关支出，包括职工在职期间和离职后提供给职工的全部货币性薪酬和非货币性福利。

短期借款是指企业向银行或其他金融机构等借入的期限在1年以内(含1年)的各种借款。

预收账款是指企业按照合同规定向购货单位预收的款项，一般是定金或部分货款，这些负债要在以后用商品或劳务偿付。

应付利息是指企业按照合同约定应支付的利息，包括吸收存款、分期付息到期还本的长期借款、企业债券等应支付的利息。

应付股利是指企业经股东大会或类似机构审议批准分配的现金股利或利润。

其他应付款是指应付、暂收其他单位或个人的款项，如应付经营租入固定资产租金、应付租入包装物租金、存入保证金等。

长期借款是指企业从银行或其他金融机构借入的期限在1年以上(不含1年)的各项借款。

长期应付款是指企业除长期借款和应付债券以外的其他各种长期应付款项，包括应付融资租入固定资产的租赁费、以分期付款方式购入固定资产发生的应付款项等。

可转换公司债券是指公司债券发行一定时期后，持券人可以按一定价格转换成发行公司股票的债券。

或有事项指过去的交易或者事项形成的，其结果须由某些未来事项的发生或不发生才能决定的不确定事项。

预计负债是指根据或有事项等相关准则确认的各项预计负债，包括对外提供担保、未决诉讼、产品质量保证、重组义务以及固定资产和矿区权益弃置义务等产生的预计负债。

债务重组指在债务人发生财务困难的情况下，债权人按照其与债务人达成的协议或法院的裁定做出让步的事项。

未分配利润反映企业利润的分配(或亏损的弥补)和历年分配(或弥补)后的积存余额。

留存收益包括盈余公积与未分配利润，反映企业所有者权益中由经营收益产生的累积利益。

资本公积是企业收到投资者出资超出其在注册资本或股本中所占的份额以及直接计入所有者权益的利得和损失等。

实收资本指投资者作为资本投入到企业中的各种资产的价值，可以是货币资金，也可以是非货币的实物、知识产权、土地使用权等。所有者投入到企业的资本，除《公司法》允许的情况下，一般不允许抽回。

资产的计税基础是指在企业收回资产账面价值的过程中，计算应纳税所得额时按照税法可以自应税经济利益中抵扣的金额，即该项资产在未来使用或最终处置时，允许作为成本或费用于税前列支的金额。

可抵扣暂时性差异是在确定未来收回资产或清偿负债期间的应纳税所得额时，将导致产生可抵扣金额的暂时性差异。在未来计算应纳税额时，由于该暂时性差异的转回，将减少企业当期的应交所得税金额。

应纳税暂时性差异是在确定未来收回资产或清偿债务期间，将导致增加应纳税所得额的暂时性差异。也就是说，在未来计算应纳税额时，由于该暂时性差异的转回，将增加企业当期的应交所得税金额。

暂时性差异是资产或负债的账面价值与其计税基础之间的差额，包括应纳税暂时性差异和可抵扣暂时性差异。

营业外支出反映企业发生的与其经营活动无直接关系的各项支出，包括处置非流动资产损失、非货币性资产交换损失、债务重组损失、盘亏损失、公益性捐赠支出、非常损失等。

营业外收入反映企业发生的与其经营活动无直接关系的各项净收入，主要包括处置非流动资产利得、非货币性资产交换利得、债务重组利得、政府补助利得、盘盈利得、捐赠利得等。

公允价值变动收益反映企业交易性金融资产、交易性金融负债，以及采用公允价值模式计量的投资性房地产、衍生工具、套期业务中公允价值变动形成的应计入当期损益的利得或损失。

资产减值损失反映企业各项资产减值准备所形成的损失,包括应收款项、存货、长期股权投资、固定资产、无形资产、贷款等发生的减值。

销售费用指企业在销售产品、自制半成品和提供劳务等过程中发生的各项费用以及专设销售机构的各项经费。

财务费用指企业为筹集资金而发生的各项费用。

管理费用指企业行政管理部门为管理和组织经营活动的各项费用。

期间费用是企业当期发生的费用中的重要组成部分,是指本期发生的、不能直接或间接归入某种产品成本的、直接计入损益的各项费用,包括管理费用、销售费用和财务费用。

完工百分比法是按照提供劳务交易的完工进度确认收入与费用的方法。

销售退回指企业售出的商品,由于质量、品种不符合要求等原因而发生的退货。

售后回购指销售商品的同时,销售方同意日后重新买回这批商品。

稀释性潜在普通股是指假设当期转换为普通股会减少每股收益的潜在普通股。

基本每股收益=归属于普通股股东的当期净利润÷发行在外普通股的加权平均数。

每股收益是衡量企业经营成果、反映普通股股东所享有的利润的重要指标。

资产负债表是指反映企业在某一特定日期的财务状况的会计报表。它是根据"资产=负债+所有者权益"这一会计等式,依照一定的分类标准和顺序,将企业在一定日期的全部资产、负债和所有者权益项目进行适当分类、汇总、排列后编制而成的。

利润表也称收益表,是反映企业在一定期间(如年度、季度、月份)经营成果的会计报表。利润表是一张动态会计报表,把一定时期的营业收入与同一会计期间相关的营业费用(成本)进行配比,以计算出企业一定时期的净利润或净亏损。

财务报告指企业对外提供的反映企业某一特定日期的财务状况和某一会计期间的经营成果、现金流量等会计信息的文件。财务报告包括财务报表和其他应当在财务报告中披露的相关信息和资料。财务报表至少应当包括资产负债表、利润表、现金流量表、所有者权益变动表和附注等5个部分。

现金流量表反映企业在一定会计期间现金和现金等价物流入和流出的报表。

现金等价物是企业持有期限短、流动性强、易于转换为已知金额现金、价格变动风险很小的投资。

现金流量是某一段时间内企业现金流入和流出的数量。

筹资活动是导致企业资本及债务规模和构成发生变化的活动。

所有者权益变动表反映构成所有者权益的各组成部分当期的增减变动情况的报表。

会计政策是企业在会计确认、计量和报告中所采用的原则、基础和会计处理方法。

会计估计变更是由于资产和负债的当前状况及预期未来经济利益和义务发生了变化,从而对资产或负债的账面价值或者资产的定期消耗金额进行的调整。

会计估计是指企业对其结果不确定的交易或事项以最近可以利用的信息为基础所做的判断。

或有负债,是指过去的交易或者事项形成的潜在义务,其存在须通过未来不确定事项的发生或不发生予以证实;或对于过去的交易或者事项形成的现时义务,履行该义务不是很可能导致经济利益流出或该义务的金额不能可靠计量。

或有资产，是指过去的交易或者事项形成的潜在资产，其存在须通过未来不确定事项的发生或不发生予以证实。

资产负债表日后事项，是指资产负债表日至财务报告批准报出日之间发生的有利或不利事项。

资产负债表日后调整事项，是指对资产负债表日已经存在的情况提供了新的或进一步证据的事项。

资产负债表日后非调整事项，是指表明资产负债表日后发生的情况的事项。非调整事项的发生不影响资产负债表日企业的财务报表数字，只说明资产负债表日后发生了某些情况。

### 第二篇　成本与管理会计

品种法，是以产品的品种为成本计算对象的成本计算方法。

分步法，是按照产品的生产步骤归集生产费用，计算各步骤半成品和最后完工产品成本的一种成本计算方法。

分批法，也称订单法，它是按照产品的批别来归集生产费用，并计算该批产品成本的一种方法。

交互分配法，企业中各个辅助生产车间之间相互提供服务，其提供的数量比较大，所以辅助生产费用的分配不仅要考虑对辅助生产车间之外的各受益部门进行分配，还应考虑对辅助生产车间内部各受益部门进行分配的方法。

约当产量，是指将月末在产品数量按其投料程度和加工程度折算为相当于完工产品的数量，本月完工产品产量与月末在产品约当产量之和称为约当总产量，简称约当产量。

固定成本，是指成本总额在一定时期和特定业务范围内，与业务量的增减变动没有直接关系，因而不随业务量增减变动而变动的成本。

变动成本，是指成本总额随业务量的增减变动而成正比例变动的成本，包括直接材料、直接人工和变动间接费用等。

混合成本，是兼有变动成本和固定成本双重成本性态的混合成本(指介于固定成本和变动成本之间，其总额既随业务量变动又不成正比例的那部分成本)。

固定预算，也称静态预算，是指根据未来固定不变的业务水平，不考虑预算期内生产经营活动可能发生的变动而编制的一种预算。

弹性预算，就是在编制预算时，预先估计到预算期间业务量可能发生的变动，编制出一套能适应多种业务量的成本费用预算，以便分别反映在各该业务量的情况下所应开支的费用水平。

零基预算，或称零底预算，是指在编制预算时，不考虑以往的水平，对所有的预算支出均以零为起点，根据其必要性来确定预算额的预算。

滚动预算，又称永续预算，其主要特点是预算期连续不断，始终保持12个月，每过去1个月，就根据新的情况调整和修订以后几个月的预算，并在原来预算期末再加一个月。

高低点法，是对混合成本进行分解的一种简单方法。这种方法是以一定时期内的最高点业务量的混合成本与最低业务量的混合成本之差，除以最高点业务量与最低点业务量之差，先计算出单位变动成本，再据以把混合成本中的变动成本部分和固定成本部分分解出来的一种方法。

本量利分析，是以成本性态分析为基础，研究企业在一定期间内的成本、业务量和利润三者之间内在联系的一种专门方法。

成本性态，亦称成本特性或成本习性，是指成本总额对业务量(如产量、销售量和劳务量等)

的依存关系，即业务量变动与其相应的成本变动之间的内在联系。

保本点，也称损益平衡点或盈亏临界点，是指企业全部销售收入等于全部成本费用时的销售量或销售额，即在这一销售量或销售额上，企业正好不盈也不亏。也就是说，达到这一销售量或销售额时，企业产品提供的边际贡献正好抵偿固定成本总额。

安全边际率是安全边际与预计销售量(或销售金额)之间的比率。

边际贡献率，是指单位边际贡献与销售单价之间的比率，或边际贡献总额与销售收入总额之间的比率，它表示每百元销售收入能够提供的边际贡献。

酌量性固定成本，是指受管理当局短期决策行为影响，可以在不同时期改变其数额的那部分固定成本。

约束性固定成本，是指不受管理当局短期决策行为影响的那部分固定成本。

变动成本法，是指在组织常规的成本计算过程中，以成本性态分析为前提条件，只将变动生产成本作为产品成本的构成内容，而将固定生产成本及非生产成本作为期间成本，并按贡献式损益确定程序计量损益的一种成本计算模式。

贡献毛益，又称"边际收益""边际贡献""创利额"，是指产品销售收入减去以变动成本计算的产品成本后所剩可供抵偿固定成本并创造利润的数额，可按单位产品或企业各种产品计算。

贡献毛益率，是指贡献毛益总额占销售收入总额的百分比，或单位贡献毛益占单价的百分比，反映了产品为企业创利的能力，通常指产品贡献毛益率。

经营决策，就是企业等经济组织决定企业的生产经营目标和达到生产经营目标的战略和策略，即决定做什么和如何去做的过程。

完全成本法，是指在组织常规的成本计算过程中，以成本按其经济用途分类为前提条件，将全部生产成本作为产品成本的构成内容，只将非生产成本作为期间成本，并按传统式损益确定程序计量损益的一种成本计算模式。

变动成本率，指变动成本占销售收入的百分比。

保利点，指在单价和成本水平确定的情况下，为确保预先确定的目标利润能够实现，而应达到的销售量和销售额的统称。

保本作业率，又叫危险率，是指保本点业务量占实际或预计销售业务量的百分比。

定量分析法，是指运用现代数学方法对有关的数据资料进行加工处理，据以建立能够反映有关变量之间规律性联系的各类预测模型的方法体系。具体方法有趋势外推分析法和因果预测分析法。

定性分析法，是指由熟悉情况和业务的专家根据个人的经验进行分析判断，提出初步预测意见，然后进行综合，最后作为预测未来状况和发展趋势的主要依据。

目标利润，是指企业在未来一段时间内，经过努力应该达到的最优化控制目标，它是企业未来经营必须考虑的重要战略目标之一。

相关收入，指与特定决策方案相联系的、能对决策产生重大影响的、在短期经营决策中必须予以充分考虑的收入。

机会成本，指在经济决策中应由中选的最优方案负担的、按所放弃的次优方案潜在收益计算的那部分资源损失，又叫机会损失。

专属成本，指那些能够明确归属于特定决策方案的固定成本或混合成本。

沉没成本，指由于过去决策结果而引起并已经实际支付过款项的成本。

资金时间价值，指资金在生产和流通过程中随着时间推移而产生的增值。它也可被看作是资金的使用成本。

全面预算，指在预测与决策的基础上，按照企业既定的经营目标、程序，规划与反映企业未来的销售、生产、成本、现金收支等各方面活动，以便对企业特定计划期内全部生产经营活动有效地做出具体组织与协调，最终以货币为主要计量单位，通过一系列预计的财务报表及附表展示其资源配置情况的有关企业总体计划的数量说明。

成本控制，是企业根据一定时期预先建立的成本管理目标，由成本控制主体在其职权范围内，在生产耗费发生以前和成本控制过程中，对各种影响成本的因素和条件采取的一系列预防和调节措施，以保证成本管理目标实现的管理行为。

标准成本，指按照成本项目事先制定的，在已经达到的生产技术水平和有效经营管理条件下应当达到的单位产品成本目标。

成本差异，指在一定时期内生产一定数量的产品所发生的实际成本总额与标准成本总额之间的总差额。

责任会计，是在分权管理条件下，为适应经济责任制的要求，在企业内部建立若干责任单位，并对它们分工负责的经济活动进行规划、控制、考核与业绩评价的一整套会计制度。责任会计是以往的各种会计管理制度的发展。

责任中心，具有一定的管理权限，并承担相应的经济责任的企业内部责任单位。

投资中心是既对成本、收入和利润负责，又对投资效果负责的责任中心，是指当下级管理者具有利润中心所描述的全部职责，同时对于营运资本和实物资产也具有责任与权力，并以其所使用的有形资产和财务资产的水平作为业绩计量标准的中心。

利润中心，指拥有产品或劳务的生产经营决策权，是既对成本负责又对收入和利润负责的责任中心，它有独立或相对独立的收入和生产经营决策权。

### 第三篇　财务管理

企业财务管理活动是企业管理的一个重要组成部分，是根据财经法规制度，按财务管理的原则，组织企业财务活动，处理财务关系的一项经济管理工作。

企业财务活动，是以现金收支为主的企业资金收支活动的总称。从整体上讲，财务活动包括：

(1) 企业筹资引起的财务活动；

(2) 企业投资引起的财务活动；

(3) 企业经营引起的财务活动；

(4) 企业分配引起的财务活动。

企业财务关系，就是企业组织财务活动过程中与有关各方所发生的经济利益关系。企业的财务关系可概括为以下几个方面：

(1) 企业同其所有者之间的财务关系；

(2) 企业同其债权人之间的财务关系；

(3) 企业同其被投资单位的财务关系；

(4) 企业同其债务人的财务关系;

(5) 企业内部各单位的财务关系;

(6) 企业与职工之间的财务关系;

(7) 企业与税务机关之间的财务关系。

财务管理的目标,是企业理财活动所希望实现的结果,是评价企业理财活动是否合理的基本标准。不同国家的企业,其面临的财务管理环境不同;同一国家的企业,其公司治理结构不同,发展战略不同,财务管理目标在体现上述根本目标的同时又有不同的表现形式。

股东财富最大化,是指通过财务上的合理运营,为股东带来最多的财富。在股份公司中,股东财富由其所拥有的股票数量和股票市场价格两方面决定。在股票数量一定时,当股票价格达到最大时,股东财富也最大。所以,股东财富最大化又演变为股票价格最大化。

财务管理环境,又称理财环境,是指对企业财务活动和财务管理产生影响的企业外部条件的总和。财务管理的经济环境是影响财务管理的各种经济因素,如经济周期、经济发展水平、通货膨胀状况、政府的经济政策等。

货币的时间价值,时间价值是扣除风险收益和通货膨胀贴水后的真实收益率。资金的时间价值有两种表现形式,即时间价值率和时间价值额。

复利,是指不仅本金要计算利息,利息也要计算利息的一种计息方法。

年金,是指一定期限内一系列相等金额的收付款项。年金按付款方式可分为后付年金、先付年金、延期年金和永续年金。

后付年金,又称普通年金,是指一定时期内每期期末有等额收付款项的年金。

先付年金,是指一定时期内每期期初有等额收付款项的年金。

延期年金,是指在最初若干期没有收付款项的情况下,后面若干期有等额的系列收付款项的年金。

永续年金,是指期限为无穷的年金。

风险,是指在一定条件下和一定时期内可能发生的各种结果的变动程度。

风险报酬,是指投资者因冒风险进行投资而获得的超过时间价值的那部分报酬。

趋势分析法,是指将两期或连续数期财务报告中相同的指标进行对比,确定其增减变动的方向、数额和幅度,以说明企业财务状况或经营成果的变动趋势的一种方法。

比例分析法,是指把某些彼此存在关联的项目加以对比,计算出比率,据以确定经济活动变动程度的分析方法。

因素分析法,又称连环替代法,它是用来确定几个相互联系的因素对分析对象——综合财务指标或经济指标的影响程度的一种分析方法。

偿债能力,是指企业偿还各种到期债务的能力。通过分析可以揭示企业的财务风险,主要分为短期偿债能力分析和长期偿债能力分析。

营运能力,反映了企业资金周转状况,对此进行分析,可以了解企业的营业状况及经营管理水平。常用的财务比率有应收账款周转率、存货周转率、流动资产周转率、固定资产周转率、总资产周转率等。

财务战略,是在企业总体战略目标的统筹下,以价值管理为基础,以实现企业财务管理目标为目的,以实现企业财务资源的优化配置为衡量标准,所采取的战略性思维方式、决策方式和管理方针。

全面预算，是企业根据战略规划、经营目标和资源状况，运用系统方法编制的企业经营、资本、财务等一系列业务管理标准和行动计划，据以进行控制、监督、考核和激励。企业的全面预算主要由营业预算、资本预算和财务预算构成。

财务预算，是一系列专门反映未来一定预算期内预计财务状况和经营成果，以及现金收支等价值指标的各种预算的总称。

固定预算和弹性预算：固定预算是针对某一特定业务量编制的；弹性预算是针对一系列可能达到的预计业务量水平编制的。

增量预算和零基预算：增量预算是以基期成本费用水平为基础的；零基预算则一切从零开始。

定期预算和滚动预算：定期预算一般以会计年度为单位定期编制；滚动预算的要点在于不将预算期与会计年度挂钩，而是始终保持在12个月。

筹资渠道，是指筹措资金来源的方向与通道，体现资金的来源与供应量。一般有国家财政资金、银行信贷资金、非银行金融机构资金、其他企业资金、居民个人资金和企业自留资金等六种。

长期筹资，是指企业作为筹资主体，根据其经营活动、投资活动和调整资本结构等长期需要，通过长期筹资渠道和资本市场，运用长期筹资方式，经济有效地筹措和集中长期资本的活动。长期筹资的动机有三种基本类型，即扩张性融资动机、调整性融资动机和混合性融资动机。

融资租赁，又称资本租赁、财务租赁，是由租赁公司按照承租企业的要求融资购买设备，并在契约或合同规定的较长期限内提供给承租企业使用的信用性业务。

资金习性，资金的变动同产品产销数量变动之间的依存关系，主要分为不变资金、变动资金和半变动资金。

比率预测法，是依据有关财务比率与资金需要量之间的关系预测资金需要量的方法。

资本结构，是指企业各种资本的构成及其比例关系。在资本结构决策中，合理地利用债务筹资、安排债务资本的比率，对企业具有重要影响。

资本成本，是指企业为筹集和使用资金而付出的代价。资本成本从绝对量的构成来看，包括用资费用和筹资费用两部分。

经营杠杆，亦称营业杠杆或营运杠杆，是指企业在经营活动中对营业成本中的固定成本的利用。

财务杠杆，亦称筹资杠杆，是指企业在筹资活动中对资本成本固定的债务资本的利用。

总杠杆，亦称联合杠杆，是指经营杠杆和财务杠杆的综合。经营杠杆是利用企业经营成本中固定成本的作用而影响息税前利润，财务杠杆是利用企业资本成本中债务资本固定利息的作用而影响税后利润或普通股每股收益。联合杠杆综合了经营杠杆和财务杠杆的共同影响作用。

每股利润分析法，是利用每股利润无差别点来进行资本结构决策的方法。

比较资金成本法，是在适度财务风险的条件下，计算不同资本结构的综合资本成本率，并以此为标准相互比较确定最佳资本结构的方法。

边际资金成本，是指资金每增加一个单位而增加的成本。边际资金成本采用加权平均法计算，其权数为市场价值权数，而不应使用账面价值权数。当企业拟筹资进行某项目投资时，应以边际资金成本作为评价该投资项目可行性的经济指标。

债转股，是债权转为股权的简称，即按照一定方法将债权人与债务企业的债权债务关系转变为股东与接受投资企业之间的持股与被持股关系的过程。

企业投资，是指公司对现在所持有资金的一种运用，其目的是在未来一定时期内获得与风险成比例的收益。在市场经济条件下，公司能否把筹集到的资金投放到收益高、回收快、风险小的项目上去，对企业的生存和发展十分重要。

现金流量，在投资决策中是指一个投资项目引起的企业现金支出和现金收入增加的数量。

净现值，是指投资项目投入使用后的净现金流量，按资本成本或企业要求达到的报酬率折算为现值，减去初始投资后的余额。如果投资期超过一年，则应减去初始投资的现值以后的余额，叫作净现值。

净现值率，是指投资项目的净现值与原始投资额现值的比率。

内含报酬率，又称内部收益率，是指能够使未来现金流入现值等于未来现金流出量现值的贴现率，或者是使投资方案净现值为零的贴现率。其实际上反映了投资项目的真实报酬，目前越来越多的企业使用该指标对投资项目进行评价。

获利指数，是指投资项目未来报酬的总现值与初始投资额的现值之比。

投资回收期代表收回投资所需的年限。回收期越短，方案越有利。

平均报酬率，是指投资项目寿命周期内平均的年投资报酬率，也称平均投资报酬率。

证券投资，是指把资金用于购买股票、债券等金融资产。

股票的价值，是指其预期的未来现金流入的现值，又称为"股票的内在价值"。它是股票的真实价值。

证券组合，是指个人或机构投资者所持有的各种有价证券的总称，通常包括各种类型的债券、股票及存单等。

营运资金，又称营运资本，是指流动资产减去流动负债后的余额。在一般情况下，营运资金越多，企业违约风险就越小，举债融资能力就越强。

现金，是指在生产过程中暂时停留在货币形态的资金，包括库存现金、银行存款、银行本票、银行汇票等。

现金的持有成本，是指企业因保留一定现金余额而增加的管理费及丧失的再投资收益。

转换成本，是指企业用现金购入有价证券以及转让有价证券换取现金时付出的交易费用，即现金同有价证券之间相互转换的成本，如委托买卖佣金、委托手续费、证券过户费、实物交割手续费等。

现金短缺成本，是指在现金持有量不足而又无法及时通过有价证券变现加以补充而给企业造成的损失，包括直接损失与间接损失。

股票分割，是指将一面额较高的股票交换成数股面额较低的股票的行为。

违约风险，又称信用风险，是指证券发行人由于不诚实或者没有还款能力未能按照约定还本付息，而使投资者遭受损失的风险。

利率风险，是指因市场利率变动而使投资者遭受损失的风险。当市场利率上升时，证券价格会相应降低，使投资者遭受损失；反之，当市场利率下降时，证券价格会相应上升，投资者会从中受益。

购买力风险，是指由于证券投资期内的通货膨胀使到期回收资金的实际购买力下降的风险。

变现能力风险，又称为流动性风险，是指投资者无法在短期内按照合理的价格出售证券的风险。

期限风险，是指证券投资到期日长短给投资人带来的风险。

系统风险，是指由于市场整体收益率的变化而引起的证券组合收益的变化性风险。例如宏观经济状态的变化，国家政策和税收政策的变化，金融政策的调整，政治事件的发生，等等。

非系统风险：是指证券组合中个别证券收益率的变动性风险，取决于特定企业的日常经营活动和行业因素，例如某企业生产经营的停顿、企业经营决策的失误等。

投资基金是一种利益共享、风险共担的集合投资方式，即通过发行基金股份或者收益凭证等有价证券聚集众多的不确定投资者的出现，交由专门投资机构经营运作，以规避投资风险并谋取投资收益的证券投资工具。

经营租赁，是指由出租人向承租人提供设备以及其他固定资产、负责提供相关的维修保养服务并收取租金的业务。

融资租赁，是指由出租人按照承租人要求融资购买设备，在契约或合同规定的较长期限内提供给承租人使用，并以分期收取租金的形式收回资产价值的一种信用行为。

资金成本是指企业为筹集和使用资金而支付的各种费用，包括筹集费用和用资费用。它是企业为筹集和使用长期资金而付出的代价。

售后回租，是指设备的制造者在出售某项设备后，立即按照特定条款从购买者手中租回该项设备的一种租赁方式。

认股权证，简称认股证，是持有者购买公司股票的一种凭证，它允许持有人按某一特定价格在规定的期限内购买既定数量的公司股票。

机会成本，是指资金投放在应收账款上所丧失的其他收入，如投资于有价证券便会有利息收入。这一成本的大小通常与企业维持赊销业务所需的资金数量、资金成本率或有价证券利息率有关。

综合资本成本(WACC)，也叫作加权资本成本，是指各种融资方式的个别资本成本按照融资比例为权重所计算的平均资本成本。

管理成本：是指企业对应收账款进行管理而耗费的开支，是应收账款成本的重要组成部分，主要包括对客户的资信调查费用、应收账款簿记录费用、收账费用以及其他费用。

坏账成本：应收账款基于商业信用而产生，存在无法收回的可能性，由此而给应收账款持有企业带来的损失，即为坏账成本。

信用政策，即应收账款的管理政策，是指企业为应收账款投资进行规划与控制而确立的基本原则与行为规范，包括信用标准、信用条件和收账政策。

信用标准，是客户获得企业商业信用所应具备的最低条件，通常以预期的坏账损失率来表示。客户资信程度的高低通常决定于5个方面，即客户的信用品质、偿付能力、资本、抵押品、经济状况等，简称"5C"系统。

信用条件，是指企业接受客户信用订单时所提出的付款要求，主要包括信用期限、折扣期限及现金折扣率等。信用期限是指企业允许客户从购货到支付货款的时间限定。许多企业为了加速资金周转，及时收回货款，减少坏账损失，往往在延长信用期限的同时，采用一定的优惠措施。即在规定的时间内提前偿付货款的客户可按销售收入的一定比率享受折扣，即现金折扣。

收账政策，是指当客户违反信用条件，拖欠甚至拒付账款时企业所采取的收账策略与措施。

储存成本，是指企业为持有存货而发生的费用，主要包括存货资金占用费(以贷款购买存货的利息成本)或机会成本(以现金购买存货而同时损失的证券投资收益等)、仓储费用、保险费用、存货残损霉变损失等。与进货费用一样，储存成本可以按照与储存数额的关系分为变动性储存成本和固定性储存成本两类。

缺货成本，是指因存货不足而给企业造成的损失，包括由于材料供应中断造成的停工损失、成品供应中断导致延误发货的信誉损失及丧失销售机会的损失等。

经济进货批量，是指能够使一定时期存货总成本达到最低点的进货数量。

存货ABC分类管理，就是按照一定的标准，将企业的存货划分为A、B、C三类，分别实行分品种重点管理、分类别一般控制和按总额灵活掌握的存货管理方法。分类的标准主要有两个：一是金额标准，二是品种数量标准。其中金额标准是最基本的，品种数量标准仅作为参考。

股利政策，是指公司对其收益进行分配或留存以用于再投资的策略。

股票股利，是指公司将应分给投资者的股利以股票的形式发放。

股票回购，是指公司出资购回其本身发行的流通在外的股票。

剩余股利政策，是指在公司有着良好的投资机会时，根据一定的目标资本结构，测算出投资所需的权益资本，先从盈余当中留用，然后将剩余的盈余作为股利予以分配。

固定股利政策，是指将每年发放的股利固定在一个固定的水平上并在较长的时期内不变，只有当公司认为未来盈余将会显著地、不可逆转地增长时，才会提高年度的股利发放额。

固定股利比例政策，是指公司确定一个股利占盈余的比率，长期按此比率支付股利的政策。

正常股利加额外股利政策：公司一般情况下每年只支付一个固定的、数额较低的股利；在盈余较多的年份，再根据实际情况向股东发放额外股利。但额外股利并不固定化，不意味着公司永久地提高了规定的股利率。

财务控制，是指按照一定的程序和方式确保企业及其内部机构和人员全面落实，实现财务预算的过程。

## 第四篇　审计

审计，是指一种独立的经济监督、财务报表的鉴证和经济活动的鉴证及咨询活动。

内部审计，是指由担任某公司内部审计工作的职员在该组织内部独立进行审计活动，审计结果向该组织的主要负责人报告。

审计目标，是指在一定历史条件下，审计主体通过审计实践活动所期望达到的境地或最终效果。

审计报告，是指注册会计师根据审计准则的要求在实施审计工作的基础上出具的用于对审计单位财务报表发表审计意见的书面文件。

重要性，是指如果同一项错报单独或联同其他错报可能影响财务报表使用者依据财务报表做出的经济决策，则该项错报是重大的。

审计证据，是指注册会计师为了得出审计结论形成审计意见而使用的所有信息，包括财务报表依据的会计记录中含有的信息和其他信息。

审计工作底稿，是指注册会计师对制定的审计计划、实施的审计程序、获取的相关审计证据以及得出的审计结论作出的记录。

审计期望差距，是指社会公众对审计应起的作用的理解与审计人员行为结果及审计职业界自身对审计业绩的看法之间的差距。

风险基础审计，是指以风险评估为基础，确定审计的重点和范围以及如何收集证据，收集多少证据，从而降低审计成本，提高审计效率和效果。

审计风险，是指会计报表存在重大错误或漏报，而注册会计师审计后发表不恰当审计意见的可能性。

进一步审计程序，是指CPA针对评估的各类交易、账户余额、列报人认定层次重大错报风险实施的审计程序，包括控制测试和实质性程序。

实质性程序，是指CPA针对评估的重大错报风险实施的直接用以发现认定层次重大错报的审计程序。

重大错报风险，是指财务报表在审计前存在重大错报的可能性。

检查风险，是指某一认定存在错报，该错报单独或连同其他错报是重大的，但注册会计师未能发现这种错报的可能性。

内部控制，是指由企业董事会或类似的决策治理机构管理层和全体员工共同实施的旨在合理保证实现特定目标的一系列控制活动。

风险评估，是指及时识别、科学分析和评价影响企业内部控制目标实现的各种不确定因素并采取应对策略的过程，其是实施内部控制的重要环节。

控制测试，是指对控制运行的有效性进行的测试。

管理建议书，是指注册会计师在完成审计工作后针对审计过程中已注意到的可能导致被审计单位财务报表产生重大错报的内部控制、重大缺陷，提出书面建议。

审计抽样，是指注册会计师对某内部交易或账户余额低于百分之百的项目实施审计程序使所有抽样单元都有被选取的机会。

抽样风险，是指注册会计师根据样本得出的结论，与对总体全部项目实施同样本相同的审计程序得出的结论存在差异的可能性。

非抽样风险，是指由某些与样本规模无关的因素而导致注册会计师得出错误结论的可能性。

统计抽样，是指同时具备随机选取样本、运用概率论来评价样本结果等特征的抽样方法。

重大错报风险，是指财务报表在审计前存在重大错报的可能性，注册会计师应当从财务报表层次和各类交易、账户余额、披露认定层次方面考虑重大错报风险。

实质性程序，是指注册会计师针对评估的重大错报风险实施的直接用以发现认定层次重大错报的审计程序。

管理层声明书，是指被审计单位管理层在审计期间向注册会计师提供的各种重要口头声明的书面陈述。管理层声明书的标的日期通常与审计报告日一致，一般是总经理和财务总监签署。

审计业务约定书，是指会计师事务所与客户签订的用以记录和确认审计业务的委托与受托关系、审计目标和范围、双方的责任以及报告的格式等事项的书面合同。

期后事项，是指资产负债表到审计报告日之间发生的事项以及审计报告日后发生的事实。

应收账款的账龄，是指资产负债表中的应收账款从销售实现、产生应收账款之日起，至资产负债表日止所经历的时间，应收账款可收回程度与其账龄成反比，时间越长，收回的可能性越小。

应收账款函证，是指直接发函给被审计单位的债务人，要求审核被审计单位应收账款是否真实正确。

验资，是指注册会计师依法接受委托，对被审计单位注册资本的实收情况或者注册资本及实收资本的变更情况进行审验。